中國學術思想 研究輯刊

三九編

林慶彰 主編

第8冊

莊子淑世精神的現代實踐（上）

黃薏如 著

花木蘭文化事業有限公司

國家圖書館出版品預行編目資料

莊子淑世精神的現代實踐(上)／黃蕙如 著 -- 初版 -- 新北市：
花木蘭文化事業有限公司，2024〔民 113〕
目 4+176 面；19×26 公分
（中國學術思想研究輯刊 三九編；第 8 冊）
ISBN 978-626-344-580-2（精裝）
1.CST：莊子 2.CST：研究考訂 3.CST：學術思想
030.8   112022472

ISBN-978-626-344-580-2

9 786263 445802

中國學術思想研究輯刊
三九編　第八冊　　　　　　　ISBN：978-626-344-580-2

莊子淑世精神的現代實踐（上）

作　　者　黃蕙如
主　　編　林慶彰
總 編 輯　杜潔祥
副總編輯　楊嘉樂
編輯主任　許郁翎
編　　輯　潘玟靜、蔡正宣　美術編輯　陳逸婷
出　　版　花木蘭文化事業有限公司
發 行 人　高小娟
聯絡地址　235 新北市中和區中安街七二號十三樓
　　　　　電話：02-2923-1455／傳真：02-2923-1452
網　　址　http://www.huamulan.tw 信箱 service@huamulans.com
印　　刷　普羅文化出版廣告事業
封面設計　劉開工作室
初　　版　2024 年 3 月
定　　價　三九編 23 冊（精裝）新台幣 62,000 元

莊子淑世精神的現代實踐（上）

黃薏如 著

作者簡介

　　黃薏如，臺灣屏東人。輔英科技大學護理助產學士、高雄師範大學經學研究所文學碩士、高雄師範大學國文學系文學博士。曾任行政院青年健康大使（榮獲績優團隊行政院授證）、精神專科護理師、社會局長青日照中心護理師、高中職健康與護理教師、中小學輔導組長、中華國際 NLP 教練研究發展教育協會督導級教練。現任國立空大誠一宮教學處處長、國立高雄師範大學經學所及空中大學學士專班師資群、高雄市意誠堂關帝廟《鸞藏》編纂委員、屏東縣菩提慈善會文教推廣執行長。學術研究領域主要為：老莊養生保健與全人健康、老莊意義治療與諮商輔導、老莊家庭教育與人倫關係、老莊環境療癒與休閒旅遊、老莊企業管理與領導溝通、老莊文教推廣與產官學廟。

　　就學期間榮獲 2016 年「SAGE 國際優秀青年論文獎學金」、2016 年「《妙心佛學研究》獎學金」、2017 年「宗教心靈改革論文比賽獎學金」。國內學報及研討會 20 餘篇，所觸碰議題多涉及跨領域研究，足見其豐沛的研究動能與潛力，目前有碩論《老子思想與公共衛生護理研究——以「健康促進」為中心》及博論《莊子淑世精神的現代實踐》。黃老師個性活潑開朗，經歷豐富多元，長年的社會實戰積累，擅於將經典生活化。總能針對學生盤根錯節的生命議題，透過精湛的有效提問，讓其困擾如庖丁解牛般諒然而解，協助同學在笑談間獲得生命通達。目前於高雄師範大學經學所教授「經學與人生研究」、「經學思想與應用研究」及「經典與樂教思想研究」課程。

提　要

　　歷來不乏將《莊子》視為消極避世之作。然而，本文主張莊子思想實蘊含著一種積極的淑世精神。這種精神雖有別於儒家以積極有為的形式創造天下美好，但卻以解消人為造作的遮撥手法，使紅塵紛擾復歸天清地寧。由於儒道皆屬實踐型態的思想，故莊子淑世精神不應僅限於爬梳經典、紙上談兵，更當有在人倫日用中具體實踐之可能，因此，本文以「莊子淑世精神的現代實踐」為題。由於研究道家學者多認同老莊學說可相互發明，故本文雖以莊子為題，但在理論闡發上，在筆者碩論的老學基礎下，採「以老輔莊」的形式呈現全文論述。基於本文是解析莊子思想之內涵與莊學落實於社會實踐兩個層面，故採取跨域研究的視角，交互運用「文獻分析法」、「創造詮釋法」、「深度訪談」及「參與觀察」等研究方法。依此在篇章架構上，共分：「莊子淑世精神的理論基礎」、「莊子淑世精神的實踐模組」、「莊子淑世精神的具體實踐」三大架構。具體實踐又分為生理、心理、人際、環境，以及金錢觀等五項子題，運用《莊子》思想詮釋與議題個案分析的方式，逐章發明莊子淑世精神。本書在筆者取得博士學位數年後有幸付梓。在研究成果上，筆者累積近年教學與研究實務，已有進一步的印證與看法，並於此次書中修改呈現。此外，筆者目前研究也延續碩論與博論之成果，以「老莊與人生」為主題，持續深耕企業管理、意義治療學、家庭諮商、臨終關懷等跨域研究，讓老莊淑世精神具體應用於社會各個層面。

第壹章　緒　論

　　莊學常被傳統研究詮解為消極避世之學，然而筆者認為莊子思想其實蘊含著一種淑世精神，這種精神不只在經典上，更可以落實在生活之中。因此本文將淑世理論基礎與實踐應用並重，作為整篇研究的論述主軸，進而開展出莊子淑世精神的現代具體實踐。本文雖以莊子為題，但在理論闡發上，由於老莊有一貫相承的學說，因此研究選材上採以老輔莊的論述形式呈現。接下來本章分成「研究動機」、「研究方法與步驟」及「文獻回顧」三節闡發：先說明選定研究題目時的動機，以呈現此論文研究價值之所在。其次勾勒研究方法與步驟，將經典詮釋與應用成果進行分析交叉檢證，以呈現莊子淑世精神的具體實踐。其三，回顧臺灣近五十年老莊學發展成果及文本依據，試著站在前輩學者們豐碩的研究基礎上，結合筆者本身「醫護背景」〔註1〕及社會科學底蘊的研究訓練，探究莊子淑世精神應用於生活各層面的影響力。

第一節　研究動機

　　經典的重要性，從追溯古代就能知曉，文人將經典作為人與天地萬物溝通

_____

〔註1〕感謝口試委員蔡鴻江先生建議行文開頭，應先說明筆者如何以醫護學理背景來審視莊子學說，本文加註如下：筆者先後擔任過行政院青年健康大使、精神專科醫院護理師、社會局長青日照中心護理師、社區及校園健康促進推廣講師等，其醫護背景不是聚焦在傳統生理的手術治療，而是屬於心理科學、精神醫學及人際關係的層面。因此對應到本論文，「庖丁解牛」指的是盤根錯節的社會關係，心靈糾結的各個部分都能逐一以無厚入有間的方式解消，跟傳統解剖學的看法有些不同。換言之，筆者雖為醫護背景，然與醫學不同，也因此本文的研究趨向不是偏向實體的解剖，而是人際關係及心理照護層面的解消。

交流的通孔，藉由經典貫通古今往來之變，並經世致用以力行。《文心雕龍》提到：「經也者，恒久之至道，不刊之鴻教也。故象天地，效鬼神，參物序，制人紀；洞性靈之奧區，極文章之骨髓者也。」〔註2〕經典為歷久彌新之常道，更是祖先的智慧結晶，更為中華文化靈魂所繫。人可透過經典知曉自然、感通自然並同體自然達到天人合一的境界，不只古人如此，今之學者當亦是。人文學科因應現代化訴求下，以人文精神為面向，以通經致用為理想，以具體實踐為路徑，進而闡揚經典的內在價值，對社會獻上淑世的關懷與具體實踐。北宋大儒張載（1020～1077）在文人的使命上提出氣勢磅薄的「橫渠四句」：「為天地立心，為生民立命，為往聖繼絕學，為萬世開太平。」〔註3〕前二句說明一個人活在世上對社會的責任，後二句則是述說人活著對古往今來的歷史承擔，此四句囊括張載一生的理想抱負，更是對全人類生命整全終極關懷訂定出一個淑世指標。

　　「淑」字在《爾雅》一書解釋為：「淑者，善也。」〔註4〕「淑」和「善」皆屬名詞，轉為動詞就有向善向上之意。「淑世」一詞最早出現在《潛夫論》〔註5〕，意思是把美善世界想法的儒家精神，跟認為道家是避世思想主張文明退步者的想法做對抗。「淑世」一詞雖為儒家所言〔註6〕，《莊子》文本也沒有使用「淑世」二字，歷代注莊解莊者也很少提及，然而目前學界認為莊子具備儒家淑世精神者不乏其人，而這些看法在當代已有一些學術的研究成果。當中指標性研究楊儒賓先生的《儒門內的莊子》〔註7〕就講這件事，此書對於莊學

〔註2〕〔梁〕劉勰著、〔清〕黃叔琳注、李詳補注、楊明照校注拾遺：〈宗經第三〉，《增訂文心雕龍校注》卷1（北京：中華書局，2000年），頁26。

〔註3〕〔宋〕張載：《張載集》（臺北：漢京文化出版公司，1983年），頁320。

〔註4〕〔晉〕郭璞注、〔宋〕邢昺疏、國立編譯館主編：《爾雅注疏》，《十三經注疏分段標點》卷19（臺北：新文豐出版股份有限公司，2001年），頁26。

〔註5〕《潛夫論》：「議者必將以為刑殺當不用，而德化可獨任。此非變通者之論也，非叔世者之言也。」（〈衰制〉）〔漢〕王符撰、〔清〕汪繼培：《潛夫論》（北京：中華書局，1985年），頁141。

〔註6〕汪治平先生提到：「從『誠意』到『平天下』的過程中，每一環節『格物致知』皆在其中。」以格物致知為核心，開展治國、平天下以實現內聖外王之道的方式，正是儒家淑世精神的展現。汪治平：〈《大學》「格致」解〉，《海軍官校第一屆「迎向海洋」暨通識教育學術研討會》（高雄：海軍軍官學校通識教育中心編，2016年），頁3。

〔註7〕本文接下來提及民國以後的學者一律稱先生，業師稱老師。《儒門內的莊子》是一本以儒攝莊，用歷史的眼光，互參孔莊的人文精神的書籍。楊儒賓先生綜觀莊學史的流變，將儒家精神和道家進行會通研究，甚至把莊子拉近往儒門靠

的新定位，更於 2020 年 5 月榮獲科技部「人文及社會科學領域最具影響力研究專書」〔註 8〕，足以說明當代已開始有人以儒解莊的形式進行研究，甚至正成為目前當今研究莊學的顯學，引領臺灣莊學的新思潮。至於莊學是否納入儒門一說，筆者將另闢文章研究，本文主要呼應的是莊學具有人文關懷的時代議題，層層反思莊學若非全然消極避世，是否也能開展出一條有別於儒家式的淑世精神？此發想來自於當代學者對於莊子淑世精神豐碩的研究成果。從早期唐君毅先生在《哲學概論》裡面蘊含的部分，他表示：「最高之人生態度，亦非只是改造環境以淑世求進步，而是將悲樂之情與自強不息之態度交融，以成一『樂以終身，憂以終身』或『哀樂相生』之人生情調下之自強不息。」〔註 9〕唐先生認為的人道精神和人性自覺無疑點出淑世主義的真實義理，當時雖有提及，但尚未以專題性論文進行寫作。

　　真正大力闡發道家淑世精神的是陳德和先生，他以專書及多篇專題性論文形式，探討道家淑世精神的可能性及儒道兩家對於淑世精神的異同。在《老莊與人生》一書，陳德和先生認為：「老莊思想具有淑世的願力是不爭的事實。

攏的歷史定位，把古代的注莊子者認為是具有儒家精神的系統畫出來，主張方以智、王夫之等人皆是。當然這都屬於創造性詮釋的範圍，雖然還不到蓋棺論定的那一刻，但不可否認，當代認為莊學具有儒家人文關懷的學術規模及方向也逐步成形，而這波發展中的莊學思潮正引領著臺灣莊學領域的發展。筆者有幸搭上這波新思潮，嘗試將莊子淑世義理與具體實踐相互融通，為莊學應世領域開拓另一條可能性。楊儒賓：《儒門內的莊子》（臺北：聯經出版公司，2016年），頁 6～9；賴錫三：《儒門內的莊子》與「跨文化臺灣《莊子》學」，《中國文哲研究通訊》第 27 卷 1 期（2017 年 03 月），頁 3～30；楊儒賓、賴錫三、何乏筆、劉思妤整理：〈「何謂遊之主體？」對話紀錄〉，《中國文哲研究通訊》第 27 卷第 1 期（2017 年 03 月），頁 91～107。

〔註 8〕此獎項為科技部表彰近 10 年內具時代意義的研究專書，範圍涵蓋「人文及社會科學」、「自然科學及永續」、「工程技術」及「生命科學」等四大領域，此次一共徵選 188 本研究專書，並從中精選 20 本。

〔註 9〕唐君毅先生又說：「此種聖賢之喜樂憂悲與常情之喜樂憂悲，其不同處，一在其所喜樂憂悲者，非其一人之私，而是家、國、天下、群生萬物之公。一在其喜樂，也未嘗無惕懼，其憂悲也，未嘗絕祈望。」陳德和先生在〈人文的創構與護持——儒道淑世主義的對比〉一文，認為：「凡真正的淑世主義必然是人文主義，且真正的人文主義亦必然是淑世主義，兩者本是一而二、二而一的，若合以言之而逕稱之為人文主義的淑世理想，亦極貼切而傳神。」他用「必然」二字堅定呼應唐先生的看法。唐君毅：《哲學概論》（臺北：臺灣學生書局，1974 年），頁 1143～1145；陳德和：〈人文的創構與護持——儒道淑世主義的對比〉，《揭諦（南華大學哲學學報）》第 6 期（2004 年 04月），頁 148。

老莊思想除了尊重個體的存在外，還特別強調天地人我之間的暢通與和諧，像它這種包容的價值觀以及整全的宇宙觀中，當然洋溢著拯救世間疾苦的偉願熱情。」〔註10〕陳先生更在〈論老子《道德經》的淑世思想〉一文中，直接從淑世的立場肯定老子用世之決心與智慧，從身心之統一與安康、自他之協同與安順、物我之融通與安寧多方面視角，證實老子的淑世情懷特色以不主創新建構而重療癒復元為主，以及老子淑世思想以整體的存在與和諧為終極之目的。〔註11〕陳政揚老師也表示：「莊子在體道內修的工夫中，亦含蘊同步提升自身與他人的生命視野，共築萬物與我無傷無對之生活場域的外王之道。換言之，莊子之淑世精神正是他雙向修證內聖外王之道。」〔註12〕上述說明道家的淑世之道有別於儒家的淑世之道，差別在於體道者可以透過自身修持，營造道的場域，使得遍及場域的他人也能帶來轉化，以不干不擾的方式，與萬物和諧共生共榮。謝君直先生及多篇國家官方單位認可的學位論文，也相繼呼應道家對於淑世精神的看法。〔註13〕承上所言皆能證實本文所設定之主題及精神乃其來

〔註10〕陳德和先生又提到：「老莊思想本就是對治的性格，凡對治者必然是護持多於創造，惟不論是護持或創造，都必當深具淑世的情懷而大功於人類者。」王邦雄、陳德和合著：《老莊與人生》（新北市：國立空中大學，2013 年），頁 88 及 115。

〔註11〕詳請參照陳德和：〈論老子《道德經》的淑世思想〉，《宗教哲學》第 70 期（2014 年 12 月），頁 27。

〔註12〕陳政揚老師又認為：「在《莊子》內七篇中，除了提出一種洞見道樞的真知冷慧，使體道者具有以用無厚入有間的本領，逍遙無待的任意穿越於盤根錯節的人間世中。內七篇中的至人、神人與真人，亦當非避世無爭的自了漢，而是帶有示相化眾的淑世精神，以自化化物的行動力、穿透力與渲染力，使周邊之人、物均得以與之感通、共振。如此一來，真人乘六氣遊走人間之行，也開啟了使殊異者皆能各存不齊之歧，卻又得以一道齊行的無隔大道。所以，莊子雖非儒者任重道遠式的經世哲學，卻能以『道通為一』另闢出物我共融的淑世之道。」陳政揚：〈從戴君仁先生〈魚樂解〉試探莊子的淑世精神〉，《臺大文史哲學報》第 88 期（2017 年 11 月），頁 22 及 26。

〔註13〕謝君直先生認為：「受老子道論的哲學智慧所啟示的實踐者，絕非自掃門前雪的自了漢，抑或表現出現代個人主義式底價值觀。毋論『道』本身與天地萬物的價值聯繫，或是《道德經》文數度藉得道者、為道者、聖人來致意實踐者與天下民眾的關係，皆可知吾人對『道』的觀念實踐乃至衍生『道』的文化活動，必然包含回應存在界的存有，即在體道證德的工夫中，回復天地人我的和諧共存。此亦相應老子哲學的道論乃具有存有學內涵的文化治療，而且就此理論所應面對的客觀世界，本文稱之為『淑世思想』。」林鈺清先生認為：「淑世是一種善天下的理念，一種欲改善吾人生活的世界，並使之更好的意象。」陳人孝先生提及：「工夫即境界，淑字是一種對善的境界肯定，同時也代表著在善的境界底下所實踐的工夫。」謝君直：〈老子思想的道論及其生命治療之義

有自。因此，筆者有幸站在過往學者研究莊學淑世精神的豐碩成果上，進一步將其精神嫁接至本論文的實際操作層面，故採用「淑世」詞語作為全文論述的立場。當中實際將「淑世」一詞，運用在會談及參與觀察的社會科學研究裡，筆者應是前驅，此發想也於 2020 年 6 月獲得國立屏東科技大學《人文社會科學研究》期刊刊登之機會。〔註14〕期待藉由多領域的跨域結合，讓《莊子》文獻思想做進一步的發揮與具體實踐，為莊學面對時代議題的應世研究，做更寬廣的推拓。

　　綜合以上得知，一般人往往認為「淑世」指的是儒家的精神，實際上道家也有其情懷在，只是儒道兩家對於淑世精神的展現方式有所不同。若比喻有一盆花在那，以儒家而言，在主體行動上，如同給予花所需的陽光、空氣和水，讓花長的更好，也就是透過主體的積極有為，使世界得以更為美好；而道家則是讓花好好在那邊綻放，不任意攀折，也就是透過主體的不刻意妄為或不過度有為，使得世界保持原本的自然美好。換言之，道家講的無為，如果不是什麼都不做的無所作為，而是一種無為而無不為的話，顯然是透過一種「無掉」〔註15〕任意妄為而

涵〉，《興大人文學報》第 60 期（2018 年 03 月），頁 57；林鈺清：《莊子淑世思想之研究》（嘉義：私立南華大學哲學研究所碩士論文，2003 年），頁 2；陳人孝：《老子淑世主義之研究》（嘉義：私立南華大學哲學研究所碩士論文，2003 年），頁 1。

〔註14〕將莊子結合時事議題古學今用的實踐應用，目前已獲得多項匿名雙審的學術期刊認可，如下：黃蕙如：〈道家淑世精神與大學社會責任實踐——以莫拉克災後婦幼生活重建為例〉，《人文社會科學研究》第 14 卷第 4 期（2020 年 12 月），頁 77～10。黃蕙如：〈另類的凝視：道家心觀的現代意義〉，《經學研究集刊》（2021 年 5 月），頁 71～90。黃蕙如：〈老莊審時度勢的慧見——以「網路時代」為例〉，《南亞學報》第 41 期（2021 年 12 月），頁 73～91。黃蕙如：〈道家虛心見真的現代實踐——以公共衛生護理研究「心理健康」為例〉，《人文社會科學研究》第 15 卷第 4 期（2021 年 12 月），頁 25～52。黃蕙如：〈由莊子「相忘江湖」論人我和諧之道——以公共衛生護理「社會健康」個案研究為例〉，《正修學報》第 35 期（2022 年 12 月），頁 52～70。黃蕙如：《莊子》內七篇論人生攻略解析〉，《南亞學報》第 42 期（2022 年 12 月），頁 31～51。黃蕙如：〈莊子淑世精神的現代實踐——以公共衛生護理研究「環境健康」為例〉，《高雄師大學報》第 53 期（2022 年 12 月），頁 87～108。黃蕙如：〈莊子意義治療學的現代實踐——論衝突化解之道〉，《揭諦（南華大學哲學與生命教育學報）》，第 44 期（2023 年 1 月），頁 45～97。

〔註15〕這裡的「無掉」一詞出自於牟宗三先生，無掉是一種工夫境界。若以生命境界而言，生命境界就是檢視是否平和，若是一種妄為那麼代表境界還沒平和，因此就需要運用工夫進行解消。詳細請參考牟宗三：《中國哲學十九講》（臺北：臺灣學生書局，1984 年），頁 89。

達到美好的世界。既然儒道淑世精神是不同的，那麼道家淑世精神又具備什麼樣的特質呢？以莊子式的淑世精神而言，基本上具備三種特質，分別為：「無為自化」、「虛己應物」、「物我兩忘」。其一，莊子說：「無為名尸，無為謀府，無為事任，無為知主。」（〈應帝王〉）〔註16〕又說：「汝徒處無為，而物自化。」（〈在宥〉）〔註17〕清楚的透過聆聽知道對方的問題，但以不干擾不主宰個案的方式進行疏通，例如：運用反問的方式，讓個案進行自我調整，使其恢復生命流暢。當提出開放式問句，個案就會進行自我修正，無須抓住他們的錯誤給予建議。因此，不干不擾，無為自化。其二，莊子說：「氣也者，虛而待物者也。唯道集虛。虛者，心齋也。」（〈人間世〉）〔註18〕又提到：「虛己以遊世」（〈山木〉）〔註19〕放下自以為是的偏執和我見及「用心不勞，其應物無方。」（〈知北遊〉）〔註20〕將自己的心透過工夫使其虛後，方能不將不迎，應物無傷。換言之，就是不要帶入提問者自身主觀見解，虛而待物，所以能虛己應物。其三，莊子云：「相忘乎江湖」（〈大宗師〉）〔註21〕又說：「忘足，履之適也；忘要，帶之適也。」（〈達生〉）〔註22〕明代學者方以智（1611～1671）曰：「又須知不以忘腰而廢帶，忘足而廢履也，曾知曳屨束帶乃本忘乎？」〔註23〕意思是生命的配件會留意到它時，原因就是這些配件已造成不舒適，穿鞋子覺得不合腳，就會留意鞋子，不會留意鞋子的存在這叫忘。運用在輔導領域，可延伸為向我諮詢的人，他可以離開我後，能夠繼續生存運作順暢，回到彼此的暢達道路上，因此莊子淑世目的在於達到物我兩忘。

換言之，儒家透過積極的作為，去促成世界的美好，道家是藉由不干預阻礙，保存世間的美好，使之得以持續下去。所以實踐的手法上，道家淑世展現的善，在於不破壞不干擾，而不妄為莊子式的淑世精神具體作法，就是上述「無為自化」、「虛己應物」、「物我兩忘」三個區塊。傳統以來研究老莊主流詮釋之一，是將老莊視為一種避世消極的思維態度。然而，對於這樣的經典詮釋風格，

〔註16〕〔清〕郭慶藩注：《莊子集釋》（新北市：商周出版，2018年），頁219。
〔註17〕〔清〕郭慶藩注：《莊子集釋》（新北市：商周出版，2018年），頁275。
〔註18〕〔清〕郭慶藩注：《莊子集釋》（新北市：商周出版，2018年），頁112。
〔註19〕〔清〕郭慶藩注：《莊子集釋》（新北市：商周出版，2018年），頁465。
〔註20〕〔清〕郭慶藩注：《莊子集釋》（新北市：商周出版，2018年），頁511。
〔註21〕〔清〕郭慶藩注：《莊子集釋》（新北市：商周出版，2018年），頁174。
〔註22〕〔清〕郭慶藩注：《莊子集釋》（新北市：商周出版，2018年），頁455。
〔註23〕〔清〕方以智著、張永義、邢益海校點：《藥地炮莊》（北京：華夏出版社，2011年），頁342。

在學界近 20～30 年的研究中，已受到了挑戰。以道家的無為而言，傳統詮釋以為它是消極不要有所作為的，到當代學者認為無為是無掉人為妄作。〔註24〕顯然走出兩種有所差異，甚至是分道揚鑣的詮釋可能。筆者嘗試從生活的具體實證中，與當代老莊淑世研究作區塊結合，並聚焦在莊子淑世精神為研究主軸進行闡述。試圖把社會科學研究的精神，跟整體經典詮釋結合一貫，將經典詮釋與社會實踐融通為一，用此來佐證老莊不是只有一個消極避世的情懷，甚至還帶有一種積極淑世的態度學問在。

近幾年學界及業界皆興起「社會責任」（Social Responsibility）〔註25〕一詞，強調公民意識、道德責任議題應與社會做一個實踐上的接軌。許多國內外學者也紛紛指出越多大學逐漸跳脫過往單向知識輸出或公益服務的迷思，開始把實踐社會責任當作與社會接軌的策略槓桿。〔註26〕第一線的教育人員如何推動大學社會責任，及企業的業主如何創造永續經營，善盡企業社會責任，顯然已成為全球關心的議題。「社會責任」一詞從「企業社會責任」（Corporate Social Responsibility，CSR）延伸進而推廣到校園，教育部鼓勵師長帶領學生盡到「大學社會責任」（University Social Responsibility，USR）的義務。目前大學社會責任已被列為大學發展重點，教育部也呼應國際趨勢，

〔註24〕 牟宗三先生認為無為是針對「有為」而發，主要在當時是扣緊周文疲弊，有為就是造作，也就是不自然，虛偽之意。陳德和先生認為「無」是動詞，有無掉、化掉、去掉的意思，是「無為」的精簡，也是一個實踐上的概念。因此，無為不是完全沒有作為，從工夫上指的是無掉有為的人為造作。詳細請參考牟宗三：《中國哲學十九講》（臺北：臺灣學生書局，1984 年），頁 89；王邦雄、陳德和合著：《老莊與人生》（新北市：國立空中大學，2013 年），頁 81。

〔註25〕 「社會責任」一詞，源自於企業社會責任（corporate social responsibility，CSR），李文臣先生認為企業社會責任的本質就是企業做為社會公民應該承擔的制度責任；企業首先要對其契約社會關係的個體和群體負責。這一責任就是在社會治理機制下的契約責任；其次還要對其利益侵害方負責，這種責任是由正式法律制度所規制的義務要求；對於與企業不存在利益關係的廣泛社會群體，企業則是需要承擔的是道德責任。李文臣：〈企業社會責任的制度經濟學分析〉，《企業社會責任與社會企業家學術期刊》第 1 期（2016 年 05 月），頁 24。

〔註26〕 此議題眾多研究期刊皆有提及此概念。Goddard, J., Hazelkorn, E., Kempton, L., & Vallance, P,. (eds.). *The Civic University: The Policy and Leadership Challenges Cheltenham* (UK: Edward Elgar Publishing). 2016, pp. 3~15. 吳明錡：〈大學社會責任之實踐〉，《國土及公共治理季刊》第 6 卷第 1 期（2018 年 03 月），頁 62～63。

近年推動大學社會責任（USR），鼓勵大專院校關心地方創生、社會創新和人才培育，期待產官學研能有更多深度的合作交流，促成更多創新向上的動能。〔註27〕教育部於 2018 年於「高等教育深耕計畫」中以「善盡社會責任」為四大目標之一，投入 44 億元鼓勵各大專校院推動「大學社會責任實踐計畫」（簡稱 USR 計畫）。〔註29〕教育部大學社會責任推動中心也指出 USR 計畫以「在地連結」與「人才培育」為核心，引導大專校院以人為本，從在地需求出發，並透過人文關懷與協助解決區域問題之概念，善盡社會責任。〔註29〕其策略之一為「透過人文關懷及協助解決區域問題之概念，鼓勵教師帶領學生以跨科系、跨團隊或跨校聯盟之結合」，此策略強調的便是地方感（sense of place）、問題解決（problem solving）與合作學習（cooperative learning）三大概念。〔註30〕學術界甚至視此計畫為「高等教育版的翻轉教育」。〔註31〕Gomez 認為大學推動社會責任實踐的相關活動，可能產生對於學生的正面影響有：增進學生的專業責任、公民意識、社會責任、專案導向問題解決、多

〔註27〕 林秋芬、余珮蓉：〈大學社會責任的實踐與推廣〉，《新臺北護理期刊》第 20 卷第 2 期（2018 年 09 月），頁 1。

〔註28〕 〈當前教育重大政策──高等教育深耕計畫〉：《教育部全球資訊網》網站，2019 年 9 月 15 日，網址：https://www.edu.tw/News_Plan_Content.aspx?n=D33B55D537402BAA&sms=954974C68391B710&s=333F49BA4480CC5B（2023 年 7 月 14 日檢索）

〔註29〕 USR 計畫主要是期待大學生能在學期間培養洞察、詮釋和參與真實問題能力，過程能整合相關知識、技術與資源，聚焦於區域或在地特色發展所需或未來願景，強化在地連結，吸引人才群聚。藉由落實社會責任達到學用合一，帶動地方成長動能。換言之，大學社會責任實踐計畫鼓勵大學生透過主體行動力積極連結區域及學校兩端資源，協助城鄉教育發展，提升大學對在地的貢獻，促進在地產學人才培育、就業，並創新城鄉、產業及文化發展。〈關於計畫──透過人文關懷協助城鄉永續發展〉：《教育部大學社會責任推動中心》網站，2018 年 3 月 22 日，網址：http://usr.moe.gov.tw/about-2.php（2023 年 7 月 14 日檢索）。

〔註30〕 周芳怡：〈通識課程落實大學社會責任之行動研究〉，《通識學刊：理念與實務》第 7 卷第 1 期（2019 年 3 月），頁 3。

〔註31〕 過去五年間，政府頻頻以各種競爭型計畫來引導高等教育的轉型，特別是朝向社會實踐的方向發展，包括科技部「人文創新與社會實踐計畫」、教育部「SHS 科學人文跨科際人才培育計畫」、「智慧生活創新創業育成平臺試辦計畫」、「特色大學試辦計畫」、「大學學習生態系統創新計畫」、「再造人文社會科學發展計畫」、「大學在地實踐社會責任計畫」、「高等教育深耕計畫」等，詳細可參考陳怡方：〈高等教育轉型的人類學反思：以社會實踐課程的經驗為例〉，《臺灣人類學刊》第 15 卷第 2 期（2017 年 12 月），頁 148。

元思考與創新。〔註32〕換言之，透過人文關懷讓學生與在地產生連結，提升在地認同，過程中發覺在地需求，深入與當地建立合作關係，藉此整合資源，有效解決問題，帶動在地創生，是 USR 計畫推動的核心價值所在。因此，達到實現大學社會責任，已不單只是近年國內大學發展重點，同時是教育部高等教育的核心議題，更是全球共同關注的時代趨勢。

如何讓學生自發性在大學時期就開始喚醒公民意識，善盡社會責任，同時藉由社會責任的實踐，找到自我定位和培養多元能力，以利未來符合市場期待，成為業界或社會棟樑。藉此縮短「學用落差」，以因應現今高學歷、高失業率的社會現象，這是當前高等教育首需重視之議題。奠基於社會責任實踐的精神，各大學也在教育部推出大學社會責任口號後紛紛響應，自然科學（例如：物理學、化學）、社會科學（例如：人文地理學、經濟學、心理學、社會學）應用科學（例如：工程學、醫學、健康科學）類組很快就能找到自身科系與社會接軌的定位。然而，值得探討的是申請 USR 一系列計畫名單中，卻不見人文學科國文系的蹤跡？這是一個有趣值得探討的議題，顯然人文學科國文學系對於這股社會責任的全球趨勢浪潮，還有許多值得開發的空間。如何讓大學社會責任不單只是計畫，也不只是經費申請與評鑑績效，更不是短期學術操作，而是一種使命與核心價值。筆者認為這是身為人文學科國文系，同時又具備社會實踐經驗的自身可以著力之處。因此，本研究嘗試以國文系博士生及社會計畫專案實踐者的雙重身份，結合兩個領域來銜接國家教育主流，並且提出實際參與第一線的實務經驗作為反思。基於本研究學用合一的研究動機，在執行層面上將不只是過往國文系的傳統經典文獻分析，更包含社會實踐上的個人具體應用歷程。論證過程會有跨出許多國文系治學方法之外的範疇，例如：社會科學領域中醫療衛生、心理輔導的研究方法，包含質性研究中的深度訪談、參與觀察法等。

既然大學要走入社會實踐的面向，在這眾多面向中，有一個必須關注的議題就是「全民健康」。世界衛生組織（World Health Organization，簡稱 WHO）於 1974 年正式將「健康」定義為：「健康是一種身體、心理和社會的幸福、安

〔註32〕Gomez, L. The importance of university social responsibility in Hispanic . America: A responsible trend in developing countries In Gabriel Eweje (ed.). Corporate Social Responsibility and Sustainability: Emerging Trends in Developing Economies. *Emerald Group Publishing*. 2014, pp.241~268.

寧狀態，並非只是沒有疾病或身體虛弱而已。」〔註33〕換言之，提倡健康的觀念並非看似沒有疾病的亞健康，而是著重在健康之外的預防，落實預防醫學及健康保健的概念。因此，健康是一個人的生命基石，是主體展現行動力的根本，沒有健康所有計畫都將淪為空談。然而，知道是一回事，說出是一回事，實踐又是另一回事，知行無法連貫下，導致重要的健康實踐也最易被人所忽視。如何深耕健康社會，誘發全民自發性地累積健康資本，形塑健康成為主流化風潮，讓健康之路始於足下，也是當今國民健康局施政方針與重點。〔註34〕因筆者本身具備醫護背景，長期實際參與第一線社會實踐的活動，同時又身為國文系博士班學生的身分下。在社會實踐的面向上，第一步要跨出和觀察的視角就是全人健康教育，藉此提升國民健康識能，並實證推動國家健康促進政策。筆者在過去擔任高中健康護理老師期間，隨著95學年課綱調整，軍護課程逐漸走入歷史，護理課程更改為「健康與護理」後，教授對象已擴大為全體高級中學及職業學校學生。其課程架構從過去強調「去疾病化」改為「健康促進」〔註35〕的觀念，開始依據「全人健康」〔註36〕（Holistic Health）的

〔註33〕 Roscoe, L. J.：Wellness: A review of theory and measurement for counselors. *Journal of Counseling & Development,* 87, 2009, pp.216~226.

〔註34〕 109年衛生福利部國民健康署對於國民健康業務的預算編列就有136億3千1百79千元，名列所有項目預算第一，內容包含健康促進宣導經費、婦幼青少年健康保健經費、成人及中老年保健經費等，可見政府對於健康促進業務推廣極其重視。詳請參照〈國民健康署公務法定預算（109年）〉：《衛生福利部國民健康署》網站，2023年7月14日，網址：https://www.hpa.gov.tw/Pages/Detail.aspx?nodeid=4158&pid=12082（2023年7月14日檢索）。

〔註35〕 林柏每先生也提到：「健康促進的目地是為了創造更健康的未來，藉由增加個人控制和改善健康技能，來增進目前的健康狀況；也就是當人們還健康時，為了活得更久、更有品質、有活力以及避免過早罹患慢性疾病或死亡，而設法實踐健康的行為、建立健康的生活方式，進而形成健康的家庭、健康的社區。」因此透過健康促進的推廣，使得國人能夠達到身、心、社會的和諧狀態，是當前公共衛生護理及學界健康護理學科重視的課題。林柏每等主編：《健康與護理》（臺北：幼獅文化事業股份有限公司，2008年），頁10。

〔註36〕 近幾年學者從醫護以外的其他視角切入「全人健康」（Holistic Health）議題，它指的是個人存在的最佳狀態，「全人」為生理心理靈性間的相互整合關係，在護理領域強調以身心合一的主體方式看待身體，以全人為照顧內涵，護理人員需用不同角度思考個體因為疾病導致自我內在、他人與環境間的改變，透過護理措施恢復其身心完整性的安寧狀態。因此，「全人健康」被延伸為一個整體的概念，甚至除了個體本身外，還必須納入社群等多方面考慮，雖然全人健康的內涵尚未有一定論，但各個層面的整合與均衡是達成全人健康的途徑。概念參考劉磊：《建構以身體活動為核心之大學生全人健康生活型態模型》

健康導向授課。Myers 和 Sweeney 認為全人健康的目標是達到一個整體動態的平衡，各部份雖不可分割，但本質上是單一向度的，因此提出了「整合自我」（The Indivisible Self）理論模型。大意是將整體的自我視為全人健康的核心要素，不只如此，更認為全人健康是一種朝向最佳健康與幸福的自我選擇生活方式，強調一個人身體、心理和靈性的整合，使個體在人類與自然環境中有更完整的生活，它是一個結果也是一個過程，是時時刻刻的當下實踐，是每天經過清晰選擇下而出現的生活方式。〔註37〕

　　因此，學界近幾年走向已從倡導疾病症狀轉變成改善不健康行為，養成有益健康的生活型態，進而培養學生成為具有健康素養（Health Literacy）的人。健康與護理學科中心表示 99 課綱考量學生的興趣及成長需求，並強調內容的統整性以及與各科橫向配合（家政、公民與社會、生命教育等三科）因應下，將「健康與護理」的必修科目授課時數減半。〔註38〕筆者在實際執行健康促進

（臺北：私立中國文化大學運動教練研究所博士論文，2018 年），頁 1；高嘉足：《臺灣全人照護需求分析之研究》（高雄：國立高雄大學高階法律暨管理碩士論文，2017 年），頁 22；朱貞歷：《中年女性參與讀書會經驗與全人健康之發展》（嘉義：國立嘉義大學輔導與諮商學系研究所碩士論文，2015 年），頁 30；葉建君：《資深諮商心理師自我照顧經驗之探討——從全人健康觀點》（南投：國立暨南國際大學輔導與諮商研究所碩士論文，2009 年），頁 28。

〔註37〕詳細可參考 Myers, J.E., &Sweeney, T. J.. The indivisible self: An evidence based model of wellness [J]. *Journal of Individual Psychology*, 60, 2004, pp.234~244.

〔註38〕普通高級中學必修科目「健康與護理」課程由 95 年暫訂課綱的 8 個主題（生命與老化、性教育、食物與營養、安全與急救、藥物使用與物質濫用、健康心理、健康促進與健康環境、消費者教育），在 99 年課綱下合併為 6 個主題（促進健康生活型態、促進安全生活、促進健康消費、促進健康心理、促進無藥物與無菸生活、促進性健康）。當中「健康與護理」課程欲培養學生之核心能力如下：一、在促進健康生活型態部分為（一）認識健康生活型態的重要，並積極努力養成，（二）具備健康自我管理的能力，（三）了解並學習預防慢性病和傳染病的方法，（四）培養準備老化的健康態度。二、促進安全生活生活部分（一）培養願意主動救人的心態與學習急救的原則和技能、（二）學會事故傷害處理原則與技能。三、促進健康消費部分為（一）提升消費者自我覺察與資訊辨識的能力、（二）應用正確的健康消費概念於日常生活中。四、促進心理健康部分（一）了解並提升自尊與心理健康、（二）具備維護心理健康的生活技能、（三）認識精神疾病，破除對精神疾病患者與家屬的烙印化態度。五、促進無菸及無物質濫用的生活（一）了解成癮藥物在醫療上的正確使用，以及物質濫用對個人、家庭與社會所造成的危害、（二）具備解決問題及拒絕技巧，以避免濫用成癮物質。六、促進性健康（一）養成健康的性觀念、（二）培養尊重不同性取向的態度、（三）具備健康兩性交往所需的生活技能、（四）具備促進性健康所需的知識、態度和行為。內容詳見〈健康與護理學科中心課程綱

的回應過程，深受老莊淑世精神的生命調性所吸引，除了扣回自身經驗參悟老學外，更將莊學精義融入生命中。筆者發現目前學術界對於道家玄智研究成果相當豐碩，有關老莊養生之道亦有許多期刊專書，甚至在碩博士論文皆有研究此議題，然未見將《老子》和《莊子》與現代醫護結合探究健康促進的篇章。因此，筆者在進入學術研究期間，就開始嘗試跨領域以道家思想為中心，剖析老子養生之道如何運用在當代人類世界中被實踐之可能性，更進一步將老莊的思想義理與「健康與護理」學科課程主軸相互結合，讓學問達到知往鑑今，以突顯全人健康的核心義涵及時代意義。〔註39〕

　　另一方面，當筆者再度以一名學生身分重返校園，浸潤在豐沛進修資源的經驗交流過程中，發現老莊之學已從傳統主流認為老子無為不爭是一種消極避世的態度，到當代學者研究無為其實是無掉刻意妄為後，老莊思想反而有一種積極進取的傾向。因此，本研究試圖在兩種不同詮釋之中，走出一條學界主流意見之外，而往新進老莊研究發展上，做一個具體的生活印證。根據筆者長期在第一線精神科臨床照護、社區醫療保健業務推廣、社會局長青日照中心服務、學校輔導及社會輔導等經驗中，發現在協助病患或民眾面對生命議題時，雖有心透過藥物或輔導使其有所助益，顯然還不足以讓個案暢達的因應生命議題，其評斷標準在於個案本身的回饋。而筆者在與指導教授學修老莊的生命學問後，開始將老莊的虛靜、觀、心齋、柔軟、無為等心性修養工夫融入自身，同時回到第一線的實踐現場時，發現竟然可以透過莊子道術合一的「達人心」

要文件〉，《普通高級中學課程健康與護理學科中心》網站，2023 年 7 月 13 日，網址：http://health-nursing.lygsh.ilc.edu.tw（2023 年 7 月 13 日檢索）。

〔註39〕 詳請可參見拙作：《老子思想與當代公衛護理研究——以「健康促進」為中心》，此論文核心旨在藉道家《老子》的生命智慧，以老子道論思想為中心，探究老子思維在當代人類世界中如何實踐之可能，進一步將亙古綿延的《道德經》與現代的醫護應用相互結合，讓學問達到通經致用。在各章安排上共分為：「老子道論的當代詮釋」、「老子工夫論義理精要」及「老子思想對健康促進之啟示」。一共得出三點結論：（一）生理健康部分，「自然無為」中的順應常道思維指的是順應天道之理活到該有的壽命，透過老子的叮嚀，正視自身差異性，體健則鍛鍊，身殘則復健，進而達到形體長壽的健康狀態。（二）心理健康部分，「致虛守靜」思維強調面對外在誘惑和壓力時，讓生命透過無為解消躁動，同時進入虛靜的無躁境界中，使心靈獲得平和寧靜的安頓狀態。（三）社會健康部份，「持儉守柔」思維強調「守柔」能讓人與天地萬物之間處於和諧狀態；以整體社會制度而言，推行樂活議題，營造「持儉」的風氣，可讓人保持素樸的心靈。黃蕙如：《老子思想與當代公衛護理研究——以「健康促進」為中心》（高雄：國立高雄師範大學經學研究所碩士論文，2016 年），頁 7。

及「達人氣」（〈人間世〉）〔註40〕交互運用方式，就得以疏通個案內在深層議題，並喚醒個案本身早已具備完善自己所行的能力，讓個案拿回自己生命的力量，在生活上重獲應事應物的流暢。筆者從不斷學用合一的學習歷程中，開始思考到原來在老莊消極避世的主流裡面，確實另有一套淑世精神的情懷在，當中的莊子淑世精神真的可以在社會上有所實踐。第一線的社會實踐人員雖有醫護及輔導背景，但沒有莊學淑世精神，往往治標不治本；目前學界廣泛談及老莊治療學、老莊心理學的學者，雖有非常豐沛的學術底蘊，但沒有第一線的業界輔導場域，也不具備醫護背景，因此無法有效發揮。而筆者剛好同時具備兩者身分，比一般國文系的研究生更有機會可以將經典詮釋與具體實踐兩相結合，有個完整性的融通，並對莊學應世領域做出實際個例的推拓。

　　不只如此，當筆者將進修所學扣回第一線的健康促進實踐現場時，更明白健康護理走到最後的生命整全照護，不應只是世界衛生組織擬定的生理、心理、社會三項指標，更必須包含生理、心理、人際、環境及金錢的五項通達，才能真正在這場人生 ON-LINE 中「乘物遊心」〔註41〕。因此，筆者強化世界衛生組織定義「健康」的「生理健康」、「心理健康」、「社會健康」三個層次，從社會層次中再細切出「人際健康」、「環境健康」、「金錢健康」三項。筆者在長期實際參與第一線的相關活動中落實莊子的淑世精神，從醫療院所提供護理 1.0 的「身體照護」、到學術教育界提供護理 2.0 的「心理輔導」、到家庭教育提供護理 3.0 的「關係平衡」、到房屋翻修提供護理 4.0 的「安心住宅」及財富理財提供護理 5.0 的「金錢自在」。從主體的行動力開展出生理、心理、人際、環境、金錢觀五大領域，將在本研究第肆章到第捌章「莊子淑世精神的具體實踐」系列中，全面解析體道之人如何在現代獲得生命整全的通達，實證當代學界健康護理學科及醫界公共衛生護理的「健康促進」精神。同時，筆者將在本研究試圖展現從老莊經典詮釋脈絡中，走向社會實踐，探究兩者一貫相連之道，一併回應傳統以來認為老莊是與世無爭、消極避世，或者無為不爭的學問。藉此印證老莊還有一種有別於避世的淑世情懷在，這是本研究在經典詮釋

〔註40〕原文為：「德厚信矼，未達人氣；名聞不爭，未達人心。」（〈人間世〉）〔清〕郭慶藩注：《莊子集釋》（新北市：商周出版，2018 年），頁 105。

〔註41〕原文出自於〈人間世〉：「夫乘物以遊心，託不得已以養中，至矣。」莊子的哲學是活生生的人生學問，他以人的完整生命為起點思考人如何在生命各層面展開逍遙無待的旅程。〔清〕郭慶藩注：《莊子集釋》（新北市：商周出版，2018 年），頁 121。

上欲呈現的面向，以及在生活具體實例去佐證它的方式。

　　由於莊子淑世精神可在生活各種層面上應用，本文基於筆者的研究背景以及研究環境因素，故將研究主軸聚焦在「偏鄉教育」〔註42〕和社會輔導上，使整個論述方向能在有限時間中，作為最具研究成果的成效出來。期待為臺灣人文學科國文系思想領域，開拓一條在文獻分析研究之外的具體實踐走向。當中真實案例也實證老莊思想並非知言漫談，更道出老莊之學是門可以具體應用的學問，同時一矯過往不少學者以為老莊是一種消極避世的思想。本文回顧近五十年的臺灣老莊研究發展歷程，嘗試將文獻上的分析與詮釋，納入實際的具體實踐活動中相互應證，期待在傳統文字的考據訓詁之外，提供一種行動上的證明。因此，本研究將全文的核心主題放在莊子淑世情懷的具體實踐，研究中不只包含文獻分析，更涵納研究者在具體參與的活動實踐。同時呼應大學社會責任及企業社會責任議題，跨領域以人文學科為主，結合偏鄉教育及社會輔導領域，落實在地創生，讓莊子淑世精神與具體實踐做相互關懷之應用。

　　依此本文在後續研究方法上，先採取國文系最熟悉的「文獻分析法」架構莊學理念基礎，再來用「創造詮釋法」建立實踐模組，最後用社會科學常見的「深度訪談法」及「參與觀察法」分別作為解決前述問題的方式。各篇章安排上，依莊子淑世精神為核心主軸開展出：「莊子淑世精神的理論基礎」、「莊子淑世精神的實踐模組」、「莊子淑世精神的具體實踐」三大架構。具體實踐又分為生理、心理、關係、環境和金錢五大主軸，運用道字義涵，勾勒出莊子淑世精神實踐模組的四個要領，分別為：「走在關鍵的決策」、「生命道路的通達」、「高瞻遠矚的智慧」、「內外辯證的實踐」。整個過程掌握莊子「道術合一」方式進行深度聆聽及有用提問，運用「達人心」和「達人氣」的交叉運用，讓個案從莊子淑世精神式會談中得到疏通，並能回去應用在生活場域，再度回到生

〔註42〕雖然臺灣的經濟發展有許多突飛猛進的表現，但城鄉的差距反而越拉越大，臺大裡面八成的人都來自於北部，偏鄉仍是佔極少數。對於教育資源較豐富、父母社經程度較高的都會區學生，整體而言仍占極大優勢。雖然政府提供政策試圖改善，包含繁星計畫，但還有許多沒照應到的部分。所以本文首先以偏鄉關懷為出發點，試圖讓城鄉階級的差距可以流動，但不以此為侷限。詳請參照〈指考分發臺大錄取生 6 都包辦 84%〉：《聯合新聞網・聯合報》網站，2019 年 08 月 08 日，網址：https://udn.com/news/story/6925/3976480（2023 年 7 月 13 日上網）；何俊青：〈偏鄉教育問題的迷思〉，《臺灣教育評論月刊》第 6 卷第 9 期（2017 年 9 月），頁 15～19。本文的偏鄉教育指的是第陸章「莊子淑世精神的具體實踐（三）：人我和諧之道」中的八八風災的災後重建輔導部分。

命的流暢。本文在論述形式上，超越道家乃形而上玄學的普世刻板印象，進而從道家底蘊提煉出經世致用的「莊子淑世精神的實踐模組」，由此呈顯莊子「道樞」〔註43〕之精神。

第二節　研究方法與步驟

一、研究方法

　　不同的問題意識及研究目的，就有不同的研究方法作為對應，在眾多研究種類中，本文運用的研究方法採「文獻分析法」、「創造詮釋法」、「深度訪談法」及「參與觀察法」進行。〔註44〕本研究論文架構以老莊文本資料分析，及以老輔莊的詮釋形式為先，初步建立莊子淑世精神的理論基礎，其次勾勒將理論結合的實踐模組樣貌，最後實證採取社會科學常用的質性研究深度訪談及參與觀察法，透過實際參與並和個案進行深度訪談，將應用成果與詮釋分析促成交互檢證。這是一項過往人文學科國文系思想領域學者不曾採用的研究進路，期待藉由理論與應用結合的實踐模組，探究莊子淑世之學對現代人的正面影響力。

（一）文獻分析法

　　本論文研究步驟首先以國文系最常見的文獻分析為先，建立莊學淑世精神的理論基礎，文獻分析法又稱「文件分析法」或「次級資料分析法」。吳定先生認為：「文獻分析法是指蒐集與某項問題有關的期刊、文章、書籍、論文、專書、研究報告、政府出版品及報章報導等資料，進行靜態性與比較性的分析研究，以瞭解問題發生的可能原因，解決過程及可能產生的結果。」〔註45〕文獻蒐集是做研究不可或缺的基本功，透過資料找尋的過程能夠更確定論文的

〔註43〕「道樞」原文出自於〈齊物論〉：「果且有彼是乎哉？果且無彼是乎哉？彼是莫得其偶，謂之道樞。樞始得其環中，以應無窮。是亦一無窮，非亦一無窮也。故曰『莫若以明』。」〔清〕郭慶藩注：《莊子集釋》（新北市：商周出版，2018年），頁59。

〔註44〕感謝口試委員姜龍翔先生精闢補充本文對於臺灣人文科國文系的研究貢獻，筆者加註如下：這是一本顛覆人文學科後設理論，引導國文系有所突破的研究論文，操作手法為：預設→實驗→結論。也就是先有一個預設理論，再透過個案實驗（此文採用自述分析及個案研究手法呈現），最後獲得研究結論。

〔註45〕吳定：《政策管理》（臺北：聯經出版社，2003年），頁25～26。

方向，在選定主題後，進行《老子》和《莊子》原典的爬梳以了解原意，在各大圖書館及期刊網搜尋有關老莊書籍詮釋，舉凡老莊淑世精神相關的書籍、期刊論文、學位論文等，皆逐步蒐集並大量閱讀。在兩岸三地研究老莊學者們的廣徵博引下，引領筆者參透老莊生命學問之精要。最後將大量閱讀的相關資料，抓出範圍與重點，彙整後將資料集結，建立符合自身需求的資料庫，以作為本研究的依據參考。資料庫建立後開始進行歸納分析，本研究典籍以《莊子》為主，《老子》為輔，再引述其他先秦諸子及專家學者著作。除了精讀原典外，同時廣泛閱讀相關注解書籍、期刊論文，加以歸納分析各家注解、專家學者評論的觀點，以作為互相印證的依據。

上述有助於研究者以較客觀忠實的立場詮釋老莊思想精要，進而聚焦莊子淑世精神的思想面向為主軸，跨領域整合多方面的實踐智慧，以達理論與實務間的相互應用。因此，在確立本文架構後，將所蒐集資料進行彙整，分別梳理出莊子有關淑世精神的描繪內容。過程搭配創造詮釋法，大膽假設小心求證，扣緊莊子淑世精神的核心概念，並以人文學科國文系的觀點探討出莊子對於淑世精神的可能面向。換言之，從歸納有系統的文獻整理與分析，以分述整合方式，逐步將其相關義理歸納出「莊子淑世精神的實踐模組」。同時結合筆者參與第一線各領域的實證經驗，再進行系統化分析。此研究將有助於經世致用的將古人思想落實於當今時代中，以突顯莊子淑世精神的現代意義與價值。

（二）創造詮釋法

創造詮釋法在本文使用主要是為了「實踐模組」而發，因為莊學要能在今日能有所用，勢必在詮釋上會溢出莊學的文本，多做一些創造性的表述。換言之，使用創造性詮釋法之目的，在於讓莊學能為發揮「用」的功能。「詮釋學」是現代「詮釋」〔註46〕文獻中最具重要性的方法論之一，它的方法在當代經典類的應用層面非常廣，詮釋的重點皆放在進行文獻資料過程，闡述隱藏在文字背後的可能涵義。在當代詮釋學而言，最為學界所熟悉莫過於傅偉勳先生主張的「創造的詮釋學」，分別為「實謂」、「意謂」、「蘊謂」、「當謂」及「必謂」

〔註46〕高柏園先生認為：「詮釋（Interpretation）其基本的意義，就是吾人根據自我的生命歷史，透過客觀的方法操作，而對詮釋對象加以認識與瞭解，並進而對詮釋對象的意義加以抉發與建構。原則上，詮釋的對象主要是人文科學的內容為主。」換言之，詮釋主要處理的是對於人文現象反芻後產生某些意義的理解。高柏園：《中庸形上思想》（臺北：東大圖書公司，1991年），頁50。

五個辯證層次循序漸進，他提到：

  一、「實謂」層次：「原思想家（或原典）實際上說了什麼？」

  二、「意謂」層次：「原思想家想要表達什麼」或「他所說的意思到
    底是什麼？」

  三、「蘊謂」層次：「原思想家可能要說什麼？」或「原思想家所說
    的可能蘊涵是什麼？」

  四、「當謂」層次：「原思想家（本來）應當說出甚麼？」或「創造的
    詮釋學者應當為原思想家說出什麼？」

  五、「必謂」層次：「原思想家現在必須說出什麼？」或「為了解決
    原思想家未能完成的思想課題，創造的詮釋學者現在必須踐行
    什麼？」〔註47〕

以上文意得知創造性詮釋主要分為五個層次：第一是「實謂」層次，主要涉及
「考證之學」的範疇，它是創造性詮釋的起點。著重在原典本身說了什麼，未
加入二手詮釋較為客觀。所以當中只要涉及原典、版本的問題都可以算在第一
層次；其二是「意謂」層次，主要偏向「析文詮釋學」的範疇，經時代考察後，
如實客觀的呈現原典的證釋。換言之，以原思想家要表達的語意為主，透過依
文解義的方式進行脈絡分析、邏輯貫通闡述證得的結論；其三是「蘊謂」層次，
偏向「歷史詮釋學」的範疇，避開過多的主觀揣測，嘗試貫通原思想家與後代
思想傳承者間的思維，依此為基點往下延伸，擴大詮釋學的視野；其四是「當
謂」層次，偏向「批判詮釋學」的範疇，以發現原思想家更深的蘊涵為主，路
徑為選擇具權威性的詮釋進路，透過理路探索比較考察後，再加上自身的見解
詮釋洞見，進而發現原思想家更深的蘊涵或根本義理；其五是「創謂」層次，
偏向狹義性的「創造詮釋學」，比原思想家再往前跨一步解決其未完成的思想
議題。要達到必謂層次，先要貫通原思想家的義理，再針對原典的教義侷限性
進行批判或反思，進而解決尚未回答完成的思想議題。創造性詮釋對於莊子的
理解和應用，跟傳統國文系的研究相異之處，最大的點不在於實謂層的部分，
指的是當謂和創謂的層面。而筆者將莊子思想運用在淑世及應用層面上，就是

〔註47〕傅偉勳先生後來接受別人給的建議將「必謂」改成「創謂」，詳見《學問的生
   命與生命的學問》一書。傅偉勳：《從創造的詮釋學到大乘佛學》（臺北：東大
   圖書公司，1999 年），頁 10；傅偉勳：《學問的生命與生命的學問》（新北市：
   正中書局，1993 年），頁 228。

一種創造性詮釋，因此本文在操作方法上採用以上這些檢證標準。

關於當代老學詮釋系統，袁保新先生對於「創造性詮釋學」有進一步的反省〔註48〕，他認為在合理詮釋的基準下，才能延伸出創造性的見解。換言之，創造性詮釋學就是站在前人累積的研究成果上，作進一步的反省與重建，讓研究者在合理詮釋的基準下，延伸出創造性的見解。筆者將其歸納為：「邏輯貫通」、「文獻查證」、「經文解義」、「思想會通」、「以古鑑今」、「系統對比」六項詮釋原則著手。〔註49〕在邏輯貫通部分，掌握義理貫通，讓整體思想闡述前後一致，使得詮釋立場得以穩固，此能有助讀者進行有系統的邏輯分析。文獻查證部分，可掌握「找」、「讀」、「寫」流程，先蒐集能為研究論證基準的文章，再透過大量閱讀激發研究思維，擬定研究架構並提供研究方法，最後統整出一套符合自身需求的資料庫，以便於寫作。

經文解義部分，掌握原典之意涵，將要引用的經文與詮釋的經文在義理上密切結合，分別在不同分章進行詮釋及補充，以經解經的方式，更能展現同本經書中的核心思想，有利於經文的完整性。思想會通部分，透過原作者與研究者思想整合，在符合邏輯的脈絡架構下，達到一致性的成果。以古鑑今部分，透過原作者立足的時空背景，掌握當時的文化氛圍，以探究思維脈絡的形成，在詮釋過程，將原作者的義理脈絡用符合時下的語言結構及所學生命經驗連結，以傳承時空背景的智慧。系統對比部分，留意除了擁有一套自圓其說的應證系統外，若能再加上其他詮釋系統進行比較，更能夠建立客觀的辯證程序。經由傅偉勳先生的五個創造詮釋的步驟及袁保新先生的六點創造詮釋的反

〔註48〕袁保新先生提出的六項合理詮釋分別為：「一項合理的詮釋，其詮釋本身必須在邏輯上是一致的。一項合理的詮釋必須能夠還原到經典中，取得文獻的印證與支持，而其詮釋觀點籠罩的觀點愈廣，則詮釋就愈成功。一項合理的詮釋應該儘可能運用經典本身無疑異的文獻來解釋有疑異章句，用清楚的概念來解釋不清楚的概念。一項合理的詮釋應該將經典本身視為思想上一致和諧的整體，避免將詮釋對象導入自相矛盾的立場。一項合理的詮釋，必須一方面將詮釋主題置於他們隸屬的特定時代與文化背景來了解，但另一方面也要能夠抽釋出他不受時空侷限的思想觀念，而且儘可能的用現代語言與哲學經驗傳遞給讀者。一項合理的詮釋，對其詮釋方法與原則應該有充分的意識，並願意透過其他詮釋系統的比對，調整修正其方法與原則。」袁保新：《老子哲學之詮釋與重建》（臺北：文津出版社，1991年），頁77。

〔註49〕詳細論述請參考拙作。黃蕙如：《老子思想與當代公衛護理研究──以「健康促進」為中心》（高雄：國立高雄師範大學經學研究所碩士論文，2016年），頁7。

思，筆者將創造詮釋法原理架構運用於本研究的脈絡與表述上，讓本文莊子淑世精神的研究進路呈現邏輯貫通又客觀分析的全面性思維。

（三）深度訪談法

人類獲得知識有兩種，一種是實證主義，使用量性研究呈現，另一種是經驗主義，運用質性研究呈現。[註50] 在學科的使用上，自然科學主要運用量性研究作為研究方法，社會科學裡則有質性和量性研究。量性研究和質性研究指的是一種研究態度，兩者有著本質上的差異。最大差異在量性研究會設立一個假說，透過實驗，取得驗證結果；質性研究沒有任何前提假設，採取開放性，往探索的方向去找到那個答案，這過程包含觀察、分析、歸納、詮釋在裡頭，如同拼圖般勾勒其樣貌。換言之，量性研究主要驗證社會客觀事實的因果性，建構預測與控制的理論，重視結果；質性研究則是了解並詮釋人類經驗世界中，生活情境所賦予的意義及價值，重視過程。而本文莊子淑世精神的具體實踐部分是將一個思想概念，透過社會科學的質性研究來呈現文化現象。以國文系而言就是，文學加生活等於文化，因此呈現出來的文本（當下的會談分析詮釋）就是一種有效成果的展現，並非聚焦行為科學的數據研究。質性研究的方法也較符合道家通達靈活的生命調性，故本文採用質性研究。

有關量性研究與質性研究不論在研究目的及方法上皆有著本質以上的差別，可參考表格 1-1。

表格 1-1　質性研究和量性研究的差異

	質性研究	量性研究
研究焦點	全面性的大焦點	焦點至於特殊的變項
性質	主觀	客觀
研究設計	非操縱或控制	操縱或控制科學化而嚴謹
環境	在自然環境下	在控制環境下
目的	了解現象	測試理論性架構

[註50] 實證主義典派認為真理的本質是單一、片段式，認為研究者與知識的關係是獨立且二元化的，概念化的過程認為與時間和背景空間無關，認為結果具因果關係；自然主義典派認為真理的本質是多面性、全面性，研究者與知識的關係是互動且不可分離的，概念化的過程與時間和背景空間息息相關，不具因果性。詳情參考李選、徐麗華、李絳桃、邱怡玟、李德芬、雷若莉、盧成皆、史麗珠：《護理研究與應用》（臺北：華杏出版股份有限公司，2005 年），頁 203。

資料分析	歸納	演繹
資料收集	使用訪談、觀察及其他溝通方式	使用測量工具
樣本數	根據立意取樣分析資料呈飽和為止	根據統計抽樣
分析方法	內容分析	統計分析

　　本文主要目的在探究「莊子淑世精神的現代實踐」，關心的是受訪者本身面對生命困境議題時，能否再回到通達。過程研究者會針對個案的現狀、背景文化、特殊事件、環境特質和互動現象，做深入而有系統的分析探討。由於這些資料不易藉由統計程式或量化取得，較適於以質性研究方式進行。換言之，本文不用量性研究的最主要原因在於，統計數據能夠摘要代表的合理化知識是有限度的，無論多麼精準都無法洞悉人類內在的情感層面，因為人與人間的連結靠的是情意相通，不是數量的算計結果。因此，使用質性研究目的在於將莊子淑世精神的實踐模組應用於訪談成果上。

　　質性研究的好處在於可以如同萬花筒般深入探索廣泛的主題，以顯日常生活互動中的複雜性，並透過日常語言及方式，聚焦在研究者有興趣的議題上深入，其自由性可以突破其他研究方法的諸多限制，例如：量性研究樣本數不夠時，無法取得答覆率；歷史研究只研究過去，無法就當前持續發展的事件進行探究等。近年來已有許多學門及專業領域接受質性研究，它成為一種相當重要的研究探究模式，可以說是具有實用考量與詮釋性質的研究，紮根於人類的真實經驗。〔註51〕國際知名的質性研究方法論學者 Rossman 和 Rallis 認為質性研究的要點至少有五點，其一發生在自然的場域；其二因地制宜採用多元的互動方法，完全尊重研究參與者的人性化考量；其三可聚焦研究者設定的議題做深入探討；其四結果在過程中逐漸演化成形，不是一開始就預先嚴密規劃成形；其五根本上屬於詮釋性質。質性研究者的特點為，把世界看成是整體而複雜的，用全面關照觀點來看待世界；研究者可以有系

〔註51〕上述整合概念參考 Catherine Marshall、Gretchen B. Rossman 著、李政賢譯：《質性研究——設計與計畫撰寫》（臺中：五南圖書出版股份有限公司，2014年），頁 175～178。Robert K. Yin 著、李政賢譯：《質性研究——從開始到完成》（臺中：五南圖書出版股份有限公司，2014 年），頁 156～163。Uwe Flick 著、張皓維譯、陳俊明審閱：《研究方法——專案實作入門手冊》（臺北：雙頁書廊，2015 年），頁 108～109；李選、徐麗華、李絳桃、邱怡玟、李德芬、雷若莉、盧成皆、史麗珠：《護理研究與應用》（臺北：華杏出版股份有限公司，2005 年），頁 202～207。

統的反思研究過程中的角色；能夠保持對於生命故事的敏銳覺察度，並體察當中的因素對於研究的作用，藉此提高研究者的反思；運用繚繞的推理，能夠多面考量，反覆辯證。〔註52〕

　　質性研究的深度訪談是一種知識建構的場域，研究人員使用深度訪談（In-depth interviewing）的情形相當普遍。深度訪談至少有五點無可取代的獨特性：其一，對於資料收集是開放式，不是立基於研究者的價值及先見的預設結果，有更多的可能性。其二，質性研究的深度訪談能真實呈現每個人的獨特性，量性研究的數據可以代表某個研究母群的事實，卻無法呈現出真實世界情境下，人類生活的意義；換言之，量性雖可聚焦在有限變數中，然而無法充分體現其脈絡情境。其三，深度訪談適合建立理論基礎或印證理論的可行性，而量性只能反映統計層面，樣本設定的人口母群體上。其四，深度訪談分析雖然需要花費比較多的時間，但對於結果產生的多元開放性，易獲得較大成就感；其五，牽涉的人員較少，花費較低可以由研究者自費完成。因為質性研究擁有上述多處優點，縱然在爭取經費上與量性研究相比處於劣勢，它仍是當今國內研究者廣為接受的研究方法。質性研究的特徵其設計具有彈性，研究者進入個案世界時，可以隨時依個案情況調整研究的方向和焦點。在分析資料的過程，研究者重視個案本身的觀點、陳述的時間切點，用整合分析方式，進行開放柔軟的提問。運用經驗主義為根源的質性研究，有著人本主義的精神，其精神是開放且富彈性的。質性研究成果不僅可以形成理論建立知識體系，還能了解個案主觀世界的拼圖，也可藉此為研究者自身帶來省思，非常適合護理相關背景的研究人員。〔註53〕

　　質性研究的目的，歸納至少有五點，其一描述或解釋人類社會心理過程之文化背景或主題；其二在自然環境下解釋生命歷程的經驗；其三分析個案

〔註52〕概念參考 Rossman, G. B., & Rallis, S. F. Learning in the field: An introduction to qualitative research (2nd ed.). Thousand Oaks, CA: Sage. 2003, pp.8~10.

〔註53〕上述整合概念參考 Catherine Marshall、Gretchen B. Rossman 著、李政賢譯：《質性研究——設計與計畫撰寫》（臺中：五南圖書出版股份有限公司，2014年），頁175~178。Robert K. Yin 著、李政賢譯：《質性研究——從開始到完成》（臺中：五南圖書出版股份有限公司，2014年），頁156~163。Uwe Flick 著、張皓維譯、陳俊明審閱：《研究方法——專案實作入門手冊》（臺北：雙葉書廊，2015年），頁108~109；李選、徐麗華、李絳桃、邱怡玟、李德芬、雷若莉、盧成皆、史麗珠：《護理研究與應用》（臺北：華杏出版股份有限公司，2005年），頁202~207。

研究或歷史性資料以預測未來事件；其四分析了解非語言行為傳達訊息的意義；其五可做為量性研究的基礎參考，有利於後續的推論。質性研究種類分成現象學研究、紮根理論研究、民族誌研究、歷史性研究及個案研究，其比較如下表 1-2：

表格 1-2　質性研究種類表〔註 54〕

研究種類	現象學研究	紮根理論研究	民族誌研究	歷史性研究	個案研究
觀念	存在現象／強調心理學	象徵互動理論／強調社會學	社會學／強調人種學	社會科學／強調歷史	社會科學
研究目的	了解現象	描述理論或解釋現象學	在文化的背景中了解真相	解釋發生在過去的現象	深度描述或探索單一或多數個案
資料收集的方法	會談並紀錄個案所描述的內容	會談、觀察、參與性觀察法	會談、文獻收集、參與性觀察法	會談、訪問、文獻收集	會談、觀察、文獻收集
資料分析時的角色	直觀、分析和描述，聚焦具體化個案所描述的內容	沉澱、觀察、比較、概念化、具體化	沉澱、觀察、澄清及在文化的背景中進行確認	收集分析和解釋歷史的背景	收集、觀察、描述個案
結果	得知現象的本質及獲得現象本質上的定義	具體化或形成理論	文化的報告／個案的例子	歷史報告／個案報告	個案描述

　　在眾多研究中，本文選定「個案研究」（Case Study）。原因乃個案研究較符合本研究需求，質性訪談的個案研究重視當事人如何詮釋自己對生活的經驗與現象的理解，透過當事人對經驗的詮釋與意義的建構。此本研究採用「個案研究」取向的質性研究方法，以莊子淑世精神式實踐模組進行會談。過程研究者採取開放和彈性態度進行精準提問，能幫助參與研究者更聚焦自身議題，並找到解決的有效策略。願能提供從事莊學研究工作者對於將理論落實於生活實踐層面時，作為因應參考的具體策略。本段落共分為七個環節，第一為研究取向、第二為研究參與者、第三為研究工具、第四研究程序、第五為資料分

〔註 54〕李選、徐麗華、李絳桃、邱怡玟、李德芬、雷若莉、盧成皆、史麗珠：《護理研究與應用》（臺北：華杏出版股份有限公司，2005 年），頁 209。

析、第六為研究嚴謹性，以及第七研究倫理，分述如下。

1. 研究取向

研究設計的選擇上，本文取向採橫斷面設計，由事件的發生進行剖析樣本，著重的是個案現在對於事件的感覺和反應，重視的是「當下」的感覺、發展及因應調適。因此，可以分別比較不同樣本間的表現。此設計好處在《護理研究與應用》一書歸納至少有三點，其一，資料收集上，一次即可進行分析，應用上較為方便，過程無須像縱貫面研究設計般長期追蹤個案，避免用在個案管理上，因多次收集資料造成個案倦怠感，意願改變的流失；其二，同時探究一組樣本或多組樣本在同一個議題上的反應表現，針對不同經驗進行分析；其三，比較能掌握事件發生時間切點的相互反應。〔註55〕上述橫斷面研究設計極為適合用來探討個別發展狀態，屬於非實驗研究設計中較常用的研究方法，並促使研究者了解問題的目前狀況，同時也較符合道家對於世界不同時空切點下的回應調性。

資料蒐集方法上，本文採取質性研究中的個案研究為導向，採取訪談方式蒐集資料。訪談過程採取個別性訪談，因道家關注的是生命整全，故無特定議題，訪談前無須擬定訪談內容細節，只需擬定「莊子淑世精神的實踐模組」流程。因此，本研究將運用「莊子淑世精神的實踐模組」中道字結構建立實踐模組的架構進行訪談，分別為「走在關鍵的決策」、「生命道路的通達」、「高瞻遠矚的智慧」及「內外辯證的實踐」四大環節。過程搭配莊子的「道術合一」的實踐模組操作步驟，運用「心齋」的個人主體修養工夫「達人氣」，並搭配「神經語言程式學」（Neuro-Linguistic-Programming，簡稱 N.L.P.）〔註56〕的心理分析進行深度聆聽及提問「達人心」。訪談時間約 40 分鐘至 1 小時左右，訪談內容經研究參與者同意後，將以錄音與筆記紀錄整理完作為研究資料。

2. 研究參與者

研究參與者之選取標準上，道家關注生命所有的議題，及每位個體的差異性，故無特定對象，同時也包括自己。莊子說：「知天之所為，知人之所為者，至矣。」（〈大宗師〉）〔註57〕在道家學問裡能夠自我「庖丁解牛」進行「莊子

〔註55〕概念參考李選、徐麗華、李絳桃、邱怡玟、李德芬、雷若莉、盧成皆、史麗珠：《護理研究與應用》（臺北：華杏出版股份有限公司，2005 年），頁 158～159。
〔註56〕在本文第參章「莊子淑世精神的實踐模組」有詳盡介紹。
〔註57〕〔清〕郭慶藩注：《莊子集釋》（新北市：商周出版，2018 年），頁 163。

淑世精神的實踐模組」訪談，往往比一般坊間心理諮商的難度更高，因為必須與自己的成心共處，過程必須運用自身的輔導專業進行分析，同時又必須維持心齋工夫，放掉專業判斷進行深度聆聽，柔軟的拿掉自己的侷限，取得道心與成心間的平衡。因此在研究對象上，本研究會呈現如何做到疏通自己和疏通個案的兩種成果，這是莊子淑世精神式會談與一般心理諮商不同之處。具體而言，本研究不會刻意要求操縱研究自變項，選樣可以使用隨機或非隨機方式，無須控制組的相對照，只需留意研究信度，細節參照（6）研究嚴謹性。

　　本研究依據研究目的，採「立意取樣」〔註58〕的方式，選取皆須符合本研究條件之參與者，其標準如下：

　　（1）願意對自己生命經驗誠實表述者。

　　（2）對於探索、反思自己過去或現在面臨的生命議題有意願解決者。

　　（3）會談過程中，能夠接受錄音且願意無償協助研究進行者。

　　研究參與者在招募方式上，研究者依據研究參與者的選取標準，透過研究者自身的人際網絡，邀請有意願參與且符合研究選取標準的個案。為遵守研究倫理，在進行訪談前研究者透過電話、email、通訊軟體等方式聯繫參與者，寄送或當面給予研究邀請函（附錄一）。取得同意參與後，第一次正式訪談前，研究者會再次透過電話、email、通訊軟體等方式聯繫參與者，說明研究主題與目的、研究參與過程、研究參與者擁有權利及可能的風險，再請研究參與者簽署研究同意書（附錄二）。確認後與研究參與者討論訪談時間與地點。會談時間則以研究者及研究參與者兩人皆可時間進行訪談。綜上所述，本研究透過立意取樣和自身人際網絡方式招募研究參與者，訪談符合研究設定標準之個案，獲得 9 位有意願者的聯絡方式，1 位為前導研究的參與者，另外「8 位」〔註59〕成為正式研究參與者。

　　本研究從 2019 年 10 月底至 2020 年 5 月底，共計訪談 8 正式研究參與者，

〔註58〕「立意取樣」一般用於質性研究，研究參與者是研究者從可近母群體精挑細選出來的，每個研究對象因其特質不同，提供給研究者不同深度的資料，非任何一研究可近母群體的成員就能夠取代，也並非是就近或容易找到。立意取樣的樣本數目不似量性研究用統計檢力分析（statistical power analysis）去計算，而是當資料飽和即可停止收案。吳麗珍：〈方便取樣和立意取樣之比較〉，《護理雜誌》第 61 卷第 3 期（2014 年 6 月），頁 105。

〔註59〕本文案例數為 8 位，乍聽起來有點少，然而以社會科學質性研究的領域，已達博士論文研究樣本標準，詳請參照附錄六「質性研究人數客觀檢證基準之參考」）

邀請研究參與者性別不拘，共訪談 2 位男性、5 位女性和 1 位女童。〔註60〕另外研究前導研究的參與者 1 位受過專業輔導受訓的學校輔導老師。為了顧及研究的保密倫理，當中研究參與者除了自己外，其餘皆採匿名的方式，並依據研究者訪談時的主觀經驗而取之稱謂，其背景資料僅就性別、行業類別進行整理，其基本資料如表格 1-3：

表格 1-3　研究參與者基本資料

序　號	代　號	性　別	職業別	生命議題
1	A	女	安親班老師	生老病死議題（娘家的狗和年邁的父親）
2	B	女	企業 CEO	身體症狀議題（鼻塞）
3	C	男	教育業	心理議題（煩躁）、關係議題（自己）
4	D	女	壽險業	心理議題（沒自信、畏縮）
5	E	女	家庭主婦	關係議題（婆家）、金錢議題（工作）
6	F	女	學生	關係議題（過度依賴姊姊）
7	G	女	金融業高管	金錢議題、關係議題（原生家庭姊妹）
8	H	男	企業負責人	金錢議題、心理議題（不喜歡溝通）

3. 研究工具

（1）研究者本身

研究者自身在質性研究領域就是一個重要的工具，研究者本身的專業知識及對研究現象的先見，會成為影響研究結果的重要因素。因此在研究過程中最為關鍵的部分在於，要對自己的經歷和觀點持續擁有省思、保持開放、客觀、彈性的態度進入研究場域。此外，研究者在不同的研究階段會扮演著不同的角色，以下就「研究者的個人專業背景」、「研究者對主題先前理解與省思」，以及「研究者的角色」三方面來進行說明。

〔註60〕感謝口試委員汪治平先生和姜龍翔先生皆有提到需列出個案挑選標準，本文加註如下：筆者從 2019 年 3 月 15 日開始，統計至 2020 年 5 月 26 日，共有 283 實務案例。本論文之所以選擇此 8 位為個案，進行正式研究邀約、同意書填寫、全程錄音會談及案例分析。主要原因有三：其一這 8 位個案都是筆者實務相關經歷的實例、其二深度訪談涉及個人隱私，而這 8 位個案皆有願意做為筆者個案研究分析的研究參與者；其三這 8 位個案皆願意持續和筆者保持動態追蹤和聯繫。由於淑世精神的驗證並不是只有人生的一個階段，而是持續人生的整全和追蹤，因此本文以這 8 位案例的未來研究發展性，作為本論文選擇個案的基準。

A. 研究者的個人專業背景

在學術背景上，研究者就讀國立高雄師範大學經學所碩士期間，開始研讀老莊之學，碩士論文題目是以老子思想結合當代公共衛生為研究方向。攻讀博士期間，更具焦於老莊淑世精神的義理闡發及具體實踐部分。道家關注的是生命的整全，因此，除了不斷向指導教授請益道家經典外，也注重如何將經典義理落實於日常生活中。在應用面的專業上，筆者在主體養成部分，本身具備專業國家級考選部認證的護理師、護士、助產師、助產士證照，曾擔任過行政院青年健康大使，榮獲全國績優團隊，是健康蔬果579的種子教師、國民健康署高階戒菸衛教師。自從國中畢業選定護理學科就讀，歷經七年醫護學理加臨床實習訓練下，對於人體肌理、生理機能、心理機轉具備一定的專業度。當中更專攻婦科助產，經歷颱風天以助產師身分協助產婦接生，多次迎接新生兒到來等「生」的經驗；於臨床實習及工作時，洞見人面臨失智、失能及健康老化等「老」的反差經驗；生理及心理的病痛（內外科及精神科等）「病」的經驗。面對「CPR」（心肺復甦術 Cardiopulmonary Resuscitation）救不回的死亡，陪伴病人及家屬歷經生離死別過程（臨終關懷）「死」的經驗。如道家第三者角度觀看世間，經歷生命一連串的「生、老、病、死」，讓筆者比一般同年齡更早洞悉身為人的生死無常。畢業後從事第一線的醫療工作、婦女保健推廣業務、社會局長青日間照護中心及高職擔任健康與護理教師期間，皆不間斷的從事健康促進的推廣。七年的西方醫學專業護理素養加上十年的職場實戰，培育了筆者對於生命形軀的深刻體悟。

筆者在心理輔導上擁有二十年以上的輔導資歷，從志工志願服務、精神科護理師、家庭教育中心種子教師、擔任學校體系輔導組長期間承辦生涯發展、十二年國教、職業試探、特教、性平、家庭教育等相關業務。具備生活 NLP 教練〔註61〕、企業內訓大中華團隊動力教練、催眠等專業訓練。團體組織運作參與上，筆者從小跟隨父親參與大小宗廟及民間志工社團活動，學校期間擔任班上幹部及大小社團幹部，長大從事業務工作，從基層擔任至電子商務的一級主管等，在不同場域擔任各種職位轉場過程，二十幾年來培養對組織運作的敏銳度、領導力及協調力。環境部分，從事房屋翻修承包商，帶領翻修團隊，提供安心住宅一條龍服務。金錢部分，學習理財投資，成立小型商業團隊創建被動收入系統，同時涉及房產、金融等相關領域資訊。

〔註61〕Neuro-Linguistic Programming，中文又稱為「神經語言程式學」。

因為筆者必須承擔主要研究工具的角色，因此除了老莊之學、醫護及輔導的專業背景外，本身的特質及基本素養皆須具備一定做研究的勝任能力，方能確保質性研究結果的準確性。基本的特質包含體會個案目前狀況的同理心，建起初步的溝通橋樑。具備宏觀的包容力，涵納個案的一切，支持個案真實的呈現他自己。對於觀察到的現象，避免先入為主的偏見，影響觀察的現象。對於個案必須有人性直覺的敏銳度，透過觀察入微取得重要線索。當研究者洞察力足夠，才能問出精準的問題，換言之，研究者還須具備提問能力，方能問出關鍵性問題，才不會落於收集一堆無關緊要的訊息。會談當中需掌握傾聽和提問的節奏，如同打乒乓球般一來一回，適度「達人氣」（〈人間世〉）〔註62〕的沉默接收，適度「達人心」（〈人間世〉）〔註63〕的主動出擊。收集資料完，研究者還須具備將眾多資料歸納、分析、整合並詮釋出結果的能力。最後除了擁有靈活的思辨及敏銳的行動力外，也要有貫徹始終的自律態度，才能讓整個質性研究的主題有高度完成的可能性。

B. 研究者對主題先前理解與省思

筆者長期實際參與第一線的相關活動中落實莊子的淑世精神，從醫療院所提供護理 1.0 的「身體照護」（生理健康）、到教育界提供護理 2.0 的「心靈輔導」（心理健康）、到家庭教育提供護理 3.0 的「關係守護」（人際健康）、到房屋翻修提供護理 4.0 的「安心住宅」（環境健康）及企業理財提供護理 5.0 的「金錢自在」（金錢健康）。研究者從主體的行動力用生命實踐生理、心理、人際、環境、金錢觀五大領域，人無法做到他所不知道的事，自己受限於知的侷限沒有過關，通常也難以疏導他人過關。因此莊子淑世精神的會談，研究者本身必須對於個案的議題有充分的掌握，才能流暢的疏導個案回到生命的通達。然而生命經驗是助力還是阻力，要看當事人，當身為專業助人工作者本身對其過往經驗未能反芻整理，參透生命的本質，將對其助人工作形成阻力。〔註64〕因為容易在助人過程，無形中加入自己的成心是非判斷，會影響個案對於事情發展的選擇性。反之，若能隨時自我反思與統整自己過往經驗，重新疏通情緒堵塞的感知系統，重新調整認知系統理解其意義，如此方

〔註62〕〔清〕郭慶藩注：《莊子集釋》（新北市：商周出版，2018年），頁105。
〔註63〕〔清〕郭慶藩注：《莊子集釋》（新北市：商周出版，2018年），頁105。
〔註64〕有關專業助人者的心態，可參見許玉芳：《諮商心理師喪親經驗及其對個人生命與諮商專業之意義——詮釋學的觀點》（高雄：國立高雄師範大學諮商心理與復健諮商研究所博士論文，2018年），頁4。

能將經驗轉化為專業上的助力。

C. 研究者的角色

在深度訪談研究中，研究者擔任角色十分多元，整個研究階段，基本分為「會談者」、「會談資料謄寫者」、「資料分析者」，以及「報告撰寫者」等角色。以會談者而言，為顧及研究倫理（保密性）和研究嚴謹度（一致性與完整性），會談前的說明到整個會談結束均由研究者擔任。因此會談者不只要和參與者建立信任關係，還需熟悉莊學研究主題，會談過程營造一個道的場域，使得參與者能在安全充滿信任的環境下進行會談。過程會談者要不斷運用心齋工夫，解消自我成心（過往對於議題的理解），採取開放柔軟的態度，同時「官知止神欲行」（〈養生主〉）〔註65〕的感通參與者描述生活經驗背後的語言與非語言訊息，洞悉參與者真正想表達的認知想法與感知感受。

以會談資料謄寫者而言，在整個會談結束後，研究者會擔任會談資料的謄寫者，也就是將錄音檔案轉譯為文字資料，內容包含語言訊息與非語言訊息。資料轉謄之後，研究者為確保文本的正確與完整性，須將錄音檔與編碼後的文本進行反覆核對與校正。在多次聆聽錄音檔與核對轉謄文本資料過程，若有不清楚或有疑問處應立即修正，結束後交由協同研究者進行檢核，以確保掌握原始資料的整體意義。最後將其資料作為本文資料分析的原始文本，整個會談資料均在保密範圍，需妥善保管與處理，以保護參與者不受傷害為最優先考量。最後研究結果的呈現上，參與者有權利刪除不願公開的部分，或置換可能辨識個人身分的資料。

以資料分析者而言，分析過程研究者將決定如何將一開始對於事件的分散片段進行收錄、過程運用道的架構進行環節的分割，過程突顯個案環節議題，並放置標題，最後將資料重整成一個完整的故事。當中為避免資料分析者因身兼研究者與會談者的雙重身分而影響分析結果，研究者同時邀請對輔導有相關經驗人士擔任協同分析者，擔任共同檢驗與校正資料工作。過程檢核研究者的盲點與偏誤，以確保資料及分析的信度，藉此維持一定的研究品質及嚴謹性。

以報告撰寫者而言，為確保質性研究嚴謹性，研究者邀請在社會科學領域中，具有質性研究方法相關研究經驗之博士層級人士，擔任本文研究顧問，提

〔註65〕〔清〕郭慶藩注：《莊子集釋》（新北市：商周出版，2018年），頁93。

供諮詢。在撰寫報告過程中，研究者與協同分析者進行資料文本分析，並在撰寫後將報告給與參與者進行檢核與回饋。再將參與者閱讀後的回饋再和協同分析者進行資料的檢驗與校正，以確保資料的分析達到顯著的一致性。最後對於研究的重要資訊以及所蒐集的資料進行完整的描述，將研究計畫、研究過程以及研究結果撰寫成論文。而撰寫質性研究報告中最常見的三大類型，為「寫實故事」、「自白故事」和「印象故事」，當中寫實故事是最受肯定的書寫類型，期刊學術論文皆常使用，自白故事則帶有高度個人化的陳述，能促使讀者更為關注論文議題，其描述手法也是社會科學中相當重視的一環。〔註66〕因此在論述手法上，本文採取寫實故事及自白故事的寫作手法，來呈顯深度會談的成果。綜合以上，不論是研究者自己本身的專業背景、對研究主題的先前理解與省思，以及研究階段的身分切換，研究者都需時刻留心自己的狀態，隨時保持覺察與反思，恪遵研究倫理。

（2）輔助工具

本研究除了使用基本會談紙筆外，加上會談流程綱要（附錄三）、錄音工具、個案會談日誌（附錄四）及研究反思筆記（附錄四）四樣進行會談輔助。

A. 會談流程綱要

使用會談流程綱要做為輔助工具，有助於完整記錄研究參與者所提供的資料和訊息，並使資料保有完整性而不致缺漏。當中會談流程綱要採半結構式會談，其因半結構式會談具有結構性和靈活性，研究者可依當下與研究參與者談話內容進行彈性調整，訪談大綱也具有提醒功能，讓研究者能聚焦研究主題。本研究的會談大綱依據本文「莊子淑世精神的實踐模組」為目的設計而成，當中運用道的四個架構分別為「走在關鍵的決策」我在哪裡？「生命道路的通達」我要去哪裡？「高瞻遠矚的智慧」我要如何做到？以及「內外辯證的實踐」我要如何處世？

B. 錄音筆

錄音筆是最佳的使用工具，一來可以減輕研究者現場作筆記的壓力，二來透過錄音重複地聆聽，能聆聽出在訪談紀錄中未聆聽到的語言訊息，同時讓研

〔註66〕概念統整來源為 Catherine Marshall、Gretchen B. Rossman 著、李政賢譯：《質性研究──設計與計畫撰寫》（臺中：五南圖書出版股份有限公司，2014年），頁 175～178。

究者專注會談中個案的非語言訊息。因此，研究者在會談過程中可事先徵得研究參與者的同意後，進行全程錄音。

C. 個案會談日誌

研究者在每次會談當下或當天結束，即須完成會談紀錄的填寫，目的在幫助研究者反思會談過程是否有遺漏或缺失。同時會談日誌可以協助研究者整理新發現及帶來省思，以作為撰寫報告時，研究會談資料分析之參考。會談日誌內容包含「會談基本資料」（包括會談參與者、會談日期、時間與地點）、「會談議題」、「會談內容」、「會談家課」、「個案回饋研究者」、「研究者回饋個案」、「研究者覺察與省思」。

D. 研究反思筆記

研究反思筆記以作為研究者會談後與指導教授討論之紀錄，內容包含「會談基本資料」（包括會談參與者、會談日期時間與地點）、「思考議題」、「體道者發現或反思」、「莊子如何看待此議題」。研究反思筆記有助於會談文本呈現意義與經典詮釋相互融通。綜合研究者和輔助工具兩個面向，目的皆是研究者對自己要能在研究中保持高度覺察，並透過運用輔助工具提供研究上的便利性和維持研究的品質。

4. 研究程序

以下分成「研究準備階段」、「前導研究」、「資料蒐集階段」、「資料分析階段」及「研究完成階段」5 部分闡述。

（1）研究準備階段（2017 年 6 月到 2018 年 6 月）

確認老莊實踐之學為研究方向後，研究者開始透過不同管道蒐集相關文獻進行爬梳，發現 50 年來臺灣老莊之學的發展歷程日趨多元，學界目前對於老莊避世、淑世及應世的相關研究，皆有不同的詮釋和推拓。經與指導教授討論後，確認研究主題為「莊學淑世精神的現代實踐」，並擬定初步的研究架構及將理論具體實踐的研究方法。接下來研究者依據本研究目的、研究方法與相關文獻的研究設計半結構式的會談大綱。

（2）前導研究（2018 年 6 月到 2019 年 6 月）

前導研究有助於檢核研究設計的過程、研究者的會談和觀察技巧等是否適當。因此，研究者於 2018 年 6 月到 2019 年 6 月期間，邀請 1 位受過專業輔導受訓的學校輔導老師進行前導研究，基本資料如表格 1-4。

表格 1-4　前導研究參與者基本資料

前導代稱	性　別	年　齡	輔導經歷	專業訓練
小 S	女	45	20 年	有

　　當中前後一共進行 12 次會談，會談加討論時間總計 35 小時。因「莊子淑世精神的實踐模組」為學界人文學科國文系思想類首發，為求研究會談品質，前導研究過程不斷測試模組架構的有效性及操作步驟的可行性。最後依據前導研究中會談互動、會談結果及前導研究參與者回饋，再修正成正式會談大綱，如此將更有利於會談進行的流暢度。以下為依據前導研究後，會談大綱前後修正內容，如表 1-5：

表格 1-5　會談大綱

會談流程	前導研究前會談大綱	前導研究後談大綱
一、暖身	會談開始先建立關係，感謝參與者願意撥冗參與這個研究，並說明本研究的方向後，進入本研究探索的主題。	會談開始先建立關係，感謝參與者願意撥冗參與這個研究，並說明本研究的方向，確認彼此目標、意願、狀態以作為探索的開始，再進入本研究探索的主題。
二、走在關鍵的決策——我在哪裡？	你在想什麼？ 有什麼事困擾著你？ 我可以幫忙什麼嗎？ 用一個譬喻形容你現在的情況？	1. 現在感覺如何？ 2. 有什麼想跟我說的嗎？ 3. 現在有什麼正困擾著你呢？ 4. 有什麼我可以協助你的嗎？
三、生命道路的通達——我要去哪裡？	你想要的是 A？ 你想要什麼？ 困擾你的是什麼？	1. 真正困擾你的是什麼？ 2. 什麼是你要的？ 3. 你的目標是 A？還是 B？ 4. 你的目標是 A，對嗎？
四、高瞻遠矚的智慧——我要如何做到？	因為議題不同，這裡要能夠靈活運用道術合一 操作步驟：達人氣、達人心 狀態：開放、好奇、柔軟、隨順、無為	
五、內外辯證的實踐——我要如何處世？	如何證明你達到了？ 回去你會怎麼做？ 你願意行動嗎？	1. 你願意進行家課嗎？ 2. 你回去打算如何進行呢？ 3. 你打算何時開始行動呢？

（3）資料蒐集階段（2019 年 10 月到 2020 年 4 月）

　　進入正式研究階段，研究者依據研究參與者的選取標準，透過自身的人際網絡，邀請有意願參與且符合研究選取標準的個案。為遵守研究倫理，在進行會談前研究者透過電話或通訊軟體聯繫參與者，當面給予研究邀請函（附錄一）。取得同意參與後，正式會談前，研究者再次透過電話或通訊軟體等方式聯繫參與者，說明研究主題與目的、研究參與過程、研究參與者擁有權利，及可能的風險，再請研究參與者簽署研究同意書（附錄二）。逐一確認後，再與研究參與者討論會談時間與地點。研究方式採半結構式訪談，視資料蒐集狀況與每位研究參與者進行 1 至 2 次會談，每次會談時間約 40 分鐘至 1 小時，並以輔助工具完整記錄會談內容，再轉謄為逐字稿，與會談日誌的筆記紀錄，彙整後作為研究資料原始文本。

（4）資料分析階段（2020 年 1 月到 2020 年 5 月）

　　因為資料收集及轉譯成文本需要時間，加上不相衝突，因此本文研究進程資料蒐集階段與資料分析階段採取相互重疊方式進行。為確保研究的嚴謹性，研究者在完成會談內容的編碼工作後，會和一位協同分析者共同進行資料的分析，重新審視會談逐字稿內容，將類似概念歸在同一範圍加以彙整編排。根據研究問題進行整合及分析資料，當中探討莊子淑世精神實踐模組應用在生理、心理、人際、環境和金錢五大議題的有效性及研究限制。因本研究為人文學科國文系思想類組融入社會科學研究方法的首發成果呈現，故無對照相關研究。因此，研究結果將以研究者本身反思觀點、參與者回饋及與指導教授討論道家如何看待此議題，作為研究成果的呈現。

（5）研究完成階段（2020 年 5 月到 2020 年 6 月）

　　研究者依據文本資料分析的結果，進行彙整及撰寫研究報告，在撰寫過程中，研究者定期邀請研究參與者及協同分析者進行研究內容之檢核，以確認研究嚴謹度及準確性。過程不斷與指導教授進行討論與修正，最後撰寫出研究結果，並提出研究結論、研究限制與未來展望，逐一完成後提出正式論文。

5. 資料分析

　　研究者將會談資料轉譯為文本後，與協同分析者進行會談資料分析，最後寫下研究者的省察與反思，以下分成「謄寫與彙整資料」、「設定資料編號原則」及「分析謄寫文本說明」。

（1）謄寫與彙整資料

研究者在會談結束後，將錄音檔中的會談內容轉譯成逐字稿，逐字稿謄寫內容包含研究參與者的語言訊息和非語言訊息，詳實記錄包含聲音音調、臉部表情、肢體動作、停頓等。本文為求客觀性，不採用國文系常見的「賦、比、興」修辭技巧，整個記錄謹如實呈現感官所觀察到的語言及非語言訊息，避免加雜個人主觀性判斷影響研究結果。因前端收集資料過程較為繁瑣，為求增進會談逐字稿可讀性及流暢度，故刪除逐字稿中與研究主題無關暖場開聊及贅詞部分，會談文本編碼如下表 1-6，進入會談過程則是完整呈現所有內容。當中遇到資料不完整或模糊時，研究者與研究參與者聯繫，以通訊軟體交換訊息，將需追問的內容請研究參與者補充說明。

下表 1-6　會談文本編碼

將逐字稿內容刪除贅字形成描述文本	摘要與重點
R：有什麼想跟我說的嗎？（微笑）（TR-2019-1028-1） G：唉～（皺眉）我有一個長期困擾，就是這個困擾已經有 10 幾年了，就是我的親姊妹，我有 1、2、4 姊，目前是 4 姊居多，會用我的信用擔任借貸保證人，我也會承擔債務，但礙於家人的關係，想拒絕不能拒絕，開不了口，心裡覺得不平衡，想找出無法拒絕的原因。因為這是一定要幫的事，所以我想要讓自己心情至少平衡一下。我的工作是金融業，這三個姐姐都是從事業務性質工作，收入不穩定，所以我的借貸額度會比較高。（TG-2019-1028-1） R：不敢拒絕的原因是什麼呢？（點頭）（TR-2019-1028-2） G：拒絕的話她們事情就無法進行下去。我的原生家庭從小家境就不好，都是我大姊在照顧我們，現在姐妹情誼在，我拒絕的話，她們事情就無法進行下去。我無法不幫助他們。不幫他們事情就無法進行。（TG-2019-1028-2） R：可以再多說一點嗎？（TR-2019-1028-3） G：這該怎麼說，說了有點複雜，我想想～應該是說陸續發生過很多次相同事件，事件也有所不同，但原則上我都會幫忙。最近一次是因為要借貸買房子，如果房子買不成，她們的壓力會很大，看著他們壓力大我就會幫忙。（TG-2019-1028-3） R：嗯。（點頭）（TR-2019-1028-4） G：小時候父母感情不好，生活過得很不安定，有時候住爸爸那裡，有時候住媽媽那裡（語帶哽咽），都是姐姐代替父母親照顧我、她們很辛苦。她們很辛苦，我非常感謝，也很感恩。	G 議題為「金錢議題」，內容為「無法拒絕親姊妹要求成為借貸保證人」。目前已困擾個案約 10 幾年，親姊妹目前是四姊居多，會用個案的信用擔任借貸保證人，個案也會承擔債務，但礙於家人的關係，想拒絕不能拒絕，開不了口，心裡又覺得不平衡，想找出無法拒絕的原因。個案工作是金融業主管，三個姐姐都是業務形質，收入不穩定，個案因為高收入所以跟銀行的借貸額度會比較高。最近陸續發生過很多次相同事件，事件雖有所不同，原則上個案都會幫忙，但壓力越來越大。最近一次是因為要借貸買

| （TG-2019-1028-4）

R：您害怕擔心拒絕，是否有發生過曾經拒絕，而產生不好的經驗？（TR-2019-1028-5）

G：目前還沒有，但您這麼一說，我想起一個感覺，只要我沒有答應，我心裡就覺得「對不起」她們。（TG-2019-1028-5）

R：對您而言什麼叫做對不起？（TR-2019-1028-6）

G：幾年前有一次金額蠻大的，姐姐哭著跪下拜託我幫忙，當下拒絕事後我就覺得很對不起。（TG-2019-1028-6）

R：先生是否知情，同意您這樣做嗎？（TR-2019-1028-7）

G：先生都知道，但是我決定的事情，我想他也不會干涉太多，但當然他最希望的還是不要借貸。（TG-2019-1028-7）

R：拯救三角方程式裡的角色關係，有加害者、受害者和拯救者，你覺得你是哪一個？（畫拯救三角方程式的圖給個案看）（TR-2019-1028-8）

G：我想一下～（停頓5秒）我想我認為我應該自己像加害者，因為幫助他們借貸，會不會也讓他們亂花錢~~應該是這樣吧~~~~（停頓5秒）~~（TG-2019-1028-8） | 房子，如果房子買不成，二姊的壓力會很大。而個案認為不敢拒絕的原因是，原生家庭狀況姊妹從小相依為命，姐妹情誼在，無法不幫助她們，會過意不去。現在會有一種感受，只要沒有答應，心裡就覺得「對不起」她們。例如：幾年前有一次金額蠻大的，姐姐跪下哭著拜託個案，個案想拒絕，就覺得很對不起。這當中先生都知道，但是個案決定的事情，通常也不會干涉太多，但先生當然最希望的還是不要借貸。個案覺得自己像加害者，因為幫助他們借貸，會不會也讓他們亂花錢。 |

（2）設定資料編號原則

　　本研究分析資料主要為會談錄音逐字稿，因遵守保密避免傷害原則，研究過程中，研究參與者將以代號表示，研究者（Researcher）則以「R」表示。資料編號原則分成「研究參與者代號」、「蒐集資料的編號」及「資料蒐集日期與主題單位」。在研究參與者代號上，本文會談個案一共有8位，代號定為A、B、C、D、E、F、G、H，筆者自述部分代號為I。在蒐集資料的編號上，主要分成三個編碼，第一碼為蒐集資料的方法，包括會談文本、會談日誌和研究反思筆記等。例如：正式會談所蒐集資料文本，使用「T」做為第一碼，會談日誌以「L」做為第一碼，研究反思筆記則以「S」做為第一碼。第二碼為研究參與者，以代號表示，例如：正式會談A個案，以「TA」表示。第三碼，為資料蒐集日期與意義單位，例：052001，則表示為5月20日所蒐集資料的第一個意義單位。TB-2020-0315-1即表示，該資料為3月15日會談B個案之第一個意義單位。如下表1-7。

表格 1-7 設定編碼原則

訪談錄音檔案編號	研究參與者代號和訪談日期
	訪談之錄音檔及觀察紀錄將依訪談日期和研究參與者代號進行編碼，如：若研究參與者 A 在 2020 年 5 月 20 日的話題第一個意義單位，其會談資料將編號為：TA-2020-0520-1。
代號與符號使用說明	1. 研究者代碼為 R；研究參與者代碼為 A、B、C、D、E、F、G、H。 2. ******代表聽不清楚，此狀況需與研究參與者核對。 3. （ ）表示非口語訊息、情緒狀態、表情、聲調、停頓的秒數或背景脈絡補充。例如：我無法接受（皺眉）、他聽不懂啦！（臺語） 4. ……停頓。 5. ～表示口氣延長。 6. XX 保護個案隱私。

（3）分析謄寫文本

研究者將每位研究參與者的逐字稿給研究參與者，會談資料以錄音工具為主，以手機錄音軟體錄製後，再逐步謄寫成逐字稿，並依照研究參與者同意書之約定，將完成逐字稿以通訊軟體回傳給研究參與者檢核，請研究參與者檢核其想法及當初表達是否有所差異，提供回饋及修正意見。研究參與者完成檢核後，回饋研究者後，再將逐字稿的原始文本成為正式研究資料，將文本內容依研究議題歸結出研究結果。資料分析則依照訪談大綱，進行概念編碼，整理後將議題再形成類別及話題編碼，以下摘取一段案例 E 範例，如下表 1-8。

表 1-8 議題類別話題編碼

議 題	類 別	話題編碼
金錢	工作（應徵上好的職缺又不想去）	TE-2020-0428-1、TE-2020-0428-2、TE-2020-0428-3、TE-2020-0428-4、TE-2020-0428-5、TE-2020-0428-6、TE-2020-0428-7、TE-2020-0428-8、TE-2020-0428-9、TE-2020-0428-10、TE-2020-0428-11、TE-2020-0428-12、TE-2020-0428-13、TE-2020-0428-14、TE-2020-0428-15、TE-2020-0428-16、TE-2020-0428-17、TE-2020-0428-18。
關係	婆家（不公平待遇）	TE-2020-0428-19、TE-2020-0428-20、TE-2020-0428-21、TE-2020-0428-22、TE-2020-0428-23、TE-2020-0428-24、TE-2020-0428-25、TE-2020-0428-26、TE-2020-0428-27、TE-2020-0428-28

6. 研究嚴謹性

本文信效度部份採用社會科學「三角檢證」〔註67〕中的資料對比呈現，一共有「會談紀錄」、「會談日誌」及「研究者反思者筆記」三者做資料交叉驗證，來增加研究的信度及有效性。當中威脅質性研究品質的主要因素分為「研究者」和「研究參與者」兩方面，本研究在研究者部分，透過研究參與者檢核、研究者會談日誌及研究反思筆記三種資料對比來增進研究品質。研究參與者檢核部分，請研究參與者閱讀研究者訪談謄寫之逐字稿、檢核資料是否完整或偏離其原意，給予意見回饋，完成研究結果後，再次請研究參與者確認並評論。研究者會談日誌部分，研究者在每次會談結束填寫會談日誌，可檢視自身會談過程有否遺漏或缺失處，同時可以協助研究者帶來省思與發現。研究反思筆記部份，研究者將會談後進行資料轉譯的原始文本與指導教授討論後，寫下研究反思筆記，將有助於會談文本呈現意義與莊學經典詮釋的相互融通。

7. 研究倫理

研究過程遵守知情同意原則、保密避免傷害原則及互惠原則。在正式會談前，研究者會以研究參與者邀請函（附錄一）詳細說明本研究目的，並向研究參與者說明研究參與者相關權益，給予研究參與者充足時間思考參與意願，確保研究參與者瞭解及充分考量後作出決定。獲得研究參與者同意後，在正式會談前將請研究參與者簽署研究參與同意書（附錄二）。過程研究者主動向研究參與者承諾遵守保密及隱私原則。在進行會談資料分析時，研究者以英文字母代號標示研究參與者姓名，在不影響分析結果原則下，適度調整及刪除研究參與者隱私之資料，避免研究參與者個人資料遭到外洩。研究結束後，會談錄音檔將於研究報告完成後予以銷毀，研究參與者有權得知研究最終狀況。

〔註67〕「三角檢證法」（triangulation），又稱為三角交叉法、三角校正法、三角檢核法、三角檢定法，為社會科學領域中重要的研究設計之一，其目的在於增進研究的嚴謹度與可信度。最早運用在航海、軍事所使用的三角學（trigonometry）的測量。當使用多重方法提高信效度，可避免研究時產生的偏誤；多重檢證的方法至少有四種，資料三角檢證（data triangulation）、調查者三角檢證（investigator triangulation）、理論三角檢證（theory triangulation）及方法三角檢證（methodological triangulation）。本文採取「資料三角檢證」就是對於收集資料來源多元，並能取得資料一致性，就達研究所需的信度與效度。詳細可參考相關文獻廖培珊、伊慶春、章英華：〈調查資料之三角交叉分析：以大學社區生活品質之評估為例〉，《調查研究》第 11 卷（2002 年 4 月），頁 105。蔡俊傑、張瀚元：〈研究新趨勢——三角檢證法與混合研究法〉，《體育學系系刊》第 17 期（2018 年 12 月），頁 26～28。

（四）參與觀察法

參與觀察（Participant Observation），主要是從文化人類學與質性社會學發展出來，參與觀察可以是質性研究的一種總體類型，也可以是一種非常根本的資料收集方法。〔註68〕參與觀察可將參與研究者和參與被觀察者的距離縮到最小，研究者同時扮演觀察者和參與者的雙重角色，親身投入研究興趣所在的社會世界。藉由長時間參與觀察場域，自身也成為資料收集的工具。Robert K. Yin 認為：「在參與觀察現實生活為主的田野研究中，你的五感將是測量和評估場域資訊的主要工具。」〔註69〕也就是研究者在場域中盡可能帶著好奇柔軟的心態，打開五感對於事件發展及其細節進行資料收集。換言之，參與觀察的好處是可以彷彿和當事人一樣擁有親身經歷，透過第一線親身經驗參與，有助於對於當前社會族群的議題提供新的觀點與反思。另一方面，參與觀察可以直接從活動過程中獲得大量資訊，會比一般單純採用活動資料的結果更為豐碩完整。德國知名質性研究方法論學者 Uwe Flick 認為參與觀察分成兩部分，第一，研究者必須成為參與者之一，進入觀察的場域和人群中。其次，依據研究問題的基本層面進行具體性的觀察，當中又須留意以描述性文字呈現場域狀況的複雜性。基於研究倫理，觀察過程必須開放，被觀察者是知道且同意他們正被觀察。〔註70〕

本研究因為側重莊子淑世精神的具體應用面向，因此採用參與觀察法，基於下列幾個理由：一、當真實行為和想法有所差異時，參與觀察較問卷資料更易反映出個案的真實行為。二、重建行為的連續性與連結性，將有助於解釋現象產生的意義；三、當進入重建的研究場域中，原本成員不會因為研究者的突然出現，而改變他們的行為；四、研究重建主題可運用語言表述和受訪者對談，深入了解內在想法。因此，本研究掌握研究設計重視的「必須使受訪者處在最自然的狀態，真實地去從事他們的重建行為」原則，過程中研究者長期深根當地，扮演第一線角色，實屬組織過程的組成份子，自然不會造成突兀或窺探性的壓迫，完全掌握角色的適當與合理性，實現道家「生而不有，為而不恃，長

〔註68〕Catherine Marshall、Gretchen B. Rossman 著、李政賢譯：《質性研究——設計與計畫撰寫》（臺中：五南圖書出版股份有限公司，2014 年），頁 172。

〔註69〕Robert K. Yin 著、李政賢譯：《質性研究——從開始到完成》（臺中：五南圖書出版股份有限公司，2014 年），頁 140。

〔註70〕概念參考 Uwe Flick 著、張皓維譯、陳俊明審閱：《研究方法——專案實作入門手冊》（臺北：雙頁書廊，2015 年），頁 144～145。

而不宰，是謂玄德」（〈第十章〉）〔註71〕的生命調性。本文參與觀察法主要是針對第陸章「莊子淑世精神的具體實踐三：人我和諧之道」中「莫拉克災後婦幼生活重建」的社會關懷案例，以呈顯莊子淑世精神具體實踐的人文關懷輔導成果，其觀察樣本名單詳見此章「表 6-5 觀察對象一覽表」。

二、研究步驟

　　本文詮釋的程序共分為三個階段，由每個問題脈絡作延伸，並於第貳、參、肆、伍、陸、柒、捌章進行統合，獲得解答。

　　第一階段：莊子淑世精神是什麼？莊子淑世精神的理論基礎分別在《莊子》〈逍遙遊〉、〈齊物論〉、〈養生主〉、〈人間世〉、〈德充符〉、〈大宗師〉、〈應帝王〉，內七篇經文內容中有何引證？〔註72〕

　　第二階段：莊子淑世精神的實踐模組綱領與架構為何？莊子淑世精神的實踐模組操作與步驟為何？如何運用架構一「走在關鍵的決策」進行議題釐清？如何運用架構二「生命道路的通達」進行目標確認？如何運用架構三「高瞻遠矚的智慧」進行有效提問？如何運用架構四「內外辯證的實踐」達到成效評值？如何運用「道術合一」進行「達人氣」及「達人心」的操作步驟，協助個案重返生命的通達？

　　第三階段：莊子淑世精神的實踐模組，如何應用於自身及個案的主體養成？莊子淑世精神的實踐模組，如何具體應用於生理健康？莊子淑世精神的實踐模組，如何具體應用於心理健康？莊子淑世精神的實踐模組，如何具體應用於人際關係？莊子淑世精神的實踐模組，如何具體應用於社會環境？莊子淑世精神的實踐模組，如何具體應用於利益趨捨？

　　綜合以上三項題組，研究者統整出莊子淑世精神實踐模組與進路，在研究步驟上，除了「前言」、「結論」外，在各章安排共分成三個環節展開：其一為「莊子淑世精神的理論基礎」、其二為「莊子淑世精神的實踐模組」及其三為

〔註71〕能讓萬物得以生生是因為「玄德」，玄德能讓萬物在其中得以保全，各德其性，王弼注：「凡言玄德。皆有德而不知其主。出乎幽冥。」不知其主就是能不驚擾萬物，做到像幽冥一般讓萬物太尚不知有知，這「幽冥」二字用的實在經典。這句話分別在老子出現過兩次〈第十章〉、〈五十一章〉，筆者採取這兩段引文，作為本文在具體實踐上的態度。〔魏〕王弼注：《老子道德經注》，收入於樓宇烈校釋：《王弼集校釋》（臺北：華正書局，1992 年），頁 8、184。

〔註72〕由於《莊子內七篇》被視為學界最能夠表述莊子的精神，故本文主要以內七篇為主，外雜篇為輔，詳細說明請參見本章第三節「文獻回顧」。

「莊子淑世精神的具體實踐」。故研究架構如下圖 1 所示：

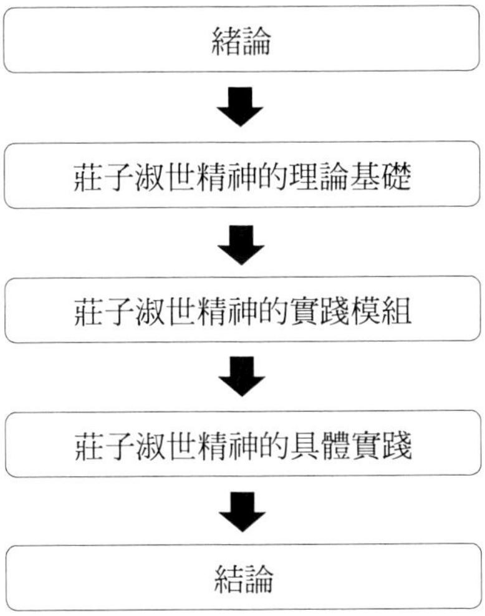

```
┌─────────────────────────────┐
│            緒論             │
└─────────────────────────────┘
              ↓
┌─────────────────────────────┐
│      莊子淑世精神的理論基礎      │
└─────────────────────────────┘
              ↓
┌─────────────────────────────┐
│      莊子淑世精神的實踐模組      │
└─────────────────────────────┘
              ↓
┌─────────────────────────────┐
│      莊子淑世精神的具體實踐      │
└─────────────────────────────┘
              ↓
┌─────────────────────────────┐
│            結論             │
└─────────────────────────────┘
```

圖 1　為本論文研究架構圖

第三節　文獻回顧

　　根據陳德和先生對於道家的流派研究，將道家思想在中國歷史上所出現的型態，一共分為六種：一是薩蠻道家（神話傳說古道家）、二是黃老道家（帝王學道家）、三是人間道家（生活道家）、四是清談道家（玄學道家）、五是道教道家（神仙養生道家又稱宗教道家）、六是能肯定前面五種，集合道家之精義，並融入當代之哲學、科學重新加以詮釋的當代新道家。〔註73〕眾多道家流派中，本研究側重在「人間道家」〔註74〕（生活道家）的立場來闡述，深入探

〔註73〕陳德和先生又認為：「從春秋戰國之際的時代背景而論，當以關懷生命、關懷世道人心的人間道家最能感動群倫而成一大教，後來在華人文化傳統中即以此為道家思想的主流義或原初義。」在傳承老子精義上，他首推莊子，認為：「莊子則成為歷來學者以及眾多當代新道家們所同意，乃是能夠立足在生活世界中，對老子智慧做最真切的體現，並值得尊重效法者，所以其他諸般道家雖可被承認具有道家血統，但論地位和價值皆不如莊子，我們應以莊子所奠基的人間道家，當作道家心靈中唯一範型參考」概念及分類參考陳德和：《道家思想的哲學詮釋》（臺北，里仁書局，2005 年），頁 2、38。

〔註74〕「人間道家」此發想來自於陳德和先生在道家研究所撰擬的名詞，以《道德經》和《莊子》兩部經典為依據，並表示人間道家所展現對世道人心的關懷和思索，才是老子和莊子的本懷，字裡行間流露出「老／莊」思想具有的人文情操和淑世關懷。詳細請參見陳德和：〈人間道家的生命倫理學向度──以生命複製和基因工程的反省為例〉，《鵝湖月刊》第 285 期（1999 年 3 月），頁 9。

討莊學對於當代淑世精神的具體實踐。〔註 75〕因此本文採用曹魏王弼（字輔嗣，226～249）所注的《道德經》本及晉代郭象（字子玄，252～312）所注《莊子》本作為經文依據，此兩本為當今老莊最廣為流行的通行本。其原因為王弼的《道德經》注本承襲當時的學術風氣，並能發揮自身才智，用精簡玄妙詞句闡述獨特見解，帶領研究者探究經文的微妙義理。牟宗三先生對王弼給予認同，表示：「王弼對於老子確有其相應之心，故能獨發玄宗，影響來者甚鉅，其注文雖不必能剋應章句落於章句亦有許謬誤，然大義歸宗，則不謬也。」〔註 76〕本研究主要以義理視角切入，加上它是現今最廣為流傳的通行本，相較早期出土文物脫文和誤字的版本，王弼注本也較為完整且受肯定，故選擇王弼版的《道德經》注本，其原文則是引用收入在樓宇烈的《王弼集校釋》作為行文之文獻依據。

　　《莊子》吸收老子的思想並發揚光大，是繼《老子》後道家思想重要的傳承推手。關於《莊子》內容的真偽至今仍爭議不斷，目前學者普遍認為內七篇最有可能是莊子本人的作品。〔註77〕莊子內篇，是莊子的著作，至於外雜篇的文字，

〔註75〕陳德和先生認為：「老子思想詮釋成為世人所能據之以安身立命的實踐性智慧，此亦為莊子創闢之靈感所貢獻於老子思想者。」文中陳先生針對國人一般習稱之「老莊」說法，認為可以更謹慎地改用「老／莊」才是，因為「老莊」一詞終究有「老即是莊」或「老等於莊」的意涵；此「老／莊」義的道家當可名之為「人間道家」，理由是它對天下蒼生及其生活世界雖不乏深切激烈之反省，卻畢竟是尊重而不捨的。陳德和：〈人文的創構與護持——儒道淑世主義的對比〉，《揭諦（南華哲學學報）》第 6 期（2004 年 04 月），頁 143～144。

〔註76〕牟宗三：《才性與玄理》（臺北：臺灣學生書局，1983 年），頁 127。

〔註77〕憨山大師云：「莊子一書，乃老子之註疏。予嘗謂老子之有莊，如孔之有孟。若悟徹老子之道，後觀此書，全從彼中變化出來，以其人宏才博辯，其言洸洋自恣，故觀者如捕風捉影耳。直是見徹他立言主意，便不被他瞞矣。一部全書三十三篇，只有內七篇已盡其意，其外篇皆蔓衍之說耳。學者但精透內篇，得無窮快活，便非世上俗人矣。」王邦雄先生認為：「莊子的哲學，就其內七篇的思想看來，在在皆顯發其挺立自我、涵容萬化，通貫天人的生命精神，由小而大由大而化，是自我的超拔提升；離形去知真君明照，是物我的同體肯定；有真人而後有真知，是天人的契合為一。在自我昂揚，物我感通，與天人為一的向外推擴與往上翻閱中，開展了人之生命的自由無限。」又認為：「內、外、雜篇最大的分判，根據王船山、唐君毅二位先生的說法，所謂內就是在莊學之內，外就是在莊學之外，雜則是莊學之雜。」〔明〕憨山大師：《莊子內篇憨山註》（臺北：新文豐出版社，1973 年），頁 2；王邦雄：《中國哲學論集‧莊子其人其書及其思想》（臺北：學生書局，1990 年），頁 97；王邦雄：《21 世紀的儒道：生命的實理與心靈的虛用》（臺北：立緒文化事業公司，1999 年），頁 158。

後人一致的意見，都認為不是出於一人的手筆。〔註78〕本文採用晉人郭象刪訂、清代郭慶藩總編輯的《莊子集釋》作為研究的原始文本引用依據。郭象將《莊子》一書共分為內（七篇）、外（十五篇）、雜（十一篇），共三十三篇。〔註79〕為求充分確實掌握莊學精神，選用以內七篇為主要資料，做為順通義理的重要根據，同時搭配外篇和雜篇做為資料的輔佐。因為莊子外雜篇的淑世精神跟內雜篇的淑世精神有所差異，多融入了黃老還有莊子後學的講法，因此在本文的操作應用上面，把外篇和雜篇作為輔助的參考資料，而不是整個架構應用的方式。基於本文主要在思想的應用，內七篇是莊子思想目前學界公認最能統一一貫的看法，因此本文主要以內七篇為實踐應用文本，並參引外雜篇某些可以互通之處。

　　本研究彙整出老莊之學的專著、期刊論文及學位論文，力求站在先哲聖賢及專家學者的研究基礎下，探究老莊淑世精神的豐富內涵。由於本文是以老莊人間道家為研究面向，當中所存在的研究範圍限制，即是無法從其他先秦諸子角度多方觀看各家淑世精神。回顧近五十年的臺灣老莊研究發展歷程中，老莊研究日趨多元，學者屢屢以道家玄智為契機，呈現自身對於老莊之學的詮釋與開拓。由於傳統在中國哲學史上，老子和莊子有思想上的相承關係，是學界的共識，因此本文在談整個道家哲學史觀的洪流中，其發展把老莊並列闡發，符合本文以老輔莊的論述方式。本文將目前學界對於老莊的看法進行歸類，其中有從文獻考據視角認為老莊是避世者、有從思想義理視角認為老莊是淑世者、更有從應用科學視角認為老莊是應世者。茲舉具代表性數例，陳述如下：

一、當代認為老莊避世的研究

　　老莊之學近五十年來研究中，認為老子消極避世的學者眾多，任繼愈先生認為在老子當時已出現萬乘之國，面對現今十幾億的人口，高度發達的文化、科學、藝術，老子想必對這些不但看不慣，還會堅決反對；又認為要回到原古結繩時代，美化上古，根本是落後反動、復古愚昧的社會歷史觀。〔註80〕范文

〔註78〕黃錦鋐：《莊子及其文學》（臺北：東大圖書公司，1984年），頁17。
〔註79〕當中姜龍翔先生藉由比較〈莊子序〉最後一段文字與《世說新語》注引戴逵《竹林七賢論》評向秀之語之間的異同，論證今本〈莊子序〉乃脫胎於戴逵之文字，從而得出〈莊子序〉當為東晉晚期之後的作品，並非郭象所作之結論。姜龍翔：〈郭象〈莊子序〉真偽問題續探〉，《國文學報》第48期（2010年12月），頁35～63。
〔註80〕參考任繼愈：《老子新譯》（上海：上海古籍出版社，1982年），頁232。

瀾先生認為老子想分解正在走向統一的社會為定型的和分離的無數小點，人們被拘禁在小點中，永遠過著極低水平的生活，彼此孤立，沒有接觸的社會；社會進步是不可缺少的願望和努力，老子都看做有害；這種反動思想，正是沒落領主的思想。〔註81〕

在〈老學與孔學比較研究〉〔註82〕中，李哲先生在儒道學問比較上有三點看法，其一認為孔學入俗務實，直面人生，反觀老學消極遁世，無爭無為；孔學義理明晰，雅俗咸賞，老學則詰屈聱牙，艱深晦澀；其二表示老學是一種超然的山野哲學，恣情曠達、放浪形骸、孤僻傲視、一無羈縻，離百姓生活須臾毋可或缺的柴米油鹽甚遠；其三，認為縱然《老子》五千言語，雖睿智橫溢，涵義甚豐，然而卻過於玄機、幽邃、空靈、神秘，其真知灼見淹於奇巧詭譎下，名言至理迷於怪誕不經中，強調這些特點阻礙了老學的散播，失去眾多讀者和知己。

章啟群先生在〈《老子》的「自然」與「無為」義考辨〉〔註83〕中，他對於老學至少有三種消極避世的看法。其一以思想理論而言，他認為《老子》的思想還沒有成為一種純粹的哲學本體論，例如：「道法自然」作為一種嚴格理論意義上的本體論，是很貧弱乏力的，甚至會匯出邏輯迴圈：自然—道—自然；「自然」一詞的意義，在本體論的追問中，都用消解處理代表著《老子》在概念抽象和理論思維上，表述的無力或無能。其二以無為觀而言，他認為道（自然）的力量太強大，遠超過人類能力和力量，因無法與之抗爭，所以，無為含有敬畏和無可奈何之意；因此無為思想實質上包含一種對自然、社會和人生無能為力的消極含義，這與當今學界大多對無為的理解顯然有別。其三以自然觀而言，他認為老子的理想社會是「雞犬之聲相聞，民至老死不相往來」（〈第八十章〉）〔註84〕的人們無知無欲的遠古自然社會，這無疑是復古倒退的；並非外界認為不受干擾、悠遊自得之意，因為在對外在自然界具有敬畏甚至惶恐心理觀念時，要悠遊自得是不可能的。

〔註81〕 參考范文瀾：《中國通史》（北京：人民出版社，1978 年），頁 246～247。

〔註82〕 李哲：〈老學與孔學比較研究〉，《哲學與文化》第 25 期第 2 卷（1998 年 02 月），頁 140～146。

〔註83〕 章啟群：〈《老子》的「自然」與「無為」義考辨〉，《雲南大學學報》第 5 期（2009 年 09 月），頁 30～40。

〔註84〕 〔魏〕王弼注、樓宇烈校釋：《王弼集校釋》（臺北：華正書局，1992 年），頁190。

　　當今認為老子在政治上採取消極的愚民政策學者也很多，引用老子的「不尚賢，使民不爭；不貴難得之貨，使民不為盜，不見可欲，使民心不亂。」（〈第三章〉）〔註85〕郭沫若先生認為老子不以人民為本位的個人主義的為政態度，簡直是把人民當成工具，是養豬養牛的辦法，認為老子否認一切文化的效用而大開倒車，並將老子定義成一個用道術讓自己神通廣大的噬血大魔王。〔註86〕錢穆先生表示：「老子之政治理想，夫亦曰如何以善盡吾使民無知無欲之法術而已。然老子亦知必先以農民之腹為政之首務，此則老子之智也。」〔註87〕認為老子用術與韓非提到的使民無知無欲，一切不敢為掛勾。李泰棻先生也呼應表示：「上雖無為，而民如有知，難保其不犯上作亂，統治者仍感危險，不如防範未然，早做準備，以使常使民無智無欲（三章），也就是不識不知，順帝之則。」〔註88〕呂振羽先生在《中國政治思想史》中提到三點對於老子的看法：其一為了使農民長安於被統治剝削的地位，他和儒家的意見完全是一致的，而且原則上主張愚民政策；其二主張吃要有一定限度，不主張無限度的食過多，去釀成民之饑和民之亂，這無疑是一種改良主義的欺騙方法；其三更說老子主張緩和矛盾，取消鬥爭，即主張調和統治階級內部的衝突，麻痺農民的階級覺悟。〔註89〕

　　胡適先生在《中國哲學史大綱》提出對老莊的強烈評論，分別指出：「老子在社會政治有兩種學說，一是毀壞一切文物制度，一是主張極端放任無為的政策」〔註90〕，又說：「『常使民無知無欲』就在攻擊現在所謂的文明文化，這一段老子哲學的根據無知自然無欲，無欲自然沒有一切罪惡；把一切交通利器，守衛的甲兵，帶人工的機械，行遠久傳的文字等等制度文字，全行銷毀。」〔註91〕甚至胡適先生表示：「老子要使人類依歸回到那無知無欲老死不相往來的烏托邦」。〔註92〕對於莊子的思想，胡適先生用「守舊黨的祖師」

〔註85〕〔魏〕王弼注、樓宇烈校釋：《王弼集校釋》（臺北：華正書局，1992年），頁12。

〔註86〕參考郭沫若：《十家論老》收入於胡道靜主編（北京：人民出版社，2006年），頁140。

〔註87〕錢穆：《莊老通論》（香港：三聯出版社，2005年），頁133。

〔註88〕李泰棻：《老庄研究》收入於胡道靜主編《十家論老》（北京：人民出版社，2006年），頁245。

〔註89〕呂振羽：《中國政治思想史》收入於胡道靜主編《十家論老》（北京：人民出版社，2006年），頁155。

〔註90〕胡適：《中國哲學史大綱》卷上（北京：東方出版社，2004年），頁36。

〔註91〕胡適：《中國哲學史大綱》卷上（北京：東方出版社，2004年），頁45。

〔註92〕胡適：《中國哲學史大綱》卷上（北京：東方出版社，2004年），頁46。

形容莊子，認為：「莊子見地固然高超，卻使社會國家世界的制度思想永遠沒有進步，永遠沒有革新改良的希望」〔註93〕。又說：「莊子知道進化的道理，但他不幸把進化看作天道的自然，以為人力全無助進的效能，因此雖說天道進化，確實在是守舊黨的祖師，實在是社會進步和學術進步的大阻力。」〔註94〕

當中認為老子消極避世，砲火最猛烈的莫過梁啟超先生，他視老子為「極力詛咒文明者」，批判道家是一切悉認為罪惡之源泉。他認為：「吾中國人無進取冒險之性質，自昔已然，而今每況愈下也，曰知足不辱，如足不殆，曰如白守黑，如雄守雌，曰不為物先，曰未嘗先人，而常隨人，比老氏之謅言，不待論矣。」〔註95〕上述暗指老子學說中消極退縮的成份導致中國競爭力薄弱，他更表示：「其魔業之影響於群治者，既若彼焉矣，無他，老子既以破壞一切為宗旨，而復以陰險之心術詭點之權謀佐之，故老學之毒天下，不在其厭世主義，而在其私利主義，魏晉崇老，其必至率天下而禽獸，勢使然也。」〔註96〕在居列強瓜分局勢，不為天下先的思維對民初時期的社會非但無所助益，更將造成不良的影響，導致人人自私自利，梁啟超先生皆視這些人為無恥之人，他認為：「今天下老氏之徒，何其多也？越惟無恥，故安於城下之辱，陵寢之蹂躪，宗祠之震恐，邊民之塗炭，而不思一雪。」〔註97〕

二、當代認為老莊淑世的研究

其實近20～30年來認為老莊避世的想法已受到挑戰，已有許多文史哲領域學者從其他角度去深思探測老莊也有對社會帶來淑世的意義。〔註98〕有王邦雄先生的〈道家思想的倫理空間——論莊子「命」「義」的觀念〉〔註99〕、

〔註93〕胡適：《中國哲學史大綱》卷上（北京：東方出版社，2004年），頁214。

〔註94〕參考胡適：《中國哲學史大綱》卷上（北京：東方出版社，2004年），頁214。

〔註95〕梁啟超：〈新民說〉收錄於《飲冰室文集》第3冊（北京：中華書局，2019年），頁1。

〔註96〕梁啟超：《先秦政治思想史》收錄於《飲冰室文集》第2冊（北京：中華書局，2019年），頁106。

〔註97〕梁啟超：〈知恥‧學會敘〉收錄於《飲冰室文集》第2冊卷二（北京：中華書局，2019年），頁67。

〔註98〕感謝口試委員蔡鴻江先生建議學術論文以表格方式呈現，能讓讀者一目了然，詳見頁45及50，（依年代排列）。

〔註99〕王邦雄：〈道家思想的倫理空間——論莊子「命」「義」的觀念〉，《哲學與文化》第23卷第9期（1996年09月），頁1962～1971。

陳德和先生的〈人文的創構與護持──儒道淑世主義的對比〉〔註100〕、陳德
和先生的〈論老子《道德經》超越生死的實踐智慧〉〔註101〕、陳德和先生的
〈老莊思想與實踐哲學〉〔註102〕、陳德和先生的〈當弗朗克遇上老子──意
義的治療與作用的保存〉〔註103〕、陳德和先生的〈論老子《道德經》的典範
人生〉〔註104〕、高柏園先生的〈莊子思想中的心靈治療體系〉〔註105〕、沈清
松先生的〈復全之道──意義、溝通與生命實踐〉〔註106〕、林安梧先生的〈「新
道家」與「治療學」：論「根源的回歸」與「存有的照亮」〉〔註107〕、林安
梧先生的〈「新道家」、「意義治療學」及其對現代性的反思〉〔註108〕、袁保
新先生的〈秩序與創新──從文化治療學的角度省思道家哲學的現代義涵〉
〔註109〕、謝君直先生的〈老莊哲學的自然觀對生命教育研究的意義〉〔註110〕、
謝君直先生的〈老子思想的道論及其生命治療之義涵〉〔註111〕、蘇金谷先生
的《試論老子哲學對意義治療的啟示》〔註112〕、柯瓔娥先生的《試論老子療

〔註100〕陳德和：〈人文的創構與護持──儒道淑世主義的對比〉，《揭諦（南華大學哲
　　　　學學報）》第 6 期（2004 年 04 月），頁 141～161。

〔註101〕陳德和：〈論老子《道德經》超越生死的實踐智慧〉，《鵝湖學誌》第 61 期（2018
　　　　年 12 月），頁 1～44。

〔註102〕陳德和：〈老莊思想與實踐哲學〉，《鵝湖月刊》第 34 期第 10 卷（2009 年 04
　　　　月），頁 29～38。

〔註103〕陳德和：〈當弗朗克遇上老子──意義的治療與作用的保存〉，《鵝湖月刊》第
　　　　384 期（2007 年 06 月），頁 33～44。

〔註104〕陳德和：〈論老子《道德經》的典範人生〉，《鵝湖月刊》第 42 期第 8 卷（2017
　　　　年 02 月），頁 45～54。

〔註105〕高柏園：〈莊子思想中的心靈治療體系〉，《鵝湖月刊》第 304 期（2000 年 10
　　　　月），頁 10～25。

〔註106〕沈清松：〈復全之道──意義、溝通與生命實踐〉，《哲學與文化》第 24 卷第
　　　　8 期（1997 年 08 月），頁 725～737。

〔註107〕林安梧：〈「新道家」與「治療學」：論「根源的回歸」與「存有的照亮」〉，《宗
　　　　教哲學》第 44 期（2008 年 06 月），頁 129～146。

〔註108〕林安梧：〈「新道家」、「意義治療學」及其對現代性的反思〉，《宗教哲學》第
　　　　42 期（2007 年 12 月），頁 49～58。

〔註109〕袁保新：〈秩序與創新──從文化治療學的角度省思道家哲學的現代義涵〉，
　　　　《鵝湖月刊》第 314 期（2001 年 08 月），頁 11～23。

〔註110〕謝君直：〈老莊哲學的自然觀對生命教育研究的意義〉，《人文研究學報》第 44
　　　　卷第 2 期（2010 年 10 月），頁 25～46。

〔註111〕謝君直：〈老子思想的道論及其生命治療之義涵〉，《興大人文學報》第 60 期
　　　　（2018 年 03 月），頁 35～64。

〔註112〕蘇金谷：《試論老子哲學對意義治療的啟示》（嘉義：私立南華大學哲學系碩
　　　　士論文，2009 年）。

癒思想及現代意義》〔註113〕、陳奕臣先生的《老子自然與無為思想之生命哲學》〔註114〕、古正賢先生的《論老子療癒思想的基調及延展》〔註115〕、鍾明易先生的《老子哲學之生命治療研究》〔註116〕、陳貴美先生的《老子無為思想之研究》〔註117〕、黃源典先生的《先秦道家之意義治療意蘊研究》〔註118〕、張瑋儀先生的《莊子「治療學」義蘊之分析與展開》〔註119〕陳政揚老師的〈莊子的治道觀〉〔註120〕、陳政揚老師的〈孟子與莊子「命」論研究〉〔註121〕、陳政揚老師的〈人籟、地籟、天籟」與「吾喪我」之內在相似性的另類詮釋〉〔註122〕、陳政揚老師的〈從戴君仁先生〈魚樂解〉試探莊子的淑世精神〉〔註123〕、陳政揚老師的〈以「知」與「真知」的分析為核心：論莊子由「忘」達「道」的境界工夫〉〔註124〕、陳政揚老師：〈論生命的有待與超拔──以莊子的「形」概念為中心〉〔註125〕等。

　　從文學角度上：有李欣霖先生的《道家療癒詩學──道家、當代新道家與李

〔註113〕柯瓔娥：《試論老子療癒思想及現代意義》（嘉義：私立南華大學哲學系碩士論文，2008年）。

〔註114〕陳奕臣：《老子自然與無為思想之生命哲學》（嘉義：私立南華大學哲學系碩士論文，2012年）。

〔註115〕古正賢：《論老子療癒思想的基調及延展》（嘉義：私立南華大學生死學系哲學與生命教育碩士論文，2017年）。

〔註116〕鍾明易：《老子哲學之生命治療研究》（嘉義：私立南華大學哲學系碩士論文，2016年）。

〔註117〕陳貴美：《老子無為思想之研究》，（臺北：國立臺灣大學哲學研究所碩士論文，1980年）。

〔註118〕黃源典：《先秦道家之意義治療意蘊研究》（新北市：私立淡江大學中國文學系博士論文，2012年）。

〔註119〕張瑋儀：《莊子「治療學」義蘊之分析與展開》，（臺北：淡江大學中國文學系碩士論文，2002年）。

〔註120〕陳政揚：〈莊子的治道觀〉，《高雄師大學報（人文與藝術類）》第16期（2004年06月），頁255～272。

〔註121〕陳政揚：〈孟子與莊子「命」論研究〉，《揭諦（南華大學哲學學報）》第8期（2005年04月），頁135～158。

〔註122〕陳政揚：〈「人籟、地籟、天籟」與「吾喪我」之內在相似性的另類詮釋〉，《鵝湖月刊》第25期第2卷（1999年08月），頁28～37。

〔註123〕陳政揚：〈從戴君仁先生〈魚樂解〉試探莊子的淑世精神〉，《臺大文史哲學報》第88期（2017年11月），頁1～31。

〔註124〕陳政揚：〈以「知」與「真知」的分析為核心：論莊子由「忘」達「道」的境界工夫〉，《人文與社會研究學報》第47卷第1期（2013年04月），頁33～51。

〔註125〕陳政揚：〈論生命的有待與超拔──以莊子的「形」概念為中心〉，《揭諦（南華大學哲學學報）》第12期（2009年02月），頁101～144。

白詩歌之視域融合》〔註126〕、黃琪榛先生的〈奇幻文學中的老子思想——以《地海巫師》為例〉〔註127〕、郭翰錡先生的《朵貝‧楊笙「姆米系列全集」中的道家思想》〔註128〕、施盈佑先生的：〈重讀《水滸傳》的好漢出走——以《莊子》之「遊」作為閱讀視角〉〔註129〕謝君讚先生的〈論賈寶玉的懸崖撒手與莊禪哲理的思想差異〉〔註130〕、劉幼嫻先生的〈談李漁〈妻妾抱琵琶梅香守節〉的主題、情節與人物——兼與〈莊子休鼓盆成大道〉比較〉〔註131〕吳立響先生的〈試論古龍武俠小說中的道家思想〉〔註132〕、賴錫三先生的〈〈桃花源記並詩〉的神話、心理學詮釋——陶淵明的道家式「樂園」新探〉〔註133〕、戴勁先生的〈有‧無‧共同體——《老子》第八十章的現代解讀〉一文更將臺灣新北市的紀錄短片《落花春泥》的鏡像美學，進一步與《老子》第八十章的文本美學結合。〔註134〕從美學角度上：有王邦雄先生的〈道家哲學與水墨藝術〉〔註135〕、賴錫三先生的〈牟宗三對道家形上學詮釋的反省與轉向——通向「存有論」與「美學」的整合道路〉〔註136〕。從應用倫理學角度上：有賴錫三先生的〈《老子》的渾沌思維

〔註126〕李欣霖：《道家療癒詩學——道家、當代新道家與李白詩歌之視域融合》，（彰化：國立彰化師範大學國文學系博士論文，2016 年）。

〔註127〕黃琪榛：〈奇幻文學中的老子思想——以《地海巫師》為例〉，《中國語文》第124 期第 3 卷（2019 年 03 月），頁 98～108。

〔註128〕郭翰錡：《朵貝‧楊笙「姆米系列全集」中的道家思想》，（嘉義：國立臺東大學進修部兒童文學研究所碩士論文，2018 年）。

〔註129〕施盈佑：〈重讀《水滸傳》的好漢出走——以《莊子》之「遊」作為閱讀視角〉，《鵝湖學誌》第 45 期第 4 卷（2019 年 10 月），頁 14～26。

〔註130〕謝君讚：〈論賈寶玉的懸崖撒手與莊禪哲理的思想差異〉，《清華中文學報》第23 期（2020 年 06 月），頁 265～301。

〔註131〕劉幼嫻：〈談李漁〈妻妾抱琵琶梅香守節〉的主題、情節與人物——兼與〈莊子休鼓盆成大道〉比較〉，《樹德通識教育專刊》第 14 期（2020 年 06 月），頁 159～179。

〔註132〕吳立響：〈試論古龍武俠小說中的道家思想〉，《世界華文文學論壇》第 4 期（2008 年 07 月），頁 64～66。

〔註133〕賴錫三：〈〈桃花源記並詩〉的神話、心理學詮釋——陶淵明的道家式「樂園」新探〉，《中國文哲研究集刊》第 32 期（2008 年 03 月），頁 1～40。

〔註134〕《落花春泥》背景是以無垢舞蹈劇場林麗珍的作品《觀》為文本且於自然環境中拍攝的舞蹈電影。戴勁：〈有‧無‧共同體——《老子》第八十章的現代解讀〉，《宗教哲學》第 83 期（2018 年 03 月），頁 1～13。

〔註135〕王邦雄：〈道家哲學與水墨藝術〉，《戲劇藝術》第 1 期（2007 年 03 月），頁89～94。

〔註136〕賴錫三：〈牟宗三對道家形上學詮釋的反省與轉向——通向「存有論」與「美學」的整合道路〉，《臺大中文學報》第 25 期（2006 年 12 月），頁 283～332。

與倫理關懷〉〔註137〕、廖於萱先生的《《莊子》的感通倫理》〔註138〕。

　　從教育角度上：有陳德和先生的〈老莊的教育思想及其實踐〉〔註139〕、陳德和先生的〈論老子《道德經》的生命教育思想〉〔註140〕、簡光明先生的〈醫護學院國文課程融入通識精神之探討──以高雄醫學大學與輔英科技大學「國文」課程為例〉〔註141〕及〈莊子「庖丁解牛」寓言析論──兼談其在大學國文教學中的運用〉〔註142〕、蕭德昌先生的《老子自然無為思想之理論與實際──以國小教學班級經營為例》〔註143〕、楊淑域先生的《論老子哲學對教師專業倫理的啟示》〔註144〕、黃慧娟先生的《《莊子》寓言對高中生品德教育實踐之研究》〔註145〕、楊麗瑜先生的《論莊子哲學對學校教育的啟示》〔註146〕、劉依貞先生的《高中國文老莊思想教學》〔註147〕。從基因工程角度上：有陳德和先生的〈人間道家的生命倫理學向度──以生命複製和基因工程的反省為例〉〔註148〕。從動物保育角度上：有陳德和先生的〈從道家思想談

〔註137〕賴錫三：〈《老子》的渾沌思維與倫理關懷〉，《臺大中文學報》第 49 期（2015年 06 月），頁 1～42。

〔註138〕廖於萱：《《莊子》的感通倫理》（臺北：國立臺灣師範大學國文學系碩士論文，2019 年）。

〔註139〕陳德和：〈老莊的教育思想及其實踐〉，《鵝湖月刊》第 27 期第 2 卷（2001 年08 月），頁 24～29。

〔註140〕陳德和：〈論老子《道德經》的生命教育思想〉，《揭諦（南華大學哲學學報）》第 34 期（2018 年 1 月），頁 1～29。

〔註141〕簡光明：〈醫護學院國文課程融入通識精神之探討──以高雄醫學大學與輔英科技大學「國文」課程為例〉，《通識教育季刊》第 11 卷第 4 期（2004 年12 月），頁 45～66。

〔註142〕簡光明：〈莊子「庖丁解牛」寓言析論──兼談其在大學國文教學中的運用〉，《屏東教育大學學報》第 33 期（2009 年 9 月），頁 173～169。

〔註143〕蕭德昌：《老子自然無為思想之理論與實際──以國小教學班級經營為例》（嘉義：私立南華大學生死學系哲學與生命教育碩士論文，2015 年）。

〔註144〕楊淑域：《論老子哲學對教師專業倫理的啟示》（嘉義：私立南華大學哲學與生命教育學系碩士論文，2012 年）。

〔註145〕黃慧娟：《《莊子》寓言對高中生品德教育實踐之研究》（高雄：國立高雄師範大學國文學系碩士論文，2016 年）。

〔註146〕楊麗瑜：《論莊子哲學對學校教育的啟示》（嘉義：私立南華大學生死學系哲學與生命教育碩士班，2017 年）。

〔註147〕劉依貞：《高中國文老莊思想教學》（臺北：國立臺灣師範大學國文學系，2016年）。

〔註148〕陳德和：〈人間道家的生命倫理學向度──以生命複製和基因工程的反省為例〉，《鵝湖月刊》第 285 期（1999 年 03 月），頁 9～19。

動物權的觀念〉〔註149〕。從環境倫理角度上：有葉海煙先生的〈道家的環境素養論與休閒美學觀——以莊子的觀點為例〉〔註150〕、葉海煙先生的〈生態保育與環境倫理的道家觀點〉〔註151〕、陳德和先生的〈老莊思想的環境倫理學論述〉〔註152〕、陳德和先生的〈儒道互補論的環境思維〉〔註153〕等。

表 1-9　當代認為老莊淑世的研究

序	作　者	文章名稱	記載刊物	年　份
1	陳貴美	老子無為思想之研究	國立臺灣大學哲學研究所碩士論文	1980
2	王邦雄	道家思想的倫理空間——論莊子「命」「義」的觀念	哲學與文化	1996
3	沈清松	復全之道——意義、溝通與生命實踐	哲學與文化	1997
4	葉海煙	生態保育與環境倫理的道家觀點	哲學與文化	1998
5	陳德和	人間道家的生命倫理學向度——以生命複製和基因工程的反省為例	鵝湖月刊	1999
6	陳政揚	「人籟、地籟、天籟」與「吾喪我」之內在相似性的另類詮釋	鵝湖月刊	1999
7	高柏園	莊子思想中的心靈治療體系	鵝湖月刊	2000
8	陳德和	從道家思想談動物權的觀念	鵝湖月刊	2000
9	陳德和	老莊的教育思想及其實踐	鵝湖月刊	2001
10	袁保新	秩序與創新——從文化治療學的角度省思道家哲學的現代義涵	鵝湖月刊	2001
11	張瑋儀	莊子「治療學」義蘊之分析與展開	私立淡江大學中國文學系碩士論文	2002

〔註149〕陳德和：〈從道家思想談動物權的觀念〉，《鵝湖月刊》第 25 期第 11 卷（2000 年 05 月），頁 32～35。

〔註150〕葉海煙：〈道家的環境素養論與休閒美學觀——以莊子的觀點為例〉，《哲學與文化》第 33 卷 7 期（2006 年 07 月），頁 81～94。

〔註151〕葉海煙：〈生態保育與環境倫理的道家觀點〉，《哲學與文化》第 25 卷第 9 期（1998 年 09 月），頁 814～823。

〔註152〕陳德和：〈老莊思想的環境倫理學論述〉，《鵝湖月刊》第 33 期第 5 卷（2007 年 11 月），頁 20～31。

〔註153〕陳德和：〈儒道互補論的環境思維〉，《鵝湖月刊》第 30 期第 1 卷（2004 年 07 月），頁 11～21。

12	陳德和	人文的創構與護持——儒道淑世主義的對比	揭諦	2004
13	陳德和	儒道互補論的環境思維	鵝湖月刊	2004
14	簡光明	醫護學院國文課程融入通識精神之探討——以高雄醫學大學與輔英科技大學「國文」課程為例	通識教育季刊	2004
15	陳政揚	莊子的治道觀	高雄師大學報（人文與藝術類）	2004
16	陳政揚	孟子與莊子「命」論研究	揭諦	2005
17	賴錫三	牟宗三對道家形上學詮釋的反省與轉向——通向「存有論」與「美學」的整合道路	臺大中文學報	2006
18	葉海煙	道家的環境素養論與休閒美學觀——以莊子的觀點為例	哲學與文化	2006
19	王邦雄	道家哲學與水墨藝術	戲劇藝術	2007
20	林安梧	「新道家」、「意義治療學」及其對現代性的反思	宗教哲學	2007
21	陳德和	當弗朗克遇上老子——意義的治療與作用的保存	鵝湖月刊	2007
22	陳德和	老莊思想的環境倫理學論述	鵝湖月刊	2007
23	吳立響	試論古龍武俠小說中的道家思想	世界華文文學論壇	2008
24	林安梧	「新道家」與「治療學」：論「根源的回歸」與「存有的照亮」	宗教哲學	2008
25	柯瓔娥	試論老子療癒思想及現代意義	私立南華大學哲學系碩士論文	2008
26	賴錫三	〈桃花源記並詩〉的神話、心理學詮釋——陶淵明的道家式「樂園」新探	中國文哲研究集刊	2008
27	陳德和	老莊思想與實踐哲學	鵝湖月刊	2009
28	陳政揚	論生命的有待與超拔——以莊子的「形」概念為中心	揭諦（南華大學哲學學報）	2009
29	簡光明	莊子「庖丁解牛」寓言析論——兼談其在大學國文教學中的運用	屏東教育大學學報	2009
30	蘇金谷	試論老子哲學對意義治療的啟示	私立南華大學哲學系碩士論文	2009
31	謝君直	老莊哲學的自然觀對生命教育研究的意義	人文研究學報	2010

32	陳奕臣	老子自然與無為思想之生命哲學	私立南華大學哲學系碩士論文	2012
33	黃源典	先秦道家之意義治療意蘊研究	私立淡江大學中國文學系博士論文	2012
34	楊淑域	論老子哲學對教師專業倫理的啟示	私立南華大學哲學與生命教育學系碩士論文	2012
35	陳政揚	以「知」與「真知」的分析為核心：論莊子由「忘」達「道」的境界工夫	人文與社會研究學報	2013
36	賴錫三	《老子》的渾沌思維與倫理關懷	臺大中文學報	2015
37	蕭德昌	老子自然無為思想之理論與實際——以國小教學班級經營為例	私立南華大學哲學系與生命教育學系碩士論文	2015
38	李欣霖	道家療癒詩學——道家、當代新道家與李白詩歌之視域融合	國立彰化師範大學國文學系博士論文	2016
39	黃慧娟	《莊子》寓言對高中生品德教育實踐之研究	國立高雄師範大學國文學系碩士論文	2016
40	劉依貞	高中國文老莊思想教學	國立臺灣師範大學國文學系	2016
41	鍾明易	老子哲學之生命治療研究	私立南華大學哲學系碩士論文	2016
42	陳德和	論老子《道德經》的典範人生	鵝湖月刊	2017
43	陳政揚	從戴君仁先生〈魚樂解〉試探莊子的淑世精神	臺大文史哲學報	2017
44	古正賢	論老子療癒思想的基調及延展	私立南華大學生死學系哲學與生命教育碩士論文	2017
45	楊麗瑜	論莊子哲學對學校教育的啟示	私立南華大學生死學系哲學與生命教育碩士班論文	2017
46	陳德和	論老子《道德經》超越生死的實踐智慧	鵝湖學誌	2018
47	陳德和	論老子《道德經》的生命教育思想	揭諦	2018
48	郭翰錡	朵貝·楊笙「姆米系列全集」中的道家思想	國立臺東大學進修部兒童文學所碩士論文	2018
49	謝君直	老子思想的道論及其生命治療之義涵	興大人文學報	2018
50	戴勁	有·無·共同體——《老子》第八十章的現代解讀	宗教哲學	2018

51	廖於萱	《莊子》的感通倫理	國立臺灣師範大學國文學系碩士論文	2019
52	黃琪榛	奇幻文學中的老子思想——以《地海巫師》為例	中國語文	2019
53	施盈佑	重讀《水滸傳》的好漢出走——以《莊子》之「遊」作為閱讀視角	鵝湖學誌	2019
54	謝君讚	論賈寶玉的懸崖撒手與莊禪哲理的思想差異	清華中文學報	2020
55	劉幼嫻	談李漁〈妻妾抱琵琶梅香守節〉的主題、情節與人物——兼與〈莊子休鼓盆成大道〉比較	樹德通識教育專刊	2020

三、當代認為老莊應世的研究

近來越多非文史哲區塊，也都相繼將老子思維與其他應用心理或社會科學領域結合，詳見表格 1-10。心理學上：有陳德和先生的〈論莊子療癒思想中的行為治療法——以〈養生主〉的解讀為例〉〔註154〕、吳盈盈先生的《以道家哲學論哲學諮商中的超越方法》〔註155〕、林孟秀先生的《論莊子生命哲學對輔導工作的啟發——以專任輔導教師為例》〔註156〕、林書禾先生的《道家思想與個人中心學派的交會：試解成為一位心理師的存在之道》〔註157〕、洪菁惠先生的〈從《老子》人性論初探道家的諮商理念〉〔註158〕、陳敏華先生的〈莊子的自我歸因與情意教學〉〔註159〕、張亞林先生和楊德森先生的〈中國道家認知療法 ABCDE 技術簡介〉〔註160〕、呂紹誠先生的《道家諮商哲學

〔註154〕陳德和：〈論莊子療癒思想中的行為治療法——以〈養生主〉的解讀為例〉，《經學研究集刊》第 28 期（2020 年 05 月），頁 91～108。

〔註155〕吳盈盈：《以道家哲學論哲學諮商中的超越方法》（臺北：私立輔仁大學哲學系碩士論文，2014 年）。

〔註156〕林孟秀：《論莊子生命哲學對輔導工作的啟發——以專任輔導教師為例》（嘉義：私立南華大學生死學系哲學與生命教育碩士論文，2017 年）。

〔註157〕林書禾：《道家思想與個人中心學派的交會：試解成為一位心理師的存在之道》（花蓮：國立東華大學諮商與臨床心理學系，2013 年）。

〔註158〕洪菁惠：〈從《老子》人性論初探道家的諮商理念〉，《本土心理學研究》第 33 期（2010 年 06 月），頁 181～227。

〔註159〕陳敏華：〈莊子的自我歸因與情意教學〉，《亞洲輔導學報》第 15 卷第 1 期（2008 年 10 月），頁 83～97。

〔註160〕張亞林、楊德森：〈中國道家認知療法 ABCDE 技術簡介〉，《中國心理衛生雜誌》第 3 期（1998 年 02 月），頁 180～190。

及其應用初探——以老子為例》〔註 161〕。

　　將老子思維運用在軍隊中，有黃信雄先生的《老子「柔弱」哲學與軍隊心輔工作之運用》〔註 162〕。從東方中醫角度：有張麗霞先生及吳水盛先生的〈道家哲學與中醫養生的和諧統一〉〔註 163〕、程雅君先生的〈先秦兩漢道家哲學對中醫學生命觀的影響〉〔註 164〕。從西方醫護類角度：有拙作《老子思想與當代公衛護理研究——以「健康促進」為中心》〔註 165〕、黃蕙如：〈老子自然思想融入高中「健康與護理」課程——以「健康生活型態」為例〉〔註 166〕。從數位媒體角度：有羅友富先生的《數位字造：老子哲學的當代設計方法》〔註 167〕。從形象管理角度：有楊小燕先生的《從儒道經典中的人格典範論個人形象管理之應用》〔註 168〕。從管理類角度：有楊茂長先生的《論莊子〈應帝王〉的經營思想及其實踐》〔註 169〕。從風水堪輿類角度：有吳筠卿先生的《道家哲學與江南私家園林理水之關係》〔註 170〕。從音樂類角度：有常麗美先生的〈「大音希聲」音樂美學的繼承與創新〉〔註 171〕、袁謹先生的〈大境界：鋼琴演奏藝術的完美自呈——從「道家」審美境界談

〔註 161〕呂紹誠：《道家諮商哲學及其應用初探——以老子為例》（屏東：國立屏東大學教育心理與輔導學系碩士論文，2019 年）。

〔註 162〕黃信雄：《老子「柔弱」哲學與軍隊心輔工作之運用》（新北市：華梵大學哲學系碩士論文，2009 年）。

〔註 163〕張麗霞、吳水盛：〈道家哲學與中醫養生的和諧統一〉，《中華中醫藥學刊》第26 卷第 12 期（2008 年 12 月），頁 2697～2699。

〔註 164〕程雅君：〈先秦兩漢道家哲學對中醫學生命觀的影響〉，《宗教學研究》第 4 期（2008 年 12 月），頁 31～36。

〔註 165〕黃蕙如：《老子思想與當代公衛護理研究——以「健康促進」為中心》（高雄：國立高雄師範大學經學研究所碩士論文，2016 年）。

〔註 166〕黃蕙如：〈老子自然思想融入高中「健康與護理」課程——以「健康生活型態」為例〉，收錄於《TASE 第 22 屆教育社會學論壇：教育卓越之後論文集》（嘉義：臺灣教育社會學學會，2016 年 5 月），頁 223～243。

〔註 167〕羅友富：《數位字造：老子哲學的當代設計方法》（臺中：私立東海大學數位創新碩士學位碩士論文，2017 年）。

〔註 168〕楊小燕：《從儒道經典中的人格典範論個人形象管理之應用》（高雄：國立高雄師範大學經學所碩士論文，2019 年）。

〔註 169〕楊茂長：《論莊子〈應帝王〉的經營思想及其實踐》（嘉義：私立南華大學生死學系哲學與生命教育碩士論文，2016 年）。

〔註 170〕吳筠卿：《道家哲學與江南私家園林理水之關係》（臺中：私立朝陽科技大學建築及都市設計研究所碩士論文，2005 年）。

〔註 171〕常麗美：〈「大音希聲」音樂美學的繼承與創新〉，《洛陽師範學院學報（哲社版）》第 25 卷第 4 期（2006 年 08 月），頁 125～126。

鋼琴演奏藝術〉〔註172〕等，十分豐富多元。

表 1-10 當代認為老莊淑世的研究

序	作者	文章名稱	記載刊物	年份
1	張亞林 楊德森	中國道家認知療法 ABCDE 技術簡介	中國心理衛生雜誌	1998
2	吳筠卿	道家哲學與江南私家園林理水之關係	私立朝陽科技大學建築及都市設計研究所碩士論文	2005
3	常麗美	「大音希聲」音樂美學的繼承與創新	洛陽師範學院學報（哲社版）	2006
4	袁謹	大境界：鋼琴演奏藝術的完美自呈——從「道家」審美境界談鋼琴演奏藝術	贛南師範學院學報	2008
5	陳敏華	莊子的自我歸因與情意教學	亞洲輔導學報	2008
6	張麗霞 吳水盛	道家哲學與中醫養生的和諧統一	中華中醫藥學刊	2008
7	程雅君	先秦兩漢道家哲學對中醫學生命觀的影響	宗教學研究	2008
8	黃信雄	老子「柔弱」哲學與軍隊心輔工作之運用	華梵大學哲學系碩士論文	2009
9	洪菁惠	從《老子》人性論初探道家的諮商理念	本土心理學研究	2010
10	林書禾	道家思想與個人中心學派的交會：試解成為一位心理師的存在之道	國立東華大學諮商與臨床心理學系碩士論文	2013
11	吳盈盈	以道家哲學論哲學諮商中的超越方法	私立輔仁大學哲學系碩士論文	2014
12	黃薏如	老子思想與當代公衛護理研究——以「健康促進」為中心	國立高雄師範大學經學研究所碩士論文	2016
13	黃薏如	老子自然思想融入高中「健康與護理」課程——以「健康生活型態」為例〉	臺灣教育社會學學會	2016

〔註172〕 袁謹：〈大境界：鋼琴演奏藝術的完美自呈——從「道家」審美境界談鋼琴演奏藝術〉，《贛南師範學院學報》第 29 卷第 5 期（2008 年 10 月），頁 122～124。

14	楊茂長	論莊子〈應帝王〉的經營思想及其實踐	私立南華大學哲學與生命教育碩士論文	2016
15	林孟秀	論莊子生命哲學對輔導工作的啟發——以專任輔導教師為例	私立南華大學哲學與生命教育碩士論文	2017
16	羅友富	數位字造：老子哲學的當代設計方法	私立東海大學數位創新碩士學位碩士論文	2017
17	楊小燕	從儒道經典中的人格典範論個人形象管理之應用	國立高雄師範大學經學所碩士論文	2019
18	呂紹誠	道家諮商哲學及其應用初探——以老子為例	國立屏東大學教育心理與輔導學系碩士論文	2019
19	陳德和高婷婷	論莊子療癒思想中的行為治療法——以〈養生主〉的解讀為例	經學研究集刊	2020

　　過去不少學者認為老莊是消極避世的思想，本文嘗試從不同層面去談老莊對社會正面積極的意義。從早期唐君毅先生對於人文主義的看法，到陳德和先生及諸位學者認為老莊對於這個世界有一種積極淑世的態度在，到近代實踐應用面的結合反思。換言之，老莊之學已不再是一種消極避世的思維，甚至包含了對於社會的關懷與實踐。回顧前賢優異及豐碩的研究成果，礙於本書有限篇幅，無法一一詳加討論，但凡徵引與參考之作，皆有註明出處，以利讀者閱讀。而眾多文獻中，筆者發現不論避世、淑世及應世的期刊論文皆將焦點集中在老子對於當代文史哲或跨領域的啟發，尚未有針對實踐應用面如何具體操作及如何明確做法的加以詳述。因此期待本研究能進一步站在前輩學者們的研究基礎上，以「莊子淑世精神的現代實踐」為主軸，結合筆者本身醫護背景在社會科學的質性研究經驗，實際透過參與觀察及深度訪談的推拓，探究莊子淑世精神實踐模組應用於生活各層面的影響力。

第貳章　莊子淑世精神的理論基礎

　　〈逍遙遊〉開宗明義提到：「北冥有魚，其名為鯤。鯤之大，不知其幾千里也；化而為鳥，其名為鵬。鵬之大，不知幾千里也；怒而飛，其翼若垂天之雲。是鳥也，海運則將徙於南冥。」〔註1〕方以智云：「鯤本小魚之名，莊子用為大魚之名。」又云：「怒飛形容鯤化，海運形容其冥徙，此表一收一放，兩端用中，體用雙冥，合分小大？」〔註2〕鯤本是尚未成形的魚子，莊子卻稱之為絕大的魚，他用「怒」字形容奮力掙脫燃燒蛻變的驚人鬥志，用「海」字形容遷移場域不是在「河」不是在「溪」更不是在「臭水溝」，一語就定調整個運行的場域和格局。方以智特別提醒吾人讀《莊子》可參而不可詁，因此看到一開頭這麼氣勢磅薄激勵人心的話，你參到了什麼？重點不是魚大或小，關鍵

〔註1〕〔清〕郭慶藩注：《莊子集釋》（新北市：商周出版，2018年），頁17。

〔註2〕在參讀莊子一書，方以智在《向子期與郭子玄書》中就有提醒吾人：「《莊子》者，可參而不可詁也。以詁行，則漆園之天蔽矣。」〔清〕方以智著、張永義、邢益海校點：《藥地炮莊》（北京市：華夏出版社，2011年），頁104。本文主要在做實務研究，不是魚類學研究，故呼應方以智看法，因此不針對魚類學視角做進一步的訓詁考察。至於鯤究竟是什麼？若讀者仍有興趣可參見郭慶藩的《莊子集釋》，其書已將歷來諸多學者研究集其大成，例如：東方溯認為是大魚、《玄中記》認為是大魚、崔譔認為是鯨；《爾雅》及韋昭皆認為鯤是魚子、段玉裁認為是魚子為生者即卵字等。〔清〕郭慶藩注：《莊子集釋》（新北市：商周出版，2018年），頁17。此議題現代學者也已有豐碩的成果，華藝線上圖書館關鍵字打上「鯤鵬」二字進行搜索就有2844筆，例如：〈莊子《逍遙遊》「鯤鵬」隱喻初探〉、〈論《莊子‧逍遙遊》中鯤鵬意象的功能〉、〈透視主義哲學視角下鯤鵬之重言〉等，可供讀者逐一探究，大飽眼福。《華藝線上圖書館》網站，2020年7月14日，網址：https://www.airitilibrary.com/（2023年7月14日檢索）。

是扣回生命，你究竟此生想要用什麼方式過活？你人生的主戰場會是在哪裡？你的人生終極定位又將是什麼？就莊子而言，人生就是一連串「化」的翻轉過程，吳怡先生認為：「化是向上的轉化，是立體的發展，是突破這一形體的拘限，而作無窮的演變。」〔註3〕「鯤化為鵬」述說著人的生命雖是極微渺小脆弱，猶如大海中的小魚般微不足道，但王邦雄先生認為：「一旦人格通過了修養，心靈通過了接受了自我之鍛鍊的淨化歷程，即可能由魚子的『小』進而造就鯤之『大』的壯大發展，再經由鯤之『大』化為鵬之『超越』飛翔昂昇。」〔註4〕故生命是一連串有待轉為無待的變化歷程，以此觀點扣回生命成長階段，也是需要不斷的層層堆疊轉化，才能獲得逍遙無待。

　　本文認為人生也是如此，現實人生就像場線上 ON-LINE，角色設定後，想要在這場人生競技上乘物以遊心，就必須找到能幫助自身成長的寶物，避開會將自己吃掉的怪獸，然後發掘能夠當籌碼的技能，作為遊戲代幣生存的本錢。時刻帶著覺知，洞悉任何突如其來的意外傷害。倘若在等級還小時就不幸遇見大 BOSS（關卡中最厲害的怪獸），評估當下是否有能力抗衡，若暫時沒有能力相抗，能閃就閃相忘江湖。直到找到能與 BOSS 相抗衡的寶物或技能，接著抓緊寶物不斷重複練功提升等級，讓自己日益強大。當能技進於道自在暢行時，最終還是得回來面對當下這關的 BOSS，戰勝 BOSS 才能進到下一關，人生又邁向新的挑戰，開創新局。〔註5〕因此，鯤要化為鵬，首先要掌握的必

〔註3〕吳怡：《新譯莊子內篇解義》（臺北：三民書局，2017年），頁16。

〔註4〕王邦雄先生進一步認為：「生命是由小而大的成長，而生命也有其多種的層次在飛越。人在各個階段不僅在成長，而且還在蛻變，生命的蛻變乃是往更高的層次飛昇，這是『化』，一個生命理境的化，生命的飛揚。而人的生命當然也能由大而化，就在化的當中，人回歸到自然，自然是浩瀚無盡的，於此，生命就能夠在一個浩瀚無盡的宇宙裡去展現生命自在的逍遙之遊。」王邦雄：《中國哲學論集》（臺北：臺灣學生書局，1983年），頁65。

〔註5〕吾人可以看到電玩影響力已逐漸從虛擬世界中觸及到現實世界裡，直到現今擁有電玩社群的實踐知識，甚至成為90後及00後年輕族群維持社交的技能之一。電玩議題現代學者也已有豐碩的成果，華藝線上圖書館關鍵字打上「電玩」二字進行搜索已經就有414筆，例如：教育界而言，本校《高師學報》的〈三維電玩藝術性與其互動美學之研究〉就藉由經典電玩探究其成功要素及如何展現美學的深度、〈小學生玩家展現的電玩實踐社群知識──以數學自由擬題為例〉從中探究如何讓小學生擁有電玩社群成員的實踐知識、甚至〈軍隊人才招募與電玩遊戲〉一文也提及國軍也開始運用遊戲內置的廣告進行國軍招募的行銷等，有興趣此議題的讀者，可上網深入探究。本文呼應時代議題，故將電玩融入莊學闡述之。《華藝線上圖書館》網站，2023年7月14日，網

要條件就是，先知道自己的位置在哪？到底想要化去哪？《莊子》在內七篇為吾人指出一條明確的方針，從第一篇開宗明義的〈逍遙遊〉點出人生的境界可以為何；到第二篇〈齊物論〉說明境界如何透過不斷歷練的工夫而達致；到第三篇〈養生主〉如何持續涵養工夫達技進於道；到第四篇〈人間世〉將理解參悟的道理走入人間實戰一番，不足再到第五篇〈德充符〉持續涵養，就在〈人間世〉與〈德充符〉一來一回間不斷練就等級，直到與道相容，讓道時時為我所得的符應自身；做至此就能走到第六篇〈大宗師〉成為某一方自己有所證悟的開宗立派大師；有此格局就能做到第七篇的〈應帝王〉，應世間的萬事萬物無礙流暢。《莊子》這一套人生「攻略」〔註6〕篇無疑點出人生「成就解鎖」〔註7〕的關鍵五步驟：「未知」、「已知」、「做到」、「信手拈來（隨心所欲）」、「獨善其身（宋榮子：自己）或兼善天下（列子：帶團隊組織）或以遊無窮的逍遙無待（成為一種精神：至人無己，神人無功，聖人無名）」。

　　當中〈逍遙遊〉和〈齊物論〉就是說明從懵懂未知境界及工夫，到已知如何證得之地圖，老子云：「知常曰明，不知常，妄作凶。」（〈第十六章〉）〔註8〕做學問一定要先明白才能明道，倘若境界（目標）是逍遙無待，那麼實踐的策略就是透過工夫而達致。〈養生主〉、〈人間世〉、〈德充符〉、〈大宗師〉就是說明已知到做到的實踐路徑。當聽聞道理後要開始藉由審問（往內的自我追問）去領悟，透過思辨扣回生命去參悟，不斷藉由篤行去體證，「玄之又玄」（〈第一章〉）〔註9〕的知行合一。「玄」字意指總是能在微小的地方，持續不斷的去做。

址：https://www.airitilibrary.com/（2023 年 7 月 14 日檢索）。

〔註6〕「攻略」二字指的是生活方法或指南，也可以說鑽研學問與做某事的方略，通盤計劃或作法。

〔註7〕「成就解鎖」一詞出自於電玩競技遊戲，玩家設定一個目標，有可能是關卡或新增配備或新增一項技能而後達成破關之意，衍伸應用於生活各種層面，例如：「成就解鎖：面對一萬五千人進行演說」、「成就解鎖：幫迪士尼動畫配音」、「成就解鎖：托福成績 550 分」、「成就解鎖：參加七場鄧紫棋演唱會」、「成就解鎖：完成《明清《正蒙》思想詮釋研究：以理氣心性論為中心》著作」等，是當今流行語一種。

〔註8〕〔魏〕王弼注：《老子道德經注》，收入於樓宇烈校釋：《王弼集校釋》（臺北：華正書局，1992 年），頁 37。

〔註9〕老子曰：「道可道，非常道。名可名，非常名。無名天地之始；有名萬物之母。故常無欲，以觀其妙；常有欲，以觀其徼。此兩者，同出而異名，同謂之玄。玄之又玄，眾妙之門。」玄為懸的古字，表示由繩懸掛，讓東西不著地。若從會意字來看，玄的金文是一束絲的樣貌，絲在染色時紮成束，然後晾曬懸掛起來；晚周後字形上部追加圓點狀作區別，秦篆再線化為一橫，意指懸掛著的絲，

老子云：「合抱之木，生於毫末；九層之台，起於累土；千里之行，始於足下。」（〈第六十四章〉）[註10] 對於自己認為值得的事物，總是能夠很有自律，不間斷的蓄積，從知道到做到下足硬功夫。在學而時習的過程，讓學問之道不只要學，還要再加上時常複習，意思是道理學了以後還要能夠應用與實踐，才叫做真正的「做」學問。透過不斷累積，直到豁然貫通的頓悟，持續涵養的證悟到完全覺醒的大徹大悟。當中的「行」字，筆者認為不是去攬很多事在身上做，而是事情來時順其自然的回應。實實在在的應萬物又不傷萬物，疏導萬物回到道的流暢運行，這種過程就是不斷精進自身的戰鬥技能和內在狀態的情緒管理，當中也包含了應萬物的人情練達，以及自己內在道心與成心和諧共處的能力。總之，持之以恆的涵養，貫徹始終的力行，方能有所成，最後擁有〈應帝王〉因應萬物，乘物遊心的人生成就解鎖。筆者認為透過「工夫」來體道證真，讓一個人的生命「境界」[註11] 展現，也是對生命實踐意義的徹底彰顯。楊儒賓先生認為工夫用語在東方有很強的傳統，也有很強的生命力，工夫意味著本體呈現的學問。[註12] 而

上邊為懸掛之處，下邊是絲；楷書將一點一棱斷開，失去懸掛的形象。玄是懸的古字引申為玄字也指黑中帶紅或黑色。玄之又玄是一種意象不斷交互並錯的動態過程。〔魏〕王弼注：《老子道德經注》，收入於樓宇烈校釋：《王弼集校釋》（臺北：華正書局，1992 年），頁 1。李玉潔著：《常用漢字形音義》（吉林：吉林教育出版社，1990 年），頁 208。

〔註10〕 〔魏〕王弼注：《老子道德經注》，收入於樓宇烈校釋：《王弼集校釋》（臺北：華正書局，1992 年），頁 252。

〔註11〕 境界是中國哲學的最終目標，是教人超越當下的生存狀態，而達到某種理想的人生境界。胡偉希：《中國哲學概論》（北京：北京大學出版社，2005 年），頁 9。

〔註12〕 楊儒賓先生又認為：「工夫或工夫論可說是傳統中國哲學的語彙，在當代的學術分類下考量，它的範圍接近於哲學部門所謂的道德哲學或倫理學，也接近於宗教學的靈修領域，但說接近也只是接近而已。」林永勝先生進一步認為：「工夫論應包含心性修養與文化創造兩個層面，因此都與內聖外王有本質上的聯繫，但就實質而言，工夫著重在內聖的範圍。」藤井倫明先生則認為：「以理學的觀點，工夫乃是以到達聖人為目的而從事的意識性修為。胡偉希先生認為：「中國哲學特點講求知行合一，因此相當重視成就理想人格的方法路徑。」換言之，工夫論就是人格培養的實踐路徑，探究工夫論則是提供深入不同派別思想的門徑。同時工夫是一種持續性的涵養，如同台上的舞者，一天沒練舞，自己會知道，兩天沒練舞，你的老師會知道，三天沒練舞，台下的觀眾會知道，因此藉由工夫持續性的涵養，可以讓自己不斷超越。楊儒賓〈導論〉、林永勝〈中文學界有關理學工夫論知研究現況〉及藤井倫明〈日本研究理學工夫論之概況〉皆有詳細說明，三篇論文皆收入於楊儒賓、祝平次編輯：《儒學的氣論與工夫論》（上海：華東師範大學出版社，2008 年），頁 10、210 及 232。胡偉希：《中國哲學概論》（北京：北京大學出版社，2005 年），頁 9。

莊子的體道證真標準可藉由經文提及的「至人無己，神人無名，聖人無功」（〈逍遙遊〉）〔註13〕直接切入。對於這三句話到底是描述境界還是工夫？王邦雄先生認為「至人無己，神人無名，聖人無功」此句為工夫即境界的表述語句，他表示：「就敘事句言，『無』作動詞用，『無己』即是通往『至人』境界的工夫；就表態句而言，『無己』是謂語，用以描述『至人』的境界。也就是說，透過無己無功無名的修養工夫，才能開顯出至人神人聖人的超越境界。」〔註14〕倘若〈逍遙遊〉提到的「無己、無名、無功」就是莊子本人認定的標準，而這三者皆屬境界相同，只是由內而外不同面向的展現。因此，本文直接聚焦在「無己」，當能由自身做到無己，外在應事時方能做到無名和無功，故下文藉《莊子》內七篇為基礎，探討如何透過《莊子》這套人生七大攻略從「遊框」、「喪框」、「脫框」、「設框」、「破框」、「定框」、「無框」，串聯「無己」的工夫實踐進路，最終達到人生的成就解鎖。

第一節　〈逍遙遊〉之無待自化

　　本文分成「鯤化為鵬的超拔之道」及「跳脫小知的逍遙之道」兩點，論述如何從〈逍遙遊〉證「無己」達「遊框」。

一、鯤化為鵬的超拔之道

　　整篇的章旨在講如何「逍遙遊」？「逍遙」是吾人生命追求的理想境界。郭象認為：「逍」字等同「消」，「遙」字等同於「搖」〔註15〕，意思是如何消除或動搖掉心中的有待。為何逍遙還不夠，後面還要在多加個「遊」字，因為逍遙的目的在於能夠做得到，能在日常生活中用出，在行住坐臥間實踐之，因此，用一個「遊」字形容。換言之，當明白何謂逍遙只是知道還不夠，要試著運用在自己的生活，找到一條適合自己遊的方式，才是真的做到這個學問。面對人世間的待，也能乘物遊心的方式，那就是找到自己的道。因此，逍遙遊用兩個字形容就是「通達」，總攝為一個字就叫做「道」。道家之所以為道家，是因為能夠找到屬於自己一條像高速公路般，暢行無阻的康莊大道，也就是最適合自己的方式，而最適合自己的不見得是符合大眾期待的。社會上多數人標榜

〔註13〕〔清〕郭慶藩注：《莊子集釋》（新北市：商周出版，2018年），頁27。
〔註14〕王邦雄：《中國哲學論集》（臺北：學生書局，1983年），頁66。
〔註15〕〔清〕郭慶藩注：《莊子集釋》（新北市：商周出版，2018年），頁16。

一定要功成名就，老子會問是嗎？道家不是肯定或否定句，道家是疑問句「HOW」〔註16〕的學問，從來沒有說是對還是不對。只是每說一件事的時候，會用正言若反的思辨，反過來問你：「是嗎？」你要功成名就，道家問你是嗎？有沒有問過自己那是不是最適合你的。這個目標是你自己的，還是誰期許你的？換言之，只有自己才能真正知道自己最適合的路是哪條。道家告訴吾人，不能幫別人選擇哪條路，同樣別人也不能幫我選擇我的路，因此，如果要找到讓自己心中沒有動搖的那條實踐之路，只能由我自己來選。換言之，〈逍遙遊〉談的是有沒有知道自己要選哪條路，確定並讓自己心中無所動搖，一個字來形容就是「道」。道只能由自己來走來體驗，才能知道，別人說的有效道是別人的道，有可能對自己而言是沒效的。

歷來在談〈逍遙遊〉「鯤化為鵬」的故事，至少有兩種詮釋，一個指的是大鵬鳥是最高的境界，王邦雄先生系列是這樣；另一個蔡璧名先生系列是認為大鵬鳥只能是列子御風而上的境界，不是最高，還有更高，列子御風也是風，她認為待之有無，是判斷是否已達最高境界的至要關鍵。換言之，蔡先生認為差別在於大鵬鳥飛在空中上，還需要風，所以有風也不見的是最高的；文章中指出在〈逍遙遊〉有關大鵬鳥裡面篇章都有提到小大之辯，又說莊子確實有對境界做明確的分明「至人、神人、聖人」，而當中的分別是以有沒有依賴、有沒有待來做最高的推升，在有待的最高級就是列子的御風而行。然而她認為列子還不是最高級，最高級的是逍遙無待，乘天地之正，御六氣之辯的至人。從這個角度看依據莊子的四個境界層次，跟大鵬鳥的小大之辯，大鵬鳥應該只能被放在第三層，因此她認為以前研究者認為大鵬鳥都是最高境界的人是錯的。〔註17〕

原則上推論及舉例都很豐富，筆者提出一個反省的觀點就是，從文本簡單預設就可以知道，莊子書內雖然每一個篇章段落都可以有一個連結性，但可不可以獨立來看，顯然也是可以，並非絕對的連貫。純粹用居處環境來看，鯤和鵬都是有待的，魚無法在空中遠躍飛行，鳥也無法潛游至水裡面。若大鵬鳥也

〔註16〕牟宗三先生說：「道家既然有 How 的問題，最後那個 What 的問題也可以保住。既然要如何來體現它，這不是就保住了嗎？這種保住，就是『作用地保存』。」牟宗三：《中國哲學十九講》（臺北，臺灣學生書局，1983 年），頁 132～135。

〔註17〕其佐證細節可參見全文。蔡璧名：〈大鵬誰屬——解碼〈逍遙遊〉中大鵬隱喻的境界位階〉，《中國文哲研究集刊》第 48 期（2016 年 3 月），頁 1～58。

是無待，那即是鯤化為鵬後，應該也是可以靈活的潛入水中，如同你不可能學會了芭蕾舞，就不會走路了。道家是很靈活有彈性的，可以大隱隱於市，也可以摶扶搖衝上九萬里。因此，本文贊同「鯤化為鵬」是一種層層翻轉的境界，因為道家強調的是一種工夫，如同電玩打怪破關一樣，透過工夫的修持，讓本來具有的級數更往上躍升，因此，「鯤化為鵬」重點就在第二個「化」字。

　　莊子喜歡透過形的轉化去探究德的呈現，「莊周夢蝶」（〈齊物論〉）〔註18〕一則寓言當中就有提到蝶的轉換。蝶與周必有分，在莊周夢裡蝴蝶夢為莊周，莊周夢為蝴蝶，人可以在一個夢裡整全而無分，這就是夢的特色，在裡面很難區分現實和夢想，很多東西都可以互相去轉變。依筆者社會輔導經驗，當個案被自己困境卡住無法再前進時，有時候也會運用催眠手法，讓個案進入催眠態，打開所有的可能性與自己對話，從中找到屬於自己的答案，拿回生命的力量。四十幾歲的個案表示討厭自己的大肚子（筆者目測個案是瘦子，身穿極為合身牛仔褲，其腹部並沒有她述說的那麼大）。個案形容坐著的時候，總有撐住不舒服的感受，而且穿衣服身形很難看，在外面已尋求外界其他方法（瘦身、中醫等）無效後，我當下直覺選擇用催眠進行身心連結，引導個案自我對話。個案的先行系統是感覺系統，我在跟隨過程，靈活切換問句，與之建立溝通語法的親和感。當中擷取潛意識訊息，讓個案調度出撐住肚子裡那個不規則黃黃軟軟，如躲避球大小的形體。且個案表示這個形體得知它被發現後，開始跑來跑去，一下子在臉上，一下子在乳房，一下子在手臂，仔細看竟是脂肪，於是個案露出十分厭惡的表情。筆者引導個案與她命名為「皮皮」的脂肪形體對話，透過提問讓個案自己發現脂肪也是有其好處，個案自己說出脂肪若在胸部就會豐滿體態佳或者可以保護內臟等優點。透過一來一回的與「皮皮」對話，個案發現皮皮出現是為了保護她的器官，主要是胃、子宮和卵巢。皮皮正在提醒她對於胃不可以再暴飲暴食；對於子宮則是冰冷的飲料不要喝太多。會談當下卵巢部位產生明顯的脈動，調度過往個案與伴侶衝突事件，於是筆者協助個案進行自我療癒（操作步驟請參照第參章「莊子淑世精神的實踐模組」）。最後擬定行動策略（知行合一），例如：三餐要正常、吃溫熱的食物及在伴侶相處上要勇敢表達，擬定策略有助於個案回到現實世界時，再度回到生命的流暢。結束後，個案回饋想不到一個肚子很撐的症狀，竟然可以提醒她照顧並善待自己的重要，透過此次會談她也拿到每天善待自己方法，就從飲食和與伴侶相處關

〔註18〕〔清〕郭慶藩注：《莊子集釋》（新北市：商周出版，2018年），頁90。

係開始著手。

　　莊子常用一種處境的轉變和角色形象轉變，進一步去說契機在轉變中得生。吾人通常是因為有了不可變之處，所以，人和物之間的格和分就出現了，只有自己能在這個可分可別之處，去看到那個無需去分的無需，這個不需要才能使得吾人從有分有得中轉化出來。所以，「古之至人的真知，其知有所至矣。惡乎至？有以為未始有物者，至矣，盡矣，不可以加矣。」（〈大宗師〉）[註19]當中「未時有分」指的就是古代人完全不知道分別的情況。

　　若從這個角度看鯤化為鵬，最重要的不是鯤和鵬兩個不同型態體，而是說當以各自不同的形態在不同處境有所限制時，如何能夠化出那個型態的侷限，如果鯤始終是鯤，不知幾千里的大，那它再大也只不過是隻魚。可是鯤需要遠躍高飛時，竟然能夠超越水的處境，進入到空中，一個自己不熟悉的境界（跳脫舒適圈），而且能夠化之為鵬。若扣回生命而言，一個人能夠跳脫其成心思維框架，代表這個人就可以從他固有的「成心思維編碼」[註20]，轉換成了另一個型態的成心思維模式，甚至可以離開那個限制或直接超越那個侷限，從問題框到結果框，使自己的生命得以行走下去。而每超越一個型態就會變成下一個型態的基底，堆疊層層轉化。人生從最單純的第一個有待型態就是身體（靈魂牢籠），開始有了生老病死。第二個隨著長大有了心智思維（成心），就有紛爭分別。自己有了身體和心理，出生在原生家庭成為家庭中的一份子，就開始有了第三個關係情感上的待，除了有家人的罣礙，情感的連結也會隨著進入學校、職場、非營利組織、創立新生家庭等，依照自己與社會關係的網絡黏著度有不同深淺的情感連結。再來人活在時空交處的點上，腳下一定踏著土地，因此一定有個周圍的場域，形塑出來的氛圍，這就是第四個環境的待。隨著踏入社會不再仰賴父母養育上的支助，必須藉由金錢來進行生活上的交易，換取生活上的一切所需，於是又多了第五個金錢上的待。所以，人作為一個活著的人不可能無待，一定都是有待的。而鯤化為鵬的每一個待都是化的開始，每一個限制都有可能是超越自身限制的助力。筆者輔導生涯中，有個案在經歷先生失業又在外面負債兩百萬，家庭經濟狀況陷入窘境，與先生 2 人經常發生爭吵

〔註19〕〔清〕郭慶藩注：《莊子集釋》（新北市：商周出版，2018 年），頁 164～165。

〔註20〕「編碼」即是編成的數碼，指的是將某種信息用設定某組代碼來表示的路徑。以電子計算機而言，若將指令和數字進行編碼設定後，就適合計算機的運算和操作。若在遙控或通信系統中，採用編碼步驟可提高傳送信號的效率和可靠性。本文延伸內心已形塑編成的價值觀或信念，故稱「成心思維編碼」。

時，才開始思考什麼是愛。有個案是公司老闆，面對同樣是公司裡的小十五歲的女友，溝通上經常發生代溝，因為時間的控管對個案很重要，加上從小不喜社交，所有員工跟個案談話都是用 Mail。女友則是習慣使用 Line 的社交軟體直接與他對談，所以當女友覺得 Mail 太慢時，會傳 Mail 完就立即站到個案面前提醒他回覆，讓個案在處理公務時，備感壓力。同時也是因為愛，個案才開始學習如何與人有效溝通。因此，莊子告訴吾人有限制並不是一個絕對被否定的阻礙，反而是讓吾人得以走出阻礙，進一步去提升自己，讓自己可以向上發展更好的部分。

二、跳脫小知的逍遙之道

　　道家對於限制這件事，有著很深的洞察，道家認為所有限制得之於天，就沒有所謂的不好。因為得之於天，代表與生獲得，然而，有一種限制是不好，就是自己創造出來的限制（有為）。倘若生命造成堵塞，就要重新回頭檢證當初決定要與不要的標準，應不應該拿，這樣東西是不是來自於自然？有個案表示兒子第二次婚姻，娶了也是同樣再婚的五十幾歲越南新娘，女方每天性需求強烈，個案買了威爾鋼也無法滿足。最後造成娶個太太本來是要讓家變得溫暖，現在變得害怕回家，家裡常剩下婆婆和媳婦尷尬互看，一切就本末倒置了。因此，人生路上清楚知道自己想要什麼？自己是什麼？想成為什麼？都是很重要的自我追問，簡單來說就是回歸素樸的自我。然而，人生最大的困境是想要，卻不願意承擔、看不清責任和義務間要付出什麼、看不清有無間的成本轉換。而道家的慧見就是在幫助吾人面對現實，進行思維框架上的整合，將不適合吾人的部分，透過無掉的工夫，做個調整讓轉化的契機得以產生。換言之，在通往自己真正想要的康莊大道過程，每一環節裡面都需要無掉的工夫，如同火箭升空，不斷修正逐步完善，整體進而達到一個成果就叫做化。因此，道家的損、虛、忘也都是解消的工夫，化是整個流動的過程，將變而未變稱作化，還處在那個情況叫化，當不在那個情況裡面就變成下一個東西了，因此無是一個動詞，化是一個變動的過程。

　　鯤鵬寓言後緊接在「小知不及大知，小年不及大年」（〈逍遙遊〉）[註21]上去談境界高低，重點在這個「知」的差別上，小知和大知的差別在於知，不是量化的知。有一棵大樹一長就五千年，一活就八百年，那只不過是生命

[註21]　〔清〕郭慶藩注：《莊子集釋》（新北市：商周出版，2018 年），頁 23。

的限制和體能優劣的差別。扣回生命，當有同樣的年歲時，看到的有沒有比別人更寬廣。所以，小大知的差別用來說明知的質差別，境界的高低，用電玩世界來說就是級數高低。所以，燕雀和大鵬鳥差在哪裡，就差在燕雀到不了大鵬鳥的境界，這時候就不是兩種生物體的差別，而是兩種境界上的差別。所以，第一個小大之辯，變成第二個要呈現的關鍵，從兩種不同物種的生理差別，一轉為同一種物種在境界上的高低，同一種物種扣回生命就是要談人。《莊子》一書介紹其形鬼怪的事物，回過頭來都是要談人，因為只有人才有境界高低，動物是沒有境界高低的。特別一提〈逍遙遊〉中肩吾與連叔的對話「夫知亦有之」是整篇〈逍遙遊〉的關鍵點。當中莊子運用一句「外在的形骸有聾盲哉？」〔註22〕這句強而有力的有效提問，頓時惕勵吾人難道只是形體上有瞎子和聾子嗎？在心知上是否也有瞎子和聾子呢？因此，小大之辯從原來的形態一轉為知，談形骸有聾盲這是生理上的限制，內在心理知上的盲聾才是境界上的問題，這才是吾人可以著手提升的部分。

　　如何時刻做到與有限知的框架和諧共處，是生命得以暢達的關鍵。當「知」逐漸變成此刻人生前進的障礙時，如何覺察到並進行知的框架轉化，使得每一個有限知皆成為超越限制的助力，這都是筆者正在學習的生命智慧。如何持續透過老莊之學，惕勵自身對於生命的態度。莊子在這段描述過程也從外在的感官，一轉變成精神的境界，直接從內在生命中將侷限的知做了提升。所以〈逍遙遊〉在這關鍵轉折點上，一轉不得了，接下來整個〈齊物論〉、〈養生主〉、〈人間世〉、〈德充符〉、〈大宗師〉及〈應帝王〉全部在談如何從外顯談到內在部分。因此，本文呼應莊子的生命提問脈絡，接下來針對「生理」、「心理」、「人際」、「環境」、「利益」五大領域的議題，從第肆章到第捌章，聚焦在人生這五項最基本的有待，運用莊子著重內顯部分的行文論述手法給予回應。如何透過化的工夫、帶出有限知的框架，拉拔格局，讓吾人理解這個世界另一個樣貌與可能性。因此，整個內七篇都在述說成為體道證真之人的境界就是「無己、無名、無功」。至於工夫如何做到？一個字說明就是「化」。由化字展開，由每一篇形的轉化證得無己。莊子說不但連身體都可以超拔，連知解思辨的認知框架都能夠轉化，才是真正的逍遙。所以，逍遙指的是能在一切的依賴上面去說，如何不為依賴所侷限，核心就在無待，因此〈逍遙遊〉提供吾人一個在人生行走的框架內，透過層層轉化的工夫，達到乘物遊心的指引，本文稱為「遊框」。

〔註22〕〔清〕郭慶藩注：《莊子集釋》（新北市：商周出版，2018年），頁37。

第二節　〈齊物論〉之泯除成心

　　本文分成「三籟之喻與成心泯除」及「聖人病病的對應工夫」兩點，論述如何從〈齊物論〉證「無己」達「喪框」。

一、三籟之喻與成心泯除

　　「無己」一詞可以從〈齊物論〉篇章深入其意，無己並不是沒有自己，而是「吾喪我」（〈齊物論〉）〔註23〕，強調「化」的解消工夫。「吾喪我」本身要追問的是「喪我」這個工夫到底要做啥？實踐工夫總要有目的，達成目的工夫才叫境界。「吾喪我」的工夫就是整篇〈齊物論〉論述的主軸，強調的就是解消「成心」〔註24〕的工夫。何謂成心？唐代道士成玄英（字子實，601～690年）說：「域情滯者，執一家之偏見者，謂之『成心』，夫隨順封執之心，師之以為準的，世皆如此，故誰獨無師乎。」〔註25〕成心即成見之心，指的就是從小到大的生活背景與日常習慣養成的主觀意識，吾必須透過知慮思辨活動來認知這個世界。因此，從小到大的成心會形成某種主觀意識，當中逐漸形塑出的「價值觀」〔註26〕就成為吾人應事的行為判斷準則。在筆者的職場生涯中，幸運地遇到一位對員工很好的企業老闆，常慰勞員工辛勞，送員工3600元的美容護膚套組，可以到公司的美容部門享受頂級護膚及紓壓。筆者第一次體驗時，美容師說我腳質很厚，要幫我去腳質，我說：「好。」但整個過程結束，我覺得十分怪異，因為我的腳好像沒什麼變化，心想莫非是我睡著沒感覺，那也睡太

〔註23〕〔清〕郭慶藩注：《莊子集釋》（新北市：商周出版，2018年），頁46。

〔註24〕全文為：「夫隨其成心而師之，誰獨且無師乎？奚必知代而心自取者有之？愚者與有焉，未成乎心而有是非，是今是適越而昔至也。是以無有為有，無有為有，雖有神禹，且不能知，吾獨且奈何哉！」〔清〕郭慶藩注：《莊子集釋》（新北市：商周出版，2018年），頁53。

〔註25〕〔清〕郭慶藩注：《莊子集釋》（新北市：商周出版，2018年），頁56。

〔註26〕何謂價值觀？價值觀可以說明你是誰？要做什麼？及面對外境的判斷根源。它是一個人的內在核心信念，也是一個人反應在外的行為處事基準。它會影響個人面對生活、關係、家庭、工作和各種事件等所作出的抉擇。當所作之事或擔任角色與內在價值觀相符時，會產生源源不絕的動力與熱忱，產生高效能的執行效率；反之，當所做的事或角色與內在價值觀不符合時，就會不斷產生衝突，影響工作效能。換言之，價值觀象徵著個人的獨特人生觀，決定了個人生活及工作的追求的方式，也決定了個人在面對生命情境時的各種取捨的關鍵。故它可以是激勵自己的重要驅動力，也可以是遇事抉擇的判斷方針。楊小燕：《從儒道經典中的人格典範論個人形象管理之應用》（高雄：國立高雄師範大學經學研究所碩士論文，2019年），頁94。

沉了，又想在被刮腳皮時，竟然可以完全累倒，睡到沒感覺，我到底是什麼了。於是問美容師：「你真的有去我的腳質嗎？」她說：「有阿。剛才都去完了阿。」我心裡想這美容師也太厲害了，我的襪子都沒脫，這到底是什麼技術，竟然就這樣去完了？真是太強了。於是我帶著好奇柔軟地問她：「妳剛才怎麼幫我去的啊？」她說：「就塗東西在臉上去的。」此時我才搞懂此「角」非此「腳」。因為我在鄉下出生，家族都是做工的居多，看到工人的手都長繭，腳質都很粗糙厚皮，加上美容領域尚未涉略，所以才會資訊沒有對頻。弄懂後我緩慢睜大眼睛，用手指著我的右腳底說：「我以為是這個腳質，想說襪子都沒脫怎麼可能？」一講完美容師和我都笑翻了。這就是環境形塑出不同的認知系統造成的思維落差，而這些成心認知編碼的差異，其實都是一種虛妄的我，並非真實。

　　為何「喪我」後面要提及「天籟、地籟、人籟」？〔註27〕有關三籟歷來至少兩大主流論述，其一為西晉儒學郭象（字子玄，252～312）云：「夫天籟者，豈復別有一物哉？即眾竅比竹之屬，接乎有生之類，會而共成一天耳。」〔註28〕認為地籟加人籟的總和就是天籟。其二為唐代道士成玄英用形而上下來區分，認為地籟與人籟是形而下，天籟是形而上的境界。那麼到底何謂天籟？王邦雄先生表示：「天籟是無聲之聲；它通過大地，通過萬竅，通過每一個人，才發得出聲音。」〔註29〕換言之，若人籟為人造之物，地籟是自然之形，聲音要能產生，就需透過風和形的交媾。本文則是呼應陳政揚老師的看法，陳老師認為：「天籟指的就是消除一切形器，去掉所有詮釋，真正的風聲。」〔註30〕換言之，若以「形」與「未形」的視角，天籟之所以無聲，乃在真正聲音無須透過形而產生，風本身就是它

〔註27〕「籟」原義是長的像古代三孔的管樂器，衍伸為從孔洞發出的聲音，「籟」一字在〈齊物論〉中可解作「聲音」。天、地、人三籟原文出自〈齊物論〉，為：子綦曰：「夫大塊噫氣，其名為風。是唯无作，作則萬竅怒呺。而獨不聞之翏翏乎？山林之畏佳，大木百圍之竅穴，似鼻，似口，似耳，似枅，似圈，似臼，似洼者，似污者；激者，謞者，叱者，吸者，叫者，譹者，宎者，咬者，前者唱于而隨者唱喁。泠風則小和，飄風則大和，厲風濟則眾竅為虛。而獨不見之調調、之刁刁乎？」子游曰：「地籟則眾竅是已，人籟則比竹是已。敢問天籟。」子綦曰：「夫吹萬不同，而使其自己也，咸其自取，怒者其誰邪！」〔清〕郭慶藩注：《莊子集釋》（新北市：商周出版，2018年），頁46～50。
〔註28〕〔清〕郭慶藩注：《莊子集釋》（新北市：商周出版，2018年），頁49。
〔註29〕王邦雄、岑溢成、楊祖漢、高柏園合著：《中國哲學史上》（臺北，里仁書局，2007年），頁111。
〔註30〕陳政揚：〈「人籟、地籟、天籟」與「吾喪我」之內在相似性的另類詮釋〉，《鵝湖月刊》第25卷第2期（1999年8月），頁35。

自己的聲音。倘若「我」指的就是各式各樣感官、成心形塑的形，那麼「吾喪我」即是掃除形之所限的工夫實踐。如果人是擁有「我」而不是「吾」的話，那個我就是成心所構，喪我就是喪掉成心。換言之，莊子藉「吾」與「我」之對舉，指出人得自於道的「真君」、「真宰」（即「吾」）本無不善，因其本出於道體，而與一切造化流行相應無違。〔註31〕上述得知「吾」是真實的我（素樸），而「我」是後天形塑出虛幻的我，需「喪我」才能彰顯「真吾」。

莊子告訴吾人之所以會有紛爭，是因為人有「我」。〈齊物論〉告訴吾人為什麼會爭論的原因，就是需要證明自己的存在，莊子用了一個詞說明，叫「成心」（〈齊物論〉）〔註32〕。有成見之心，一種不斷在生活中堆疊養成的想法，每一個人有他的背景、生活習慣，每個人有他的價值觀不斷形塑，形塑到最後甚至會認為連想都不用想，就覺得這個是對的，並以此依據作為生活決斷的準則，這就是成心。可是，因為每一個人的成心都不一樣，於是有了各式各樣的價值分歧，所以現在有了分歧之後，如何解消那個分歧。光靠成心解決不來，所以，莊子說要能夠把成心解消，也就是先把我給解消，因此他在〈齊物論〉就提出「吾喪我」的工夫。我喪掉了我自己的成心，才能得見大道之真，生命之全，所以先把我給解消。莊子洞見那個病根在就我身上，我不是吾，兩個雖都指稱我的詞語，但一個是吾一個是我，吾是指的是真君，真實的那個我，與生俱來還沒有任何生活習慣養成的我，叫做真君。

老子在第一章提出道這個詞，就是為了回應世界原本是什麼，透過有無的相成，玄之又玄，開出了萬物生化的妙門，又稱眾妙之門。世界本是美好的，可是當人開始把眾妙的不一樣，當成不對時，問題就會產生。老子又說：「天下皆知美之為美，斯惡已。皆知善之為善，斯不善已。故有無相生，難易相成，長短相較，高下相傾，音聲相和，前後相隨。」（〈第二章〉）〔註33〕天下皆之美之為美斯惡矣，當開始把絕對變成相對時，就是混淆了自身的行動與目標。以道家而言，原來共同在這個世間上行走的目標是通達，後來變成所有的一切紛爭，都只是為了證明「我是對的，你是錯的。」多數人喜歡用合理化來強化自己的價值決斷、價值信念，然而合理化從來都不是為了解決問題，而是把一個行動透過理性

〔註31〕陳政揚：〈從戴君仁先生〈魚樂解〉試探莊子的淑世精神〉，《臺大文史哲學報》第 88 期（2017 年 11 月），頁 23。

〔註32〕〔清〕郭慶藩注：《莊子集釋》（新北市：商周出版，2018 年），頁 53。

〔註33〕〔魏〕王弼注：《老子道德經注》，收入於樓宇烈校釋：《王弼集校釋》（臺北：華正書局，1992 年），頁 6。

說明的言之有理。可是這個行動言之成理和對方到底可不可以接受根本是兩碼子的事。有時對方認為合理化的行動，你一定接受嗎？未必。有些人認為自己就是火爆性子，話常不經思考就出口傷人，讓周圍的人受傷，然後事後才在說：「沒辦法，我就是忍不住阿。」（臺語）我通常會笑著回應：「忍不住是失禁嗎？是尿失禁？還是大便失禁？有失能傾向，那要趕快看醫生治療喔～」對方聽到也笑了出來，鬆動個案認為自己是對的僵固內在狀態後，再進行成心認知編碼的調整。人有了成心，加上眼睛看見外在彼此的形貌不同，更容易起了分別心。

二、聖人病病的對應工夫

每一個人其實都活在成心的意識形態框架裡，最常看到的就是做官的孩子從政機率比一般人高，醫生世家下一代從醫的機率也比一般人高，商人的孩子比較會有生意頭腦或成本概念等。因為所有人受生長背景影響，都活在一個固有的成心框架中生活，筆者簡稱有限知。所以古人說轉變命運的力量在於一命、二運、三風水、四積陰德、五讀書，當中的五讀書，是有可能的，透過讀書尤其是聖賢書，提升智慧，打開吾人限有的思維框架，破除框架就等於開始掌握改變命運的鑰匙。換言之，如果不能跳脫有限知的框架，將難以獲得逍遙，如果要擺脫有限知的框架束縛，唯一最快的路徑就是直接突破其框架，而老莊學問對此提供了許多突破框架的工夫，有無為、虛靜、化、心齋、坐忘等。其實所有的限制都來自於知的思維限制，同時所有的改變也都來自於知的思維轉化，如何不斷超越知的局限，就是能否逍遙無待的關鍵。

老子認為：「知不知，上；不知知，病。夫唯病病，是以不病。聖人不病，以其病病，是以不病。」（〈七十一章〉）〔註34〕意思是知道什麼東西是我不知道的，這個叫上，所以「不知」兩個字是一個賓詞，我不知道卻以為知，這是一種病。前者是一種自知之明的狀態，可是一般人卻連是連自知之明都沒有。所以上面的「知不知」就是我有自知之明，下面的「不知知」就是毫無自知之明，對於很自滿無法柔軟謙卑的看到自身的知有其侷限之人，老子就用一個「病」字來形容。換言之，知道自身的知是有所侷限的，帶著警覺知道自己一定有很多東西還不知道，自然就會謙虛放下自我膨脹，所以當能做到「知道我有所不知」，老子認為這是上，「不知道我有所不知」，老

〔註34〕〔魏〕王弼注：《老子道德經注》，收入於樓宇烈校釋：《王弼集校釋》（臺北：華正書局，1992 年），頁 179。

子認為這就是病。王弼注：「不知知之不足任，則病也。」〔註35〕當中這個「任」字就是依循之意，也就是說只是以為自己知道很多，完全不知道自己仍有所不懂，以這樣為依循，那就是一種病，呼應老子說的人不可自我傲慢。

老子透過一個事實陳述，提醒吾人要看到自己的知是有限性的，這樣才不會罹患大頭症。留意老子不是用無知或不知形容毫無自知之明的人，而是抓了一個字叫「病」字。而且重複兩個字用「夫唯病病」疊字形容，以不知卻自以為知的時候，老子認為這樣的態度是一種病。第一個病字是動詞，第二個病字是名詞，不知而自以為有知，這樣當作是一種病症。是以不病就是避免陷入病症中。用病字帶出醫字。醫療往往是一種積極作為的，這裡用一個有缺憾的「病」字，帶出一個積極非得要做的部分，要治療的對象不是聖人，而是在主流價值洪流下迷失的一般人。當樸散則為器，不再是素樸狀態，開始制定出一連串社會指標性的扭曲價值觀，這就一種病態，從醫病關係來看，這裡就展現了老子的淑世思想。而莊子呼應老子看法，直接用「成心」（〈齊物論〉）〔註36〕形容有限知的侷限，在認知系統方面，莊子也直接道出吾人可以追隨的其中一個標準就是「天倪」（〈齊物論〉）〔註37〕二字。倪就是邊際，大到像無邊無際的天一樣，讓自己的知不斷擴大，大到沒有邊際，成為無限知。當一個人的感知系統和認知系統能夠不斷超越，內在狀態也會跟著轉變。道家相信當一個人的內在狀態改變後，外在情境就會跟著轉變，因為每個人都依著自己有限知的框架在生活，都在創造自己認知層次中的生命實相。一位個案在突破自己過去對於房子與金錢掛鉤的框架後，重新設定一個兩年後買房的目標，結果很快就買到自己心目中理想的房子，並於裝潢後歡喜入住。這就是典型的內在狀態改變立即影響外在環境案例。換言之，人生所有的局限都來自於思維的限制，也就是莊子說的知。同時所有的改變，也來自於知的轉變，所有的奇蹟，也來自於知的超越。〔註38〕

〔註35〕〔魏〕王弼注：《老子道德經注》，收入於樓宇烈校釋：《王弼集校釋》（臺北：華正書局，1992 年），頁 179。

〔註36〕〔清〕郭慶藩注：《莊子集釋》（新北市：商周出版，2018 年），頁 53。

〔註37〕〔清〕郭慶藩注：《莊子集釋》（新北市：商周出版，2018 年），頁 87。

〔註38〕道家這裡談的有限，與西方的有限比較不一樣，西方指的都是人的知性能力，就是我的 IQ 多少，這是受限於生命的結構的。儒道家兩家看到這一點，但儒道兩家從不覺得這個有什麼了不起，因為這是天生自然，人是有限的，重點是天生有限出現時，人還能有什麼作為。所以老子反而把知帶另一個層級，就是知不是一種知性的能力。那個知反而是說價值觀的受限，而人的價值觀一旦受限，就很容易做出偏頗的行為。

　　筆者在第一線從事輔導工作時，發現個案一開始來到面前時，最常說是生活沒有太大改變，過去的問題總在困擾著原地打轉，為何一直很努力卻超越不了現況？進一步分析最大原因，乃個案持續用過去的知面對現在的 ON-LINE 人生，人腦和電腦很像，當認知系統沒有持續提升，又遇到更大的生命議題無法處理時，就會造成生命的堵塞。以電腦來講就會出現跑很慢、重複開同樣的視窗、中毒、當機等情況。人腦也同此理，生命堵塞時最常見就是開始處理事情的效率變慢、一直重複說同樣的話或想同樣的事、驚嚇過度無法處理在面對此事件就腦袋一片空白等。因此，透過老莊生命學問可時刻惕勵自身，每一步腳下行走範圍都是自己成心所設定的世界，思考的範圍就是自己的成心所設定的宇宙，所經歷的也是自己有限知所設定的人生。想要破框就要先轉化過往成心的限制，也就是有限知的局限。

　　筆者很榮幸此生有機會曾在精神科病房工作，這是讓我初步學習不以外在形貌，或內在形貌（心理疾病）看待一個人的場域。當試著用真誠的心自在以待時，病人回饋給我的也是溫暖真誠。一般人對於這類病房的病人，大多閃的遠遠，我看到的是病人內在精神層次的美，因為我們都是一樣的。對我而言，精神科單位這是歡樂大於恐懼的地方，上班時常被當成巨星般，常有病人來跟我握手說，歡迎我來上班，說等我很久了之類的話。有軍官上校每天把護理站當司令台，幫我站哨至少一小時，時間一到就會踢正步到護理站前，等到我這個司令長回禮，他才會下崗回到他的病房。有吸毒發病精神分裂症的大哥群，只要我當班，都會主動幫我維持病房秩序，臨床工作生涯病人肇事率是零。老子說：「以道蒞天下，其鬼不神；非其鬼不神，其神不傷人。」（〈第六十章〉）〔註39〕或許就是類通這種感受。裡面工作掃地阿姨上回因為通訊軟體聯繫上我，還說某位精神分裂症的阿伯到現在還在想念我，問：「阿如有沒有來上班？（臺語）」。想說自己離開那麼久，還有病人記得，真是不可思議。

　　所以，生命凡走過必留下痕跡，更應保守自己的心，善待有緣的人事物。人之會生氣或看一個人不慣，是因為覺得我和他不一樣，當視角不同看待人事物的感受，也會有所不同，「人」與人相處的視角和「道」與人相處的視角是不同的。當從二回到一的視角看待人時，看到的就是人性不一樣的樣貌而已，人性就是這樣，有的人貪婪、有的人勤奮、有的人好強、有的人慵懶、有的人

〔註39〕〔魏〕王弼注：《老子道德經注》，收入於樓宇烈校釋：《王弼集校釋》（臺北：華正書局，1992 年），頁 157。

熱情、有的人愛計較、有的充滿愛等。人性本是如此，每個人都在體現自己的生命存在的價值，當理解這都是人性的一部分時，試著拿掉評斷對方的形後，好像就無從分別了。雖然成心不可除，人活著必定需與成心共處，但能不能逐漸調整自己的分別程度，或者當一起分別心的念頭後，就覺察到並運用工夫使其解消。唯有如此才有機會用較為客觀的視角，看到每一個人的美，才能有機會真正認識到他真正的本質。倘若吾人能帶著覺察過生活，時刻解消用一己成心來聆聽世界，全部回歸到聲音僅是聲音，所有的形僅是大自然造化的一環。在體悟形都有其限制的當下，並使其虛，那麼天籟之聲才能真正得以被呈現。因此，「無己」是怎樣呢？就是當我透過喪的工夫解消成心，就不會自以為是，本文稱為「喪框」。換言之，無己的另一個面向就是不以自己知見為中心，這個理論就貫穿了整個內七篇的部分。

第三節　〈養生主〉之知止神運

　　本文分成「官知止而神欲行的養生策略」及「緣督以為經的處世態度」兩點，論述如何從〈養生主〉證「無己」達「脫框」。

一、官知止而神欲行的養生策略

　　對於感知系統的超越，陳德和先生說這個叫「蕩相遣執，融通淘汰」〔註40〕。這來自佛家語詞，佛家是最早精準的講述知識論形成的區塊，西方則是到 14 ～16 世紀才開始有學者對於世界的知統攝到人的認知能力上〔註41〕，佛家認為世間萬物的幻化，不過是心識所化，眼、耳、鼻、舌、身、意，因此吾人對於世界所有的知，不過來自於眼、耳、鼻、舌、身的五感。換言之，經驗世界不過是色、聲、香、味、觸、法的總和。目前吾人因身體形軀的局限，所以除了五種感官外，再也無可能藉由其他來洞知這個世界。吾人有的是身體感官所

〔註40〕陳德和：〈論莊子哲學的道心理境〉，《鵝湖學誌》第 20 期（2000 年 6 月），頁 31。

〔註41〕西方哲學到近代康德以前，人們對認識世界構成的知識論，主要透過經驗法則，在自身有限的角度向外觀察事物的變化，進行比較、分析、歸納並以不同的名稱進行標籤來定義這個世界。到了康德開始提出人的認知能力受限於五官的局限性，所見未必真實，故應返觀自己，超越意識。參考林安梧：〈牟宗三的康德學及中國哲學之前瞻——格義、融通、轉化與創造〉，《鵝湖月刊》362 期（2005 年 8 月），頁 12～24。

接收的五感訊息，還有大腦處理感覺訊息的能力，前者簡稱為感知系統，後者為認知系統。換言之，在形的局限下，吾人思考世界的構成，只能思考到意識世界裡的所有色、聲、香、味、觸、法的總和，那就叫「相」。若以為所相為真，就是尚未把真實世界跟吾人知覺感受到的色、聲、香、味、觸、法給區分開來。〔註42〕此「相」並非是世界的原貌，若認為這些相為真，就是執著。蕩字有擺動、洗除之意，因此，「蕩相」就是「遣執」，所以蕩相遣執就是不要執著吾人所見的世界為真，NLP（神經語言程式學）的世界裡有一句話與此呼應「地圖不等於疆域」，你腦中的地圖，不等於真實的世界疆域。將這個理論應用於人際溝通面向就是，當你能呼應別人對於世界的看法時，對方也就最容易溝通，莊學就叫做「達人心」（〈人間世〉）。〔註43〕一旦蕩相遣執之後，萬法就能夠融和相應於外，這叫融通淘汰。為甚麼淘汰？夢幻泡影就叫淘汰，它是瞬起瞬滅，當想要怎麼樣，也不能怎麼樣，它就是即時的變化而已，兩個字叫「無常」，老子說：「知常曰明，不知常，妄作凶。」（〈第十六章〉）〔註44〕

　　20 世紀以前描述理論的書，絕大部分透過眼睛看到去描述這個世界，一切都是視覺化的描述，所有對於真理談論都跟視覺看到有關，包含顏色、觀察組、對照組等，很少看見談論真理是跟聽覺有關，更別說嗅覺及味覺。可是人明明有五感，卻獨用一感，吾人透過感官的強化，限制住吾人思想的自由。20 世紀解構主義出來後，人們開始思考，可以看到近代法國哲學都在講這件事，例如：鼻子嗅學的世界、知覺現象學，包含觸覺現象等。這是一個對於世界翻轉性的理解，在現代有更多的可能性。因此，有沒有可能超越感官得知世界的另一樣貌，本文認為是有的。一天晚上筆者會陰部的海底輪能量跳動很大，帶來一種悶脹的不適感，這種感受不曾有過，正覺得疑惑不解，還以為是一般女性經期排卵的生理變化。隔天面對的個案直接開門見山說，想處理的是有關與現任先生行房的不適感，她表示自己處於一種享受又厭惡的矛盾感受中，她想把厭惡的感受處理掉。當下筆者立即明白，原來在昨晚我的感知系統已超越時空侷限，「神欲行」提前接收到她的訊息，因此雖與個案尚未碰面，但我已有所感受。於是當下透過莊子淑世精神式會談為個案進行療癒，前後調度個案大

〔註42〕在本文第參章「莊子淑世精神的實踐模組」的「莊子淑世精神的操作與步驟」對於感官感受會有詳細論述。

〔註43〕〔清〕郭慶藩注：《莊子集釋》（新北市：商周出版，2018 年），頁 105。

〔註44〕〔魏〕王弼注：《老子道德經注》，收入於樓宇烈校釋：《王弼集校釋》（臺北：華正書局，1992 年），頁 35。

學前男友和對於前任老公的過往事件，痛苦事件分別造成個案身體對於愛的能量堵塞，反應在個案的身體感受就是覺得「血液凝結感到無力」、呈現「死白的血色」及雙手和頭部感到「脹熱」。同時找到在過去和前男友關係依賴，極度渴望愛的情緒勒索下的成心編碼「做愛一事才能證明他是愛我的」及和前夫親密過程感到不適下的成心編碼「做愛這一事我被強迫的」、「我害怕晚上被他逮到」、「我哭、我尖叫，他依然故我」等。筆者協助個案進行堵塞的能量釋放，並從中找到個案對於伴侶相處過程在乎的價值觀「開心」（通達目標），並協助個案找到屬於自己和伴侶關係相處「我可以開心自在」的信念和策略，疏導個案身體堵塞的能量及認知成心編碼上的脫框，重新獲得生命流暢。

　　過程個案身體堵塞能量疏通，還沒進入下一個重組成心認知編碼的環節前，我的症狀同步隨著個案能量疏通也跟著解除了。結束後我跟內在的神性進行自我對話，謝謝祂讓我明白自己的感知能力有提升，同時也溝通祂要接訊息可不可以不要接這種身體會感到不適的訊息。若真的有需要，這種訊息當下個案要來處理時，再給我就可以了。上述為筆者實際臨床社會輔導的實證經驗，坦白說我是一個很科學腦的人，未進高師前受到的都是西方醫學式的訓練，實在不想怪力亂神，但這確實是我的真實經驗。其實已多次「神欲行」的感受，在個案剛坐下，我就感受對方胸口很悶，眼淚應該待會就會湧出來，沒多久，個案就淚流不止了。或者個案來前五分鐘，突然想開冷氣（筆者很少吹冷氣），結果個案一來就說她跟先生這幾天因為冷氣的事大吵。原因是個案熱到想吹個冷氣降溫，先生極度重視環保不讓她和孩子吹，一聽完事件我緩緩看向冷氣機又緩緩看了個案，隨即問到：「這樣的溫度可以嗎？」在《莊子》一書中有很多跳脫感官侷限的描述，〈養生主〉明確提到「臣以神遇而不以目視，官知止而神欲行」〔註45〕。錢穆先生認為：「無心而得，謂之神欲。」〔註46〕陳鼓應先生將此句解釋為：「我只用心神來領會而不用眼睛去觀看，器官的作用停止，而只是心神在運用。」〔註47〕換言之，就是把感官停下來，單純用神運去感受這個世界，這叫做「神欲行」。因此，當吾人能超越感官知覺的侷限，不再透過眼、耳、鼻、口、身感官認識這個世界，逐漸放下對於它的依賴，在本

〔註45〕〔清〕郭慶藩注：《莊子集釋》（新北市：商周出版，2018年），頁93。
〔註46〕錢穆：《莊子纂箋》（臺北：東大圖書公司，1985年），頁24。
〔註47〕陳鼓應註譯、王雲五主編：《莊子今註今譯》（臺北：臺灣商務印書館，1989年），頁110。

文就稱為「脫框」。

　　以道家而言，當有虛妄的心升起時，這時候可以透無掉所執，「無」字不是副詞或形容詞，這個「無」字是動詞。「無」是相對於「有」而言，若沒有這個有的妄作，就不需要無的工夫。孔子云：「弋不射宿」（〈述而〉）〔註48〕，許多學者解釋此句為孔子打獵時，只用帶生絲的箭射擊空中的飛鳥，而不射擊樹林裡棲息在巢中的鳥，更藉此衍伸成環保思想，闡述孔子仁心仁厚的修為展現。倘若儒道兩家都是一種心性的工夫，那麼本文以為此句也可解做心若像鳥一樣紛飛時，才需要工夫讓牠停下來，倘若感官知覺屬於平靜狀態，就無需運用工夫，感官知覺屬於動盪，就需要運用工夫進行沉澱。因此，「無」是對「有」而發，而這個有就是成心，是一種心的造作和執著。身為人有感官知覺，如同「混沌鑿七竅」（〈應帝王〉）〔註49〕，從出生的一刻，五感逐漸被打開，每天生存在這個世界就會接收許多的訊息，人有意識無意識都不可避免的接收。所以每天都要做沉澱的工夫，老子說：「為學日益，為道日損，損之又損，以至於無為。」（〈第四十八章〉）〔註50〕「學」字也可解做吸收，吾人每天都在接收多元的資訊，每天若能時刻運用無、損、虛的工夫清理，就能不讓感知系統有情緒的堆疊，認知系統產生思維上的衝突。

　　用莊子的話，就是透過「吾喪我」、「心齋」、「坐忘」等工夫把成心虛掉。當能夠使其虛時，生命就能夠慢慢的平靜下來。留意境界不是一個規範，境界是一個不斷在生命各種情況底下嘗試的一個經驗體悟，甚至不是一個原則，若將虛靜當成規範不是境界，會遇到想放下不要執著，卻放不下平靜不了的窘境。〔註51〕在面對同樣的事情時，顯然未必都能用同一個方法讓自己回到平靜。筆者在醫護臨床上照顧不同懷孕週期的孕產婦，每一位產婦經歷十月懷胎的生理變化想吃的及心裏在乎的皆有所不同。初期有些產婦因為體內人類絨毛膜激素上升，刺激黃體素的分泌導致孕吐，會想吃酸的，甚至這時候想吃酸，下一次想吃甜；心裏部分擔心孩子是否成形、自己是否做好準備等。中後期腹中胎兒逐漸撐大，壓迫到膀胱就會有頻尿情形，夜間起來多次就會影響睡眠；

〔註48〕〔宋〕朱熹：《四書章句集注》，收入朱傑人等／主編，《朱子全書》第6冊（上海：上海古籍出版社；合肥：安徽教育出版社，2002年），頁127。

〔註49〕〔清〕郭慶藩注：《莊子集釋》（新北市：商周出版，2018年），頁220。

〔註50〕〔魏〕王弼注：《老子道德經注》，收入於樓宇烈校釋：《王弼集校釋》（臺北：華正書局，1992年），頁127。

〔註51〕當虛靜形成一種原則，容易跟儒家道德哲學規範式的教條主義者沒有區別。

負重的腰部容易酸痛，血循不佳影響小腿水腫及靜脈曲張；難以消失的妊娠紋及無法滿足另一半的性需求擔憂外遇等，都會影響產婦的心情。因此，即使同一件事回到平靜的方法，每一個人皆不同，同一個人在不同情境下有所不同，甚至同一個人在同一個情境下，其時間點上前後的差異也有所不同，都要親身去試才能找到屬於自己的通達之道。而道家精準的抓到人身為有機體的生命調性，因此老學和莊學皆提供了他們的經驗談，讓吾人明白面對這個世界的另一種可能性，這顯然不是提供一套井然有序的操作法則，也不是提出了一套有別於儒家的規範。扣回〈齊物論〉對於成心的詳細論述，認知系統的建構由來，讓自己運用吾喪我、天府等工夫在認知系統上喪框；〈養生主〉則是道出感官知覺對吾人的侷限，透過涵養「官知止而神欲行」的狀態，讓自己超越感官知覺達到脫框。

　　如何涵養自身擁有超越感官知覺的好神狀態達到脫框？工夫要從日常生活中養起，故「養生」。歷來「養生」一詞，主要有兩種詮釋方式，一為「養生為主」或「養生之主」，二為「養生，主」。〔註52〕前者養字是動詞，生字是生為主或生之主，生為主就是「人生當以養生為主」，後面是「養你生命的主體」。這樣詮釋可以帶出兩種生命的提問，分別是「以養生最核心主要的目的？」及「生命中最重要的是什麼？」（身體？還是精神？）後者「養生，主」，「養生」二字是一個詞，意思為「養生最主要的目的」也可以是「最主要養什麼？」順此脈絡，可以追問的發問語句則是「全身上下有各式不同的部位，那一個是最需要養的？」或「養生最主要的面向是哪裡？是養心？養身？」換言之，「養，生之主」就是關注養生最主要的目的，追問的是養生能為我帶來什麼？「養生，主」就是養生最主要的面向，追問的是養生主要針對的面向是什麼？前者是目的，後者聚焦細部面向。而本文提出第三種可能「養生是養生命的整全。」追問的是「如何透過養護，讓我的生命達到整全？」何謂生命整全？包括我和萬物。透過上述探討總歸就是養生命是養身體還是精神，還是除了養護自己的形軀和精神，更把生命的境界展開。換言之，不只把目光侷限在自身的身體，更可以拉高到整個生命的和諧。整個生命的和諧不是說我的生命和諧，而是整個由我所延伸，可以觸及其他生命的和諧。

〔註52〕陳德和：〈從《莊子·養生主》論心靈的突破與生命的安頓〉，《鵝湖學誌》第44期（2010年06月），頁140～151。

二、緣督以為經的處世態度

從無己拉到喪我，再拉到〈養生主〉的「為善無近名，為惡無近刑」，又提到以養生為主的養生，其實就是要讓吾人化除成心之後，端養出什麼？扣回前面〈齊物論〉的喪我是一個解消工夫，解到最後不是變成虛無一片，而是要養出什麼才對。減的目的是為了添加些什麼，莊子透過〈養生主〉中「庖丁解牛」提到的「官知止而神欲行」〔註53〕點出要養其神，方能與天地共處達到通達。莊子認為養其神，要體悟「官知止神欲行」境界，就是當吾人面對世界的感官知覺，從唯一途徑逐一解消，此時才能真正跟這世界相容無礙的共處，而那種共處狀態才是最神妙的。所以，神本來指的是整體運行的通達，養其神就是養其通達之心，不論是對自己或者對萬物都能保持通達。故神也是道的另一種面向，都在描述道運行時，那個玄妙不測的樣貌。目前醫學上也有證實類通這樣的能力，就叫做「第七感」（Mindsight）。第七感的能力已被視為自我內在與人際智商的基礎，一般常聽見的是五感（眼耳鼻舌身），六感指的是吾人對身體的內部感知，包含知道自己在空間位置那裏的本體感、走路時的平衡感等，對於內臟的感知也包含其中，這些所有內在世界的能力就稱為內在感知。脊髓中 lamina 1 的一層就負責將這些內在資訊網上傳到頭顱中大腦的各個部位，有了上述的六種感官之後，這就是第七感。〔註54〕換言之，第七感讓吾人得以認知自己內在的生理狀態，而向內觀看，啟動反思自我經驗的能力，與吾人身心平衡息息相關，擁有潛入內心深海的能力，就能感受到自己與他人的內在生命，協助他人精細檢視內在認知感知及外在行為的連動歷程，重塑吾人內在的生命經驗，改寫過往的成心編碼，回到生命的逍遙無待。

「無己」延伸到〈養生主〉，不只要感通到個體，還要感通到群體。在吾人一出生時，大腦即被設定好要與他人建立連結，從誕生到三歲前，吾人藉由嬰兒與照顧者的親密互動（多數為母親），建立起自我意識（成心），也就是腦中的神經網路。嬰兒會透過重要關係人給與同頻率的反應，來保持內在世界的平靜。筆者接受助產師專業訓練的期間，曾案例分析探討一個親子溝通與依附的經典研究，稱為「無表情實驗」，實驗過程母親坐在四個月大寶寶的對面，

〔註53〕留意莊子提到的神，不是道教神格化的神，不是講要養一個靈魂，精氣神的概念是將神視為一個內在的物體。對於莊子而言，神就是一個描述語。以其不測曰神，不測就是不能揣測之意。

〔註54〕Daniel J. Siegel 著、李淑珺翻譯：《第七感‧自我蛻變的新科學》（臺北：時報出版，2010 年），頁 78。

依照研究人員的指令，停止與她的孩子進行互動。在這三分鐘沒有任何語言或非語言的互動階段，嬰兒一開始會嘗試增強自己的訊息，例如：微笑、眼神接觸或發出聲音等，當得不到母親立即回饋時，嬰兒開始顯得焦躁不安，甚至手吃拳頭或拉扯衣服，企圖安撫自己情緒，最後甚至呈現憂鬱絕望的退縮放棄狀態。其實吾人終其一生都持續需要情感關係的連結，能有助維持身心的健康與活力。因此，人只要活著，就離不開關係，既然無法離群所居，如何做到與世俗處，以莊子而言，要從個體感通到群體，第一個讓要人覺得這個存在會不會傷害到他人的存在？若能不造成驚擾，就是做到了「為善無近名，為惡無近刑」（〈養生主〉）〔註55〕。換言之，為善為惡是在說明在養生過程中，讓自身存在變成一個可自保，可成為社會中無害，對他人不造成驚擾，甚至促進社會和諧的存在。所以，〈養生主〉提到：「保生、全生、養親、盡年」〔註56〕。老子也說：「以身觀身，以家觀家，以國觀國，以天下觀天下。」（〈第五十四章〉）〔註57〕這跟儒家的「修身、齊家、治國、平天下」的概念類通，都是自身延伸到家、國、天下，層層往外推，從自己推想到其他人。因此，不管是老或莊，都不是孤立於人世的，否則不會提大隱隱於市。換言之，有德之人不是躲到山裡的那群，真正的隱是接受人是群居動物的現實並與世俗處。從這裡可以明白儒道兩家都是現實主義者，他們先接受現實是什麼？接下來再選擇要如何應對的做法？改善現實是儒家的方式，大體上與現實和平相處是道家的方式，故從無己、喪我，再到為善無近名。

　　莊子曰：「吾生也有涯，其知也無涯。」（〈養生主〉）〔註58〕告訴吾人在有限生命裡面，其實所證所為都是有限，無法完全證成的。最後用「秦使弔老聃」（〈養生主〉）〔註59〕寓言說明自身無法證成，可以透過火盡而薪傳。透過我不在了，檢視一生德行有沒有達到我所說的那樣，後人會不會因為我的曾經存在，或某些作為而更加美好。願意有人承續這個美好，代表所作所為有感動到

〔註55〕〔清〕郭慶藩注：《莊子集釋》（新北市：商周出版，2018年），頁91。

〔註56〕〈養生主〉：「吾生也有涯，而知也无涯。以有涯隨无涯，殆已。已而為知者，殆而已矣！為善无近名，為惡无近刑；緣督以為經，可以保身，可以全生，可以養親，可以盡年。」〔清〕郭慶藩注：《莊子集釋》（新北市：商周出版，2018年），頁91。

〔註57〕〔魏〕王弼注：《老子道德經注》，收入於樓宇烈校釋：《王弼集校釋》（臺北：華正書局，1992年），頁143。

〔註58〕〔清〕郭慶藩注：《莊子集釋》（新北市：商周出版，2018年），頁91。

〔註59〕〔清〕郭慶藩注：《莊子集釋》（新北市：商周出版，2018年），頁98。

人，有人願意傳承下去，如果沒有，火盡也不一定要傳的，一切得看機緣。它有必要傳或有人想傳承才傳，倘若沒人想承接，就讓它滅了也無所謂，順其自然，莊子從這樣一個精神，開啟了養生的各式各樣面向與可能性。所以〈養生主〉上承〈逍遙遊〉、〈齊物論〉，下開〈人間世〉、〈德充符〉、〈大宗師〉跟〈應帝王〉。為何從〈人間世〉開始才去談，因為〈人間世〉後開始舉出人生面臨好多的不得已，把生命從個人的形體放大，進入了整個生命的群體區塊。

第四節　〈人間世〉之虛己安命

本文分成「知其無可奈何的安命之道」及「虛室生白的修德工夫」兩點，論述如何從〈人間世〉證「無己」達「設框」。

一、知其無可奈何的安命之道

〈人間世〉是《莊子》內七篇裡面，特別舉出人生兩難的一個試煉道場，倘若行住坐臥皆是道場，那行住坐臥的場域就是人間。在生活層面下足工夫，可以藉事煉心，以提升生命的素質，例如：整理家務，要不要做？其實不要做當然也是可以，就看要不要煉心，一切端看自己的選擇。如何從生活中歷練起？例如：飯後不要立即坐著，透過緩和的走動，消化一下吃進的食物外，更重要的是可以從中觀照自己的心。每天的身心狀態皆不同，透過觀的工夫就是在煉心。諸如此類，藉生活的每一件事上煉心，從生活的各方面及格，煉出心的品質，心的品質一提升就能提升生命素質，生命的素質提升到一定程度就足以面對生死，解決生死問題。反之，生活不及格，心如脫韁野馬，意念紛飛無法收攝，生命素質將難以提升，更別談生死那一刻到來如何解脫。因此用心不同，成就也會不同，道家的修行絕不是看外表，而是內力十足的硬工夫。從第一章〈逍遙遊〉談的是境界，點出吾人人生目標在哪裡？在逍遙無待，並在人生用遊的工夫乘物遊心。清代儒者王夫之（字而農，1619〜1692）云：「一息之頃，眾動相乘，而不能不有所止。」〔註60〕當中的乘字，不是只有吾人駕馭物，那個物也要樂於被吾人所乘，二者呈現的是相互流暢往來的狀態。國民卡通「七龍珠」〔註61〕一開始悟空還無法自己

〔註60〕〔清〕王夫之：《老子衍》收入於熊鐵基、陳紅星主編《老子集成》第8卷（北京市：宗教文化，2011年），頁570。

〔註61〕徐明：〈看動漫學日語──七龍珠GT（ドラゴンボールGT）〉，《東北亞外語研究》第11期（2008年07月），頁20〜21。

飛行時，需要有觔斗雲帶他遨遊，但觔斗雲也不是馬上就願意被他所駕馭，也讓他摔好幾次跤，後來才達成彼此都能悠游自在的默契。因此，〈逍遙遊〉一開始就將人生境界的方向擬定出，第二篇〈齊物論〉說明如何做到的入門，就要先從病根處理起，就是成心，開始從心上下功夫。第三篇〈養生主〉說明找到了成心這個病根，就要從自己生活開始煉心，養生命的整全，從「可以全生，可以保身，可以養親，可以盡年」（〈養生主〉）〔註62〕四個部分著手。養親部分，莊子在面對那個「情」的不得已，很難去放得開的地方，反而告訴吾人，如何去安的問題。因此，展開〈人間世〉裡面談天下之大戒有二，也就是「命」和「義」也。

二、虛室生白的修德工夫

〈人間世〉這個道場，莊子分別舉了七則有趣故事，在講關係的相處要留意的事情，七則裡面就有兩則說明人臣對國君說話該怎麼說的問題，也就是下對上。莊子點出了重點，他說「德蕩乎名，知出乎爭，名也者，相軋也。」〈人間世〉〔註63〕他甚至說：「德厚信矼，未達人氣」（〈人間世〉）〔註64〕德厚信矼是很固實的東西，說明德行為世人所重，可是未達人氣。同時又說：「名聞不爭，未達人心」（〈人間世〉）〔註65〕如果很有名，已經不跟人家爭執，莊子說還不夠，因為沒有進到那個人的心靈。以儒家而言，談到「德」、「名」二字，會試圖從制度的面向去解釋這個世界為何不好，以及如何讓它變好。那麼到底莊子怎麼去思考「德」、「名」？莊子認為世界情況是現實的，不是每個人都能從大方向的制度面著手，因此就從態度開始，故直接名實角度思考，莊子說：「名也者，相軋也。」（〈人間世〉）〔註66〕。一般說到名跟德這兩項德目，就馬上會和儒家產生連結的關係。反而在道家沒那麼積極，只是提醒留意當中的德、名間不相符的那個部分，而且有人會矯枉其名。換言之，儒家重正名，德和名是連接在一起的，道家著重的是道，德是跟道連結，道者，行也，路也，通也。〈齊物論〉說「道通為一」〔註67〕，道的最核心關鍵點就在於能夠通，通甚麼？就是人氣相通、人心相通。現代話叫做「深層溝通」，溝通有分表象

〔註62〕〔清〕郭慶藩注：《莊子集釋》（新北市：商周出版，2018年），頁91。
〔註63〕〔清〕郭慶藩注：《莊子集釋》（新北市：商周出版，2018年），頁104。
〔註64〕〔清〕郭慶藩注：《莊子集釋》（新北市：商周出版，2018年），頁105。
〔註65〕〔清〕郭慶藩注：《莊子集釋》（新北市：商周出版，2018年），頁105。
〔註66〕〔清〕郭慶藩注：《莊子集釋》（新北市：商周出版，2018年），頁104。
〔註67〕〔清〕郭慶藩注：《莊子集釋》（新北市：商周出版，2018年），頁62。

溝通（顯性溝通）和深層溝通（隱性溝通）。表象溝通就是五感得以察覺的部分，深層溝通就是五感無法立即覺察，隱隱約約又實際發揮影響力的部分，兩者相加就是道家常講的「那個有的沒的」（臺語）。

　　依筆者社會輔導經驗，個案進來一開始就直接進入會談環節通常效益不大，需先感受對方此刻的內在狀態，感通一下彼此的氣場，這時候就是一種跟隨調頻。因為都還沒對頻，彼此還有距離時，就開始一直講，縱然講的再有理，都是沒有用的，此時的德就容易變成一個固實的水泥柱一樣，這就叫「德厚信矼」（〈人間世〉）〔註68〕。有一位個案很想讓正讀小一的孩子擁有好的教育，所以個案自己會去外面上很多課，學很多方法，但是每次回到家，想要開口跟孩子分享時，孩子都會表示反感，並說：「媽媽，可以不要說了嗎？我不想聽。」或者呈現心不在焉。她很焦慮問我到底問題出現在哪，以前感情很好，現在卻是越來越有距離，莫非孩子提早進入叛逆期。我說這跟你學多少和叛逆期都沒有關係，跟你和他的相處有關，若每次見面都要先碎念一下，在親子關係上，你在創造什麼感覺呢？感情存摺要先存夠才能教育，不然你只是在教你認為很好的東西，可是他並不這麼覺得。上述就是未達人氣，家長的德只是家長自己覺得很滿意，用今天的話就是自我感覺良好，若此時沒有覺察又強行教育，很容易變成孩子心中的「菑人」（〈人間世〉）〔註69〕。

　　同樣「名聞不爭，未達人心」，從通達去看，當說「我不跟你爭」時，我就真的沒有礙到他人嗎？譬如說我明明就對那個位置沒有興趣，我也沒有特別要怎麼樣，可是所有周邊的人都說這個接班人的位置我最適合，無形中就擋住了他人利益的鴻溝。人心會未達，主要是因為人與人之間沒有互信的關係，只有達到互信時，人心才得以通。從「顏回去勸誡衛君」（〈人間世〉）〔註70〕

〔註68〕〔清〕郭慶藩注：《莊子集釋》（新北市：商周出版，2018年），頁105。
〔註69〕「顏回去勸誡衛君」的寓言故事有提到菑人，意思是原來是要去救災，結果到那個國家，不但不能救災，反而引來災禍，莊子說這叫菑人。本來是要幫人家解決問題，結果你反而使那個問題更深。莊子說：「道術。」〔清〕郭慶藩注：《莊子集釋》（新北市：商周出版，2018年），頁105。以輔導工作為例，除了有工夫外，也要有專業，有工夫沒專業，如同都沒學過護理的人熱心要幫人打針一樣，是危險的。在疏通過程，留意對方植入或更新了什麼成心編碼，因為會影響到個案接下來的人生。所以不是說說就不用負責，反而更應該以敬重的心看待彼此見面的會談。同樣只有專業，沒有工夫，成效不大，因為個案會覺得是你專業，跟我沒關係，因此必須要進入他的心，才能有機會進行深度溝通。
〔註70〕〔清〕郭慶藩注：《莊子集釋》（新北市：商周出版，2018年），頁102。

的寓言故事，說到顏回都願意做到「端而虛，勉而一」〔註71〕或者是「內直而外曲」（〈人間世〉）〔註72〕這些工夫，但因為沒有獲得國君的信任感，那講什麼都沒有用。所以，帶出後來的「心齋」。總之，「德蕩乎名」的關鍵就是德必須要跟道連結，而不是跟名連結，它呈現了吾人修德或者體道的時候，要留意的點在哪裡。故修德絕對不在於求名，修德在於得道。特別一提，若是修德體道後獲得名聲是可以的，就像老子孔子聖賢一樣令人尊敬。然而，修德得名卻未體道就不妥，故重點在道，在修德體道，外在名聲是機緣，絕對不是必要條件。

　　那麼修德的部份如何被檢證？如何知道這條道路是不是能為我所得，有沒有過關，就是看自己在與人相處時，有沒有「達人心，達人氣」。能不能通達到別人的心，檢證的場所就是人間。因此，要達〈逍遙遊〉「無己」的遊框境界，就從〈齊物論〉「吾喪我」下工夫喪框，喪的這個我就是成心。成心至少有認知系統的思維框架及同時超越〈養生主〉感知系統的知覺侷限達脫框，再到〈人間世〉的心齋工夫使其虛。都是圍繞這顆己心再煉，受限於每個人之形，獲得的知也有限，而這個有限知的局限，也可以說是知的維度，呼應當今科學家霍金（Stephen William Hawking）提出的「時空」〔註73〕理論，他認為時空就是三個空間維度和一個時間維度的結合體。換言之，零若為點，一為線，二為面，三為體，四為框，點和點一連就成線，線和線一連又成面，面和面又連成體，體和體最後連成框。天時地利人和（三個空間維，一個時間維），三者組成框架，有限知的範圍就是每個人所處的認知框架。因此透過莊子淑世精神式的深度聆聽及提問，能夠釐清個案有限知的框架，進而有機會鬆動轉「化」其知的侷限，帶來新的可能。老子說：「道生一，一生二，二生三，三生萬物」〔註74〕人一生的結果就是取決「知」的成心框架。換言之，也可以透過設計自己的框架，來翻轉自己的人生。每個人在不同有限知的框架內都有未被滿足的需求，道家的冷慧在於洞悉萬物那個未被滿足的點。當萬物框內的需求得到認知的滿足或感知的疏通，個案就能獲得他自身成心框架內的通達。所謂快樂就

〔註71〕〔清〕郭慶藩注：《莊子集釋》（新北市：商周出版，2018 年），頁 108。

〔註72〕〔清〕郭慶藩注：《莊子集釋》（新北市：商周出版，2018 年），頁 109。

〔註73〕詳請可參考 Kitty Ferguson 著、蔡承志譯：《時空旅行的夢想家：史蒂芬・霍金》（臺北：時報出版，2017 年），頁 410。

〔註74〕〔魏〕王弼注：《老子道德經注》，收入於樓宇烈校釋：《王弼集校釋》（臺北：華正書局，1992 年），頁 117。

是可以在自身的成心框架內，也就是自己的道路上乘物遊心。當然每個人對於成功定義不同，所謂成功的其中一種詮釋，筆者認為對應於生活場域，就是每個人在自己有限知的框內，扮演好自己設定的人物角色，本文稱「設框」。換言之，要快樂灑落的過生活，就是端看自己能否在不同時間及空間下，用不同思維角度，靈活切換的扮演好設定的角色。

　　這場人生線上 ON-LINE 遊戲的成就解鎖，說穿了就是在身分角色扮演上成功，能扮演好多少自己設定的角色，就能取得多大的成就解鎖。在家庭認知的成心框架裡，必須處理好長輩（父母、叔伯以上）、平輩（伴侶、兄弟姊妹）、後輩（親子、侄子輩）的關係；在婚姻認知的成心框架裡，必須處理好夫妻、情人、朋友的伴侶關係；在學校認知的成心框架裡，必須處理好老師、學生及同學的角色關係；在職場認知的成心框架裡，必須處理好上位者、部屬及同事的角色關係。想要快樂暢達的秘訣就是對自己依心真實而行，對他人依其對應角色真誠而處。選擇設定某個成就解鎖的成心框架後，就在其場域好好扮演那個角色（也就是身份），依照《莊子》內七篇的人生攻略指引，從未知、已知、做到、信手拈來到最後成就解鎖，步步境界的超越。與萬物應對過程，盡量讓關係單純化，因為角色關係設定一旦混亂，身分定位不清楚，其造成的複雜度，往往帶來「煩惱妄想」〔註 75〕。此時成心的感知系統就會產生情緒困擾的感

〔註75〕《太上老君說常清靜妙經》曰：「眾生所以不能得真道者，為有妄心。」「妄心」是虛妄不實的人心，也是分別之心。上述在說明妄心的連帶影響及覺悟的重要。吾人一直用妄心在生活，一念妄心，勞碌一生；一念妄心，害人害己。生活起落只是一個現象，不代表一切，會煩惱是因為加了很多妄心，心智作主導致多了得失痛苦。妄心出已有所執，便期待有所得，妄念動妄念行，容易自身無明而造下身、口、意的業行。故常問自己有什麼妄心？若自身妄心越多就是離道越遠，故只要有妄，「遣欲澄心」的工夫就必須持而行之，方能常保真常之道。「煩惱」與「菩提」是相對，「迷」與「覺」是相對，如同黑暗和光明，當專注在光明，黑暗就消失，當真心在，妄心就消失。經云：「既有妄心，即驚其神，既驚其神，即著萬物，既著萬物，即生貪求，既生貪求，即是煩惱。」有妄心容易受到驚嚇，故稱「失神」。失神就容易陷入「迷」或有所「惑」中。當神被「驚」擾時，心就容易被帶走了，開始想著是什麼導致受到驚嚇？開始「著」於驚動心的源頭。而這個心可以被許多各式各樣「萬物」產生的「妄念」所著，這個萬物可以是有形的人、物，無形的意識形態。心接觸了萬物，就緊接著生出不想離開，而要索取的心。求不得，立刻產生無窮盡的煩惱，到手了又擔心失去，另一種煩惱又緊接升起，故一切都因貪妄之心導致。值得一提，聖人之所以特別點出，是因為這一連串「妄、驚、著、貪、煩」的過程，經常都是「不知不覺」的。《太上老君說常清靜妙經》，收入於《正統道藏・洞神部・文本類・傷字號》第 19 冊（臺北：新文豐出版股份有限公司，1993 年），510

受，提醒吾人生命行走過程，已逐漸造成堵塞，需要調整了，因此成心的感知系統是很重要的情緒導航。換言之，任何的形式都只是在這個世上的個性表達與角色設定，若看得懂那就不一定要創造一個制約，每個人都是自由的，本身就是一個存在的狀態。任何制約的儀式不會創造狀態，然而狀態會創造儀式或某個約定。因此一切還是要回到自己的誘發思維，只要在任何類型的人際關係上與任何其他人有協議，例如：伴侶上有婚約關係、老闆有雇主契約關係、學校有指導教授和指導生的師生關係等，這都是一種多方同意的協定。在一切協議、身分底下，靈魂還是自由的，還是被整個道體所承載。重點要看到自己為何願意有這樣的協定關係？以道家而言，就是認清每段關係的本質，讓自己這個存在本身獲得支持，以及能夠支持他人，過程中允許彼此更加成為真實的自己，回歸素樸本身，這才是關係存在的真實義。天地造化也是，用任何吾人需要的方式來支持吾人存在，使吾人成為更真實的自己，更加覺醒憶起自己是誰，某個程度憶起自己已不是「吾喪我」的「我」，而是「吾」是「真君」是「真宰」是道體本身。

妄是對真而說，當真心在，妄心就消失，人常不知不覺有所迷，老子一個字形容就叫做「惑」。一般人容易迷惑的萬物，筆者扼要分成外在和內在，以外在的萬物至少有三類，一是名聲地位（面子），二是金錢利益（錢關），三是恩愛情仇（情關）。因此，當覺察自己開始有貪求行為時，可能早已動了貪求之心，可能也已著萬物，就要進一步追問是哪一方面的物，試著逐一解消化掉，由不斷「化」掉回到「無」，由「迷」回到「明」〔註76〕。人一生的迷惑沒有斷過，大小而已，藉由常觀照，能隨時藉由情緒導航進行調整，練習由「妄」回到「明」的速度。另一種，不知不覺有所惑的內在萬物大約有兩類，一是從小到大生長背景累積而成的經驗知識及習性喜好，也就是回到莊子說的成心。二是包含未出生前累世積累的稟性，這些都會導致吾人產生煩惱。煩惱雖然非物質實相，仍不可小看，它是一種心性非常細微的精神狀態，要種下逍遙無待的種子，就要讓煩惱的雜草離開吾人的心田。因此，道家行走在人間時，不只

頁上。對於煩惱妄想如何生成，可參照拙作論黃蕙如：〈論《清靜經》要旨——以濟公活佛降筆乩詩為例〉，《揭諦（南華大學哲學與生命教育學報）》第38期（109年5月），頁93～133。

〔註76〕老子云：「知常曰明，不知常，妄作凶。」（〈第十六章〉）〔魏〕王弼注：《老子道德經注》，收入於樓宇烈校釋：《王弼集校釋》（臺北：華正書局，1992年），頁37。

身在局中，也同樣要超然物外。

王夫之曰：「虛贅於天下之上」〔註77〕，在局裡面看周遭的環境，在物外去看整體的局勢，才能持續保持清明的腦袋。因此，道家某個面向來講，是在世間之中的超世間者，永遠把自己拉高。「迷惑」二字是一連串的動態思維，當開始迷於什麼物時，要有所警覺，當由迷轉惑時，更要有所警惕時，當由迷轉惑又轉成凶時，事情表象已由內在轉為外在浮現，更要有所明，立即下一個停損點。倘若無法知幾的先知先覺，至少後知後覺還來的及，所以為何要讀老莊的智慧，某一程度也可以有助吾人趨吉避凶，筆者認為趨吉避凶是很科學的，一點都不怪力亂神。應對之道就是，在迷在惑在凶的過程，時時都要帶著明的慧見去生活，當關照覺察後，立即進行心齋坐忘的工夫。如此可避開深陷其中無可自拔，或造成愛恨交雜的情執沾黏，這都會讓吾人失去冷慧的決斷力，造成「憂苦身心」〔註78〕，形成痛苦的根源，宜小心留意。因此，莊子的人生攻略從〈逍遙遊〉點出無己境界的「遊框」，到〈齊物論〉認知成心編碼的「喪框」，再到〈養生主〉感知系統編碼的「脫框」，再到〈人間世〉實戰場域的「設框」，透過設定場域及角色，在關係中運用心齋工夫練就達人氣及達人心，接下來就要談在人世間歷練過程，如何解開自己的枷鎖「破框」達無己。

第五節 〈德充符〉之全德葆真

本節分成「德合內外的修德境界」及「解消天刑的智慧養成」兩點，論述如何從〈德充符〉證「無己」達「破框」。

〔註77〕〔清〕王夫之：《老子衍》收入於熊鐵基、陳紅星主編《老子集成》第 8 卷（北京市：宗教文化，2011 年），頁 568。

〔註78〕《太上老君說常清靜妙經》曰：「煩惱妄想，憂苦身心，便遭濁辱，流浪生死，常沉苦海，永失真道。」上述說明妄心不除後的影響，最直接的就是「憂苦身心」，也就是身也苦心也苦。此時的身心狀態就遭受濁辱般，心就開始往外奔馳不知回來，流浪去了。生死轉變而言，對於萬事萬物，不論是愛別離或是求不得時，皆易萌生煩惱心。身心是一體，故妄念一動，心裡開始累積無窮的憂苦，這些污濁之氣進而轉為身體氣血堵塞，形成腫塊產生疾病。若仍不知覺醒，便繼續在生死間漂泊，沉淪在無邊無盡的苦悶煩惱中，此時與真道永遠背離。《太上老君說常清靜妙經》，收入於《正統道藏‧洞神部‧文本類‧傷字號》第 19 冊（臺北：新文豐出版股份有限公司，1993 年），510 頁上。

一、德合內外的修養境界

　　郭象對於「德充符」三個字的註解，為：「德充於內，物應於外，外內玄合，信若符命而遺其形骸也。」〔註79〕本文以為〈德充符〉講的又是另外一件事，〈人間世〉提到：「夫支離其形者，猶足以養其身，終其天年，又況支離其德者乎」。〔註80〕談支離疏的時候，他的身體有所殘缺，形體看似不全，卻反而能夠保養他的身體，讓他活到應有的天年，何況德行上能做到支離不全的人。這當中「支離其德」的德字，德者得也，那就是對道的獲得。倘若已獲得道，為何還需支離？所以，很顯然這裡支離其德的德，不是對道的獲得，而是德目的德，例如：忠孝仁愛。德目有時候常把人逼到一個使人迫不得已的情境，更可惡的是，人會用德目給別人扣帽子，就會變成以德殺人。筆者社會輔導案例裡，有個案和先生很相愛，可是婆婆從中阻撓，對她和弟媳的待遇差十萬八千里，就因弟媳的娘家背景比較有地位一點，婆婆嫌個案的家世、家裡的任何雜事又都要使喚她又嫌她，最後個案做出法律上的離婚，和先生及兩個小孩到外面重新生活，在關係上與婆家做切割，夫妻倆過著沒有紙上婚約，但是擁有幸福的家庭生活。

　　有一個從事輪班護理工作的個案，在高雄工作，每天往返屏東，只要休假一早就得早起，準備早餐整理家務，婆婆洗衣她就站在旁邊看，中午煮飯時間就趕快提前下樓幫忙，婆婆還沒吃她不敢吃。午休婆婆沒睡她不敢上樓睡，下午又要陪同婆婆去買菜，煮飯，整理廚務等。沒休假時，就是下大夜班也不敢立即上樓休息，回來接著每天家庭瑣事的流程。婆婆看了很開心四處跟別人炫耀，娶進來的媳婦很懂禮，但這個媳婦私下表示上班壓力已經夠緊繃，下班又沒有自己喘息的空間，她快累死了。很多婆媳問題最大的原因是，媳婦被傳統禮教束縛，她想要體現一個好媳婦的身分，所以不斷的迎合周圍環境對她的期待，尤其又在鄉下，加上左鄰右舍三姑六婆，會指指點點，真是會把人逼瘋。因此，支離其德有一個很關鍵的地方，就是不要把自己陷入在德目的困境裡面。不論是自己把自己陷入德目困境，就是成為〈人間世〉說的「德厚信矼」〔註81〕之人或者將自己置入一個德目的困境場域。

　　將支離其德做為〈人間世〉的收尾，在篇章的開頭卻是〈德充符〉，一個

〔註79〕〔清〕郭慶藩注：《莊子集釋》（新北市：商周出版，2018年），頁139。
〔註80〕〔清〕郭慶藩注：《莊子集釋》（新北市：商周出版，2018年），頁134。
〔註81〕〔清〕郭慶藩注：《莊子集釋》（新北市：商周出版，2018年），頁105。

是解消，一個是充滿，所以「充符」指的是充分的在自己生命中符應實現。換言之，「充符」就是用道德的德充分實現，因此獲得那個道就叫「德」，具體而言，就是沒有任何看起來很膨脹的東西，就是通孔。想像一下全身上下都是通孔，跟什麼人在一起都可以馬上打成一片，這才叫真正的「德充符」。所以，〈德充符〉第一個要解消自己在德目上的傲慢。不要自以為是，要常提醒自己，人常因為工作、成就、身分、才華、長相等各式各樣的東西會產生傲慢，有些傲慢是有意識，有些是無意識的。可是那些氛圍一旦讓別人感受到，別人就會敬而遠之，簡單講就是會形成一種讓人想遠離的氣場，一群人聚集久了會形成更大的勢力，叫做集體意識。當吾人被許多思維侷限罩住，或受外在力量影響追求某種價值時，很容易以假為真。

有關形的隔閡省思，在「子產和申徒嘉」（〈德充符〉）〔註82〕一則寓言中也有呈現，兩個人對答時，申徒嘉回應子產：「吾與夫子遊十九年矣，而未嘗知吾兀者也。今子與我遊於形骸之內，而子索我於形骸之外，不亦過乎！」（〈德充符〉）〔註83〕申徒嘉原來是要跟子產相談其形內，結果子產卻挑剔申徒嘉於形外，顯然就完全背離了夫子所教。此寓言提醒吾人，人常忘記自省，習慣被人稱讚，捧高後就形成一種世俗的價值觀，某個意義來說不是特有德的真正體現，反而是背離了道，簡單講至少我就第一個跟你不通達，沒達人氣了。所以，當人開始有了一些小成就時，如何面對那個小成就，不要被那個小成就，變成一種隔閡限制，很重要的。因此，從〈逍遙遊〉的無己、到〈齊物論〉的喪我、到〈養生主〉的神欲行、到〈人間世〉的心齋、再到〈德充符〉的支離其德，他的目的都是要使得人不要讓德目所限。人為德目所限，這個東西可以深到壓根子從來不會認為他是有問題的。在「孔子與叔山無趾」的寓言中，兀者跑去找孔子要拜在他門下跟他學，孔子說：「子不謹，前既犯患若是矣。雖今來，何及矣？」（〈德充符〉）〔註84〕意思是你已經缺了一隻腳了，現在才來，已經做了壞事，現在才要補過來不及了。兀者回過頭罵孔子說：「吾唯不知務而輕用吾身，吾是以亡足。今吾來也，猶有尊足者存，吾是以務全之也。夫天無不覆，地無不載，吾以夫子為天地，安知夫子之猶若是也！」（〈德充符〉）〔註85〕我知道我的身體有所不完全，剩下的部分我想要讓它保持整全，結果你只有看

〔註82〕〔清〕郭慶藩注：《莊子集釋》（新北市：商周出版，2018年），頁145。
〔註83〕〔清〕郭慶藩注：《莊子集釋》（新北市：商周出版，2018年），頁145～147。
〔註84〕〔清〕郭慶藩注：《莊子集釋》（新北市：商周出版，2018年），頁148。
〔註85〕〔清〕郭慶藩注：《莊子集釋》（新北市：商周出版，2018年），頁149。

到我不完全，沒有看到我生命中的整全，那跟其他人沒有什麼不同，意味著人會因為人的外在種種條件和我不同去排擠他人。在他批評完孔子後，孔子覺得很慚愧，就馬上要請他進來，兀者轉身而去。一走後孔子勉勵他的學生說：「弟子勉之！夫無趾，兀者也，猶務學以復補前行之惡，而況全德之人乎！」（〈德充符〉）〔註86〕說明這個人缺了一隻腳，過往已經有錯了，昨日種種譬如昨日死，只要他今日願意改，還是能夠成為全德之人。

二、解消天刑的智慧養成

　　叔山無趾與老子的對話，反而回應了孔子話的意思。寓言裡的孔子，站在儒家的角度，竟壓根子不覺得用人的外在，批評對方是不可以的事。只是強調要看到人有改過自新的可能，人不要怕自己犯錯，要往前面改過自新，這確實是儒家的精神。可是老子和無趾怎麼講，老子說：「胡不直使彼以死生為一條，以可不可為一貫者，解其桎梏，其可乎？」（〈德充符〉）〔註87〕那為何不用死生為一條去開解他的手鐐腳銬？這是一個很道家式的回應，就是告訴死生一如，有和沒有都一樣。重點是無趾曰：「天刑之，安可解？」（〈德充符〉）〔註88〕天刑意思不是老天讓孔子也缺了一隻腳，是說那個枷鎖是他自己從他的生命中貫上來的。他壓根子就忘記一件事，承認過去的錯，並且努力改善這件事本身就有問題。因為缺了一隻腳的錯往往不是自己要犯的，可能獲罪而斬其足，可是怎知道他獲得那個罪，是不是合理的判斷，就貿然斷定，只是先看到人家有過，就告訴人家要改。這就是寬容和寬恕的不同，寬恕就是你犯錯我接納你的錯，你改我就接納你；寬容就是有沒有錯不重要，只要來，我就認同你跟我一樣。我包容所有的不一樣，同時也包容自己過去的種種都是我過去的一部分。無趾認為你有沒有記得過往錯誤而改變自己這件事，本身就是一個深鎖在自己生命之中的偏見，這就叫「天刑」。

　　此章莊子更進一步深入談論，成心是一個已經內化到生命的整體，而吾人卻壓根不自覺，甚至成為某種德目的合理性。改過自新是一個很重要的美德，誰知改過自新本身，就是一種自己給自己的枷鎖，如果說過往發生的事已經無能為力，那我就不要繼續在裡面枷鎖著，我就過好我自己的人生。並找到一個

〔註86〕〔清〕郭慶藩注：《莊子集釋》（新北市：商周出版，2018 年），頁 149。
〔註87〕〔清〕郭慶藩注：《莊子集釋》（新北市：商周出版，2018 年），頁 151。
〔註88〕〔清〕郭慶藩注：《莊子集釋》（新北市：商周出版，2018 年），頁 151。

方式，讓自己不要再犯，這個叫「知其不可奈何，而安之若命，德之至也。」（〈人間世〉）〔註89〕所以，能做到安之若命者，惟有德者可以得知。這時候〈人間世〉裡的有德者就是德充符，過去種種我不否認它的存在，可是它也不成為我生命中的障礙，我能自我通達。我在未來找到一個方式，不要再面對那樣的傷害，而且這個傷害，也不會再傷害別人。只有至德之人，這才使得過去發生的美好和不美好，未來發生的所有種種都能通達無礙，這是道家的德充符。因此，最重要的就是要消除那個成心，也就是一開始〈逍遙遊〉講的把無己的己給化解掉，而且一層比一層更深入的化除。從一般〈齊物論〉說的偏見到〈德充符〉壓根不自覺的偏見，甚至還以為美德根源的德目。莊子在〈德充符〉一章用很浮誇的語言，詮釋德充符，扣回前面〈逍遙遊〉都是境界的彰顯，〈齊物論〉是工夫的招式，〈養生主〉是實際練工夫，到〈人間世〉實際去修行，才能知道學了這麼多東西，到底有沒有作用。可是試煉後再回過頭去看，自己又不會否認所有受過的那些教訓，反而重新檢視哪些對我而言是有意義的，這就是〈德充符〉要說的。

　　莊子的人生攻略在〈德充符〉透過章旨讓吾人明白，此章重點在如何讓道充分的在自己生命中符應實現，讓自己得以通達自在人生行走下去。具體來說，就是從「解消自己對於德目的傲慢」、「解消自己對於德目的枷鎖」及「避開德目枷鎖的場域」三者開始，突破自己過去成心編碼設定的種種侷限，本文稱為「破框」。因此，莊子人生攻略從〈逍遙遊〉點出無己境界的「遊框」，到〈齊物論〉認知成心編碼的「喪框」，再到〈養生主〉感知系統編碼的「脫框」，再到〈人間世〉實戰場域的「設框」，透過設定場域及關係角色，再到〈德充符〉將生命歷練了一番後，不論成與不成，都能夠解開自己對自身評斷的枷鎖，從「破框」達無己。那麼在〈人間世〉到〈德充符〉反覆歷練的過程中，如何加速破框，獲得自身設定領域的成就解鎖？換言之，當設定某個成就解鎖的框架後，如何在這領域中乘物遊心，莊子明白點出就是轉化自身在那個領域的有限知，也就是改變自身在那領域的思維框架，全面破框提升知的維度。如何做能夠加快破框速度？依筆者生命經驗就是擴大自身設定場域的框架。如何擴大，簡單講就是可以「併框」，也就是尋找到那個場域中最合適自身的戰友，在彼此建立共識的默契培養下，一同激盪出「知」的維度，不斷練功提升「知」

〔註89〕〔清〕郭慶藩注：《莊子集釋》（新北市：商周出版，2018年），頁118。

的等級，一直到足以對抗那領域的大怪獸。或者認出自己生命中的貴人，虛心請益，透過高人高瞻遠矚的慧見指點，也能夠加速破框的速度。

　　那麼在人間行走如何併框？老子說：「以身觀身，以家觀家，以鄉觀鄉，以國觀國，以天下觀天下。」（〈第四十五章〉）〔註90〕換言之，回到自己此生通達的目標，追問自己：我要什麼？目標是什麼決定自己設定的框架和合併的框架，每個人不一樣。倘若想要獲得家庭幸福和諧，必須將自己併入兩個家庭（這裡指的是夫妻兩邊的原生家庭）甚至家族，還有共組的新生家庭的成心框架中。想要讓自己企業強大，就要將自己併入全體員工和顧客的成心框架中。想要帶領企業獲得事業的獲利翻倍，就要把自己併入國家和社會的成心框架中。想要使自己力量源源不絕，獲得越大的助力，就要把自己併入宇宙和全人類的成心框架中。要如何和萬物合併彼此的成心框架呢？老子說：「江海所以能為百谷王者，以其善下之，故能為百谷王。」（〈第六十四章〉）〔註91〕當水融入海納百川的認知框中，就能永不乾枯；人也是，當將自己併入多數人的框架中，以多數人的利益為最大考量，那麼就會自然獲得許多有形無形的助力，因為一個人之所以會成功，大多是多數人希望你成功的結果。要如何讓自己設框後產生價值？就要把自己放進特定適合自己的成心框架內，方能產生發揮其價值，簡單講就是找到自己的道。所以一個人是誰不重要（是誰都是每個人在內在世界有限知的定義），重要的是這個人遇到了誰（機緣），自己又把自己擺在哪裡？（自己想要什麼樣的認知框），也就是天才其實只是擺對位置的概念。換言之，要把自己併入自身想要的特定成心框內（不是別人期待），才能取的自己真正想要的成功（成功只是一個說法，也可以說是達標或想要的生活），過著自己真正想要的人生。因此，若想在知的有限性進一步超越，可以從困境「問題框」轉換成目標「結果框」入手。

　　簡單兩步驟幫助吾人落實於日常生活中，第一步就是找個能夠靜下來沉澱的空間，第一步先讓自己的思維暫時從卡在三個空間維及一個時間維的困境中抽離。第二步追問自己，古今中外都會問的三個字：我是誰？老天賦予我的天命是什麼？我到底適合什麼？（抓出定位：我正站在哪個認知框內？）我

〔註90〕　〔魏〕王弼注：《老子道德經注》，收入於樓宇烈校釋：《王弼集校釋》（臺北：華正書局，1992 年），頁 122。

〔註91〕　〔魏〕王弼注：《老子道德經注》，收入於樓宇烈校釋：《王弼集校釋》（臺北：華正書局，1992 年），頁 165。

究竟想成為什麼？（抓出方向：我想走去哪個認知框？）這一生我想併入多少框？（設定的角色後，進入那角色的認知框架場域）這一生我想跟多少人併框？（在設定的認知場域中認出貴人？尋找多少隊友？組成多大的團隊？）一個人能併入多少框，就能產生多大的價值，能併進多少框，就能發揮多大的影響力，相對能併入多少框，就能獲得多少同框人的幫助。然而，一切還是取決於每個人對於生命的選擇，沒有絕對，依自己的屬性及能力選擇獨善其身、兼善天下或者直接成為一種精神應萬物都行，只要暢達就好。

第六節 〈大宗師〉之安時處順

　　本文分成「天人合一的理想典範」及「離形去知的修行工夫」兩點論述，如何從〈大宗師〉證「無己」達「定框」。

一、天人合一的理想典範

　　〈大宗師〉更厲害，當人只是拔除過去的有限「與人為一」，而〈大宗師〉要把生命境界再拔高「與天為一」，拔高和天一樣就能跟造化都不產生衝突。因為在人間面對的事，不管再怎麼有德，很多事不是我想怎樣就怎樣，很多事我盡力了，可是成事在天。當盡了力又不成，要不然放棄，要不然就怨懟。〈德充符〉告訴吾人與跟人相處間，如何使得那個怨懟之情隔閡感消除掉。到了〈大宗師〉對象已經不是人了，而是天。我怎樣做到不怨天不尤人，所以不尤人在〈德充符〉，不怨天在〈大宗師〉。因此，〈大宗師〉一開始談真人，說到：「知天之所為，知人之所為者，至矣。」〔註92〕真人就是能夠與「天為之徒」與「人為之徒」，「終其天年而不中道夭折」，這樣的人就叫大宗師，也稱為真人。真人不只是談人與人之間，更是談人與天之間沒有怨懟，甚至面對死亡。留意從〈至樂篇〉「鼓盆而歌」〔註93〕寓言，可以得知莊子對死亡的看法，人死了是

〔註92〕〔清〕郭慶藩注：《莊子集釋》（新北市：商周出版，2018 年），頁 163。

〔註93〕莊子妻死，惠子弔之，莊子則方箕踞鼓盆而歌。惠子曰：「與人居長子，老身死，不哭亦足矣，又鼓盆而歌，不亦甚乎！」莊子曰：「不然。是其始死也，我獨何能無概然！察其始而本無生，非徒無生也，而本無形，非徒無形也，而本無氣。雜乎芒芴之間，變而有氣，氣變而有形，形變而有生，今又變而之死，是相與為春秋冬夏四時行也。人且偃然寢於巨室，而我噭噭然隨而哭之，自以為不通乎命，故止也。」〔清〕郭慶藩注：《莊子集釋》（新北市：商周出版，2018 年），頁 423。

活著的人問題，不是死掉的人。一個修行得道的人，他死了成為什麼？不過就是死人。也就是說，死之後的問題都不是他的問題，既然不是他的問題，他的修行就不到那裏了。換言之，我已經死了，後面的人要怎麼想，已經不是我該著力的部分，如果以工夫論的角度來看，人到死亡之後，就不歸他的事，所以用安時處順談死亡，在某個意義來講是還沒死前做的事。你了解整個身體的循環，面對其他人死的時候，你可以擁有怎樣的心態，面對自己死的時候，你能夠心安。可是死後，你哪知？莊子是個很務實活在當下的人，並非坊間流傳莊子跟老子是消極主義，他們都是先看到現實，接受現實的有限性，然後告訴你要不要讓你的有限成為永恆的有限。儒家認為我住在現實的有限沒差，我可以讓他變好，改善現實。道家則是在現實中找到和平共處的方式，天地之大皆有我容身之處，大隱隱於市，這是道家式的部分。

　　真人有真知，真知就是了解人與天人之間沒有那層隔閡阻礙，通常會覺得跟天有隔閡時，就是發現天意不是我意的時候，比如生病。不是一個人想怎樣健康生命就一定會健康，有些人不抽菸不喝酒，確得肺癌第三期，有些壞人做盡壞事，家裡卻很溫暖，有些人每樣都很成功，卻被車撞。好像有很多不符合一般人的期待，以因果論而言，沒有好心有好報，但好心至少也不要有惡報。以道家而言，這叫命，現代話就是給個理由。因為人在這個世間是現實的，現實有些部分不能掌握，道家很早就發現，所有事情發生都不是單一原因構成的，構成世界的原因是泛複雜性的、連動的，甚至是等比級數快速加深的，因此試圖對事情找回原因的行為，本身就是荒謬的。人不會只是想要給自己一個安心的理由，還會想要讓怨氣有所出，所以這時候再看〈大宗師〉去談「安時而處順，哀樂不能入」〔註94〕，談的關鍵點就很重要。「安」談的是整個造化的變遷，「順」是一種態度，不管變好或變壞我都跟著它順應而走，這才叫安時而處順。可不可以安時而不處順？當然也可以。那就逃不出時間和空間的變化，就只剩怨懟之情。

　　〈大宗師〉最後一段「子桑生病」寓言，曰：「吾思乎使我至此極者而弗得也。父母豈欲吾貧哉？天無私覆，地無私載，天地豈私貧我哉？求其為之者而不得也。然而至此極者，命也夫！」〔註95〕我變這麼慘，難不成是我爸媽把我變那麼慘嗎？還是老天爺要我那麼慘？這就很像人處在大的關口走不出去

〔註94〕〔清〕郭慶藩注：《莊子集釋》（新北市：商周出版，2018年），頁186。
〔註95〕〔清〕郭慶藩注：《莊子集釋》（新北市：商周出版，2018年），頁204。

時怨天尤人。其實不然，老天爺並沒有特別要關愛我什麼？同樣老天爺沒有要特別加害我什麼？我的爸媽都是愛我的，也不是要給我怎樣的傷害。所有這些造成的原因我不知道，可是它確實造成了。這個時候，我想到這一點時，我和老天爺再也沒有所謂的怨懟之心。所以真正能夠體現真知、安時而處順的那些人，「造適不及笑，獻笑不及排，安排而去化，乃入於寥天一。」（〈大宗師〉）〔註96〕我讓自己創造一個環境告訴自己這樣的環境也不錯，願望縮小叫「造適」。「不及笑」指的是我沒想說要怎樣，怎樣我也可以哈哈大笑，好像心境整個打開了。「獻笑不及排」，強顏歡笑是不能把心中的不滿完全排除掉，有些人可以慣看自己的人生，用一種半嘲諷的方式去說明他的生命，但常講表示他心中掛心。真正覺得去可去，昨之不可留，那就不需要再講，過去就過去了。「不及排」就是排除掉那些對你而言的障礙。「安排而去化」，「去」字就是順應，「化」字就是造化，讓自己能夠安於排解的心，在造化之中，去就是進入到寂寥天人而合一。「天人合一」是三層不同的境界，創造一個現在可以接受的環境、比不上能夠開懷大笑面對不好的處境、真正自我解嘲下的處境比不上真正的排解掉它。當能夠真的排除解消掉它，隨時隨地跟造化合一就進入了真人真知的境界。所以，真人的境界進入了一種知的通達，這個知就是消解了成心的知。這不再只是人跟事物人跟人的消解，還包含人和天地的消解，這時候至人和真人可以互相攤開來看。

至人有兩個意思，一個是體道最高的人，這是一般的解釋。另一種稱至人是達至於道的人。換言之，體道證真的人叫至人，既然體道證真，哪還有自己，故至人無己，我就是道的呈現而已，道的呈現就代表著我就是一個通孔，所有的東西都可以從我這裡穿身而過。這很像〈齊物論〉說：「其一也一，其不一也一。」〔註97〕所有人到我這邊都像「道樞」（〈齊物論〉）〔註98〕一樣可以轉動，它就是一個樞紐。當所有東西都能在裡面有所安排，吾人就直接穿透，讓一切的東西，都可以達到自身的通達。能修至此，對於世間人情如此練達，對世故如此灑脫，對真理如此通透，必定是在人間行走中，非離群索居的隱士。那麼在人世間行走，如何善用有限的知，使得阻力轉化成助力，最後能修煉到像大宗師一樣？筆者認為還是扣回自己成心，來琢磨知的維度。一個人的修為，取

〔註96〕〔清〕郭慶藩注：《莊子集釋》（新北市：商周出版，2018年），頁196。
〔註97〕〔清〕郭慶藩注：《莊子集釋》（新北市：商周出版，2018年），頁170。
〔註98〕〔清〕郭慶藩注：《莊子集釋》（新北市：商周出版，2018年），頁59。

決於人格境界，一部車子的性能，取決於基底構造，一棟大樓的高低，取決於地基紮得多深，所有一切萬物生成都是由簡而繁。想要轉化就得回到那個最基本源頭的地方改造起，以人而言就是思維的知。莊子云：「古之至人，先存諸己，而後存諸人」(〈人間世〉)〔註99〕每個人先把自己站穩，做到不造成其他人困擾，行有餘力再推己及人，落實於生活場域，讓所在之處皆能感受到道的暢達氛圍。當然每個人都不知不覺的活在自己和別人設定的成心框架中，如同我在橋上看魚，魚在水裡看我，若要逍遙暢達，就必須跳脫成心的認知框，讓自身所處場域皆能展現其道。例如：一個家庭幸福和睦與否，取決於這個家的家道；一個班級展現凝聚力與否，取決於老師的師道；一個企業騰達與否，取決於這個企業的商道，這就是各顯其道。當然能用多少成心的認知框，發揮多少取決自身先天天賦，及後天能力補足的認知成心框架，還有老子願不願意（我的選擇）。

　　因此，莊子人生攻略指引從〈逍遙遊〉定出「遊框」的人格境界後，到〈齊物論〉認知成心編碼的「喪框」，再到〈養生主〉感知系統編碼的「脫框」，再到〈人間世〉實戰場域的「設框」，再到〈德充符〉解開對自身枷鎖的「破框」，那麼接下來如何「定框」達無己？也就是在這時代的洪流中，如何找到自己定位？道家淑世精神告訴吾人，沒有捷徑就是「攖寧」(〈大宗師〉)〔註100〕。郭象注「攖寧」為：「任其自將，故無不將；任其自迎，故無不迎；任其自毀，故無不毀；任其自成，故無不成。夫與我冥者，物紫亦紫，而未始不寧也。」〔註101〕成玄英云：「攖，擾動也。寧，寂靜也。」〔註102〕體道者當效法自然，

〔註99〕〔清〕郭慶藩注：《莊子集釋》(新北市：商周出版，2018年)，頁104。

〔註100〕南伯子葵問乎女偊曰：「子之年長矣，而色若孺子，何也？」曰：「吾聞道矣。」南伯子葵曰：「道可得學邪？」曰：「惡！惡可！子非其人也。夫卜梁倚有聖人之才，而無聖人之道，我有聖人之道，而無聖人之才，吾欲以教之，庶幾其果為聖人乎！不然，以聖人之道告聖人之才，亦易矣。吾猶守而告之，參日而後能外天下；已外天下矣，吾又守之，七日而後能外物；已外物矣，吾又守之，九日而後能外生；已外生矣，而後能朝徹；朝徹，而後能見獨；見獨，而後能無古今；無古今，而後能入於不死不生。殺生者不死，生生者不生。其為物，無不將也，無不迎也；無不毀也，無不成也。其名為攖寧。攖寧也者，攖而後成者也。」南伯子葵曰：「子獨惡乎聞之？」曰：「聞諸副墨之子，副墨之子聞諸洛誦之孫，洛誦之孫聞之瞻明，瞻明聞之聶許，聶許聞之需役，需役聞之於謳，於謳聞之玄冥，玄冥聞之參寥，參寥聞之疑始。」〔清〕郭慶藩注：《莊子集釋》(新北市：商周出版，2018年)，頁181～183。

〔註101〕〔清〕郭慶藩注：《莊子集釋》(新北市：商周出版，2018年)，頁183。

〔註102〕〔清〕郭慶藩注：《莊子集釋》(新北市：商周出版，2018年)，頁183。

縱然受到外境再多的紛擾,也能保持心境的寧和,攖寧是工夫。如何練就?從守道、到外天下、到外物、到外生、到朝徹、到見獨、到無古今,這是一段自我掙扎蛻變的過程。成玄英云:「外,遺忘也。天下萬境疏遠,所以易忘;資深之物親近,所以難遺。」〔註103〕意思是把天下放在我以外,做到忘天下紛擾後、還要忘掉周遭的物,忘物後連身體形軀皆解消。成玄英又云:「絕待絕對,覩斯勝境,為之見獨。」〔註104〕當有朝徹見獨的清明慧見時,就能由外到無的境界,吳怡先生認為兩者差別在「外」只是把它們放一邊,不論天下、物甚至自己的形軀仍然存在,只是忘了,可是「無」字是壓根認為它們不存在。〔註105〕當有這番體悟時,已超越時空侷限,自然無古今,面對一切萬物於自然之中成毀變化,自然仍不為所動。換言之,想要達到攖寧境界,要先守道,然後開始忘卻身外之物,將天下看開,將人事忘卻、將自我忘卻,當能無己時,死生只是個體變化的不同形式。藉由澄澈的心靈領悟絕對無待的實相,體會宇宙萬物原本一體,超越生死的時間觀念,無懼生死,因為就整體生命而言,並沒有死生問題。這樣的攖寧境界,並非書本上的文字就能傳遞,需經歷見山是山、見山不是山、見山又是山的生命淬鍊。這樣對人生有如此深刻的體悟,再再證實老莊之學絕非離群索居的避世者,乃是大隱隱於市的真修者也。

二、離形去知的修行工夫

「修行」〔註106〕二字出自於〈大宗師〉,在人間世中的修行不只是行為,還有吾人的心。人世間的兩大心魔往往就是恐懼和怨恨,修行最重要的就是擺脫過去的怨恨惱怒煩,和將來的擔憂驚恐懼怕。依筆者實際在臨床照護病患的經驗,「憂鬱症」〔註107〕患者通常放不下過去,過不了自己這一關,「焦慮症」〔註108〕

〔註103〕〔清〕郭慶藩注:《莊子集釋》(新北市:商周出版,2018年),頁182。

〔註104〕〔清〕郭慶藩注:《莊子集釋》(新北市:商周出版,2018年),頁182。

〔註105〕概念詳見吳怡:《新譯莊子內篇解義》(臺北:三民書局,2017年),頁255。

〔註106〕〔清〕郭慶藩注:《莊子集釋》(新北市:商周出版,2018年),頁191。

〔註107〕「憂鬱症」已被聯合國世界衛生組織視為與癌症、愛滋病並列的新世紀三大疾病。指持續兩週以上幾乎整天情緒低落,失去興趣,失眠或嗜睡,食慾差,體重下降,無助無望感,自殺意願或企圖等,有分成輕度、中度、重度三種等級。參考陳長安、周勵志:《精神疾病治療與用藥手冊》(臺北:全國藥品年鑑雜誌社,2010年),頁111。

〔註108〕「焦慮症」可被定義為是一種不安、不愉快、不確定或可怕的主觀感覺,其導因可以是實際的或主觀感受到的威脅。一般常見的焦慮症有廣泛性焦慮、

患者通常擔憂未來，無法活在當下，介於兩者間的稱為「躁鬱症」〔註109〕。根據臺灣衛生福利部統計，目前領有身心障礙手冊的慢性精神個案，全臺共有122,538 人，幾乎占所有身心障礙總人數之 10.73%；近十年臺灣慢性精神個案者更是激增 1.57 倍。〔註110〕生活步調急遽，競爭快速的時代，現代人的生活無不充滿困惑和無奈，彷彿已漸漸迷失方向，在黑暗中找不到出口。面對這場二十世紀的心靈流行性感冒，道家的豁達提供吾人療癒的途徑。就造化而言，沒有一片雪花會無緣無故飄到面前，沒有一個人會無緣無故出在吾人生命中，世間每一次的機緣相應，其實都是久別的重逢。人生所有際遇，每件事的發生都是造化使然，生命中所有的經歷都是最好的安排，都在幫助吾人過五關（生理、心理、人際、環境、金錢）。換言之，人生的路不會白走，都是有助於吾人跳脫認知框（成心），重新定位自己，並在自己的道上逍遙無待。

　　人生就是一場生命體驗過程，如同「小靈魂與小太陽」〔註111〕童話繪本故事說的，當小靈魂選擇一個名為寬恕的功課後（也可以是愛、感恩等），

恐慌症、畏懼症及強迫症等。蕭淑貞：《精神科護理概論・基本概念及臨床應用》（臺北：華杏出版社，2009 年），頁 395。

〔註109〕「躁鬱症」又稱「雙極性情感疾患」，是指病人週期性的呈現躁期和鬱期，情緒有兩極端的變化與擺動。病患在鬱期時症狀如同重鬱症之症狀，處於躁期時，會有持續情緒高昂或激動、活動量增加、睡眠需求減少等情況。蕭淑貞：《精神科護理概論・基本概念及臨床應用》（臺北：華杏出版社，2009 年），頁 372。

〔註110〕黃玉珠、王育慧：〈伴我路遙遠——家屬及公衛護理師照護社區精神病患之現況與困擾〉，《護理雜誌》第 62 卷第 4 期（2015 年 8 月），頁 26。

〔註111〕此段節錄《小靈魂與太陽》（The little soul and the sun :a children's parable adapted from Conversation with God）。神說：「既然當你身處在光當中，你就看不見同樣是光的自己，那麼，我們就將黑暗圍繞住你。」小靈魂問：「黑暗是什麼呢？」神回答說：「它就是你所不是的。」小靈魂大聲地說：「我會怕黑暗嗎？」神回答說：「只有當你選擇害怕時才會。」「說真的，沒有一樣東西會讓人害怕，除非你決定要如此。你明白嗎？一切都由我們來決定，都由我們來取決的」神總結地說：「當你被黑暗圍繞時，就不要揮舞你的拳頭，或提高音量去咒罵它。」「你寧可成為黑暗前的光，也不要對它生氣。然後，你將知道你真正是誰，其他所有靈魂也將知道。」此時友善的靈魂站出來說：「我可以幫助你。」「我可以進到你下一個生命期當中，為你做一些要被寬恕的事情。」小靈魂問：「但是，為什麼呢？為什麼你要那麼做呢？」「你，是一個那麼高尚完美的生命！」友善的靈魂說：「我願意，因為我愛你。」當小靈魂不安地等待準備親身經歷選定的功課時，神微笑地說：「你要永遠記得，我派遣你的都是天使。」詳細參照此書 Neale Donald Walsch 著、劉美欽譯：《小靈魂與太陽》（臺北：方智出版社，2001 年）。

就進到一個新的宇宙生命週期。在親身經歷生命議題的過程會遇到，當時承諾要讓祂體驗這議題，相約一起來的靈魂。在這個生命週期中，有可能祂們早已不認識彼此，對方有可能成為一個需要被寬恕的人，做一些傷害祂需要被祂寬恕的事，以便讓小靈魂學習到寬恕這個議題。倘若對待生命可以有不同的詮釋可能，筆者願意傾向此說，學會寬恕、誠心省思、心懷感恩、獻上祝福。用莊子一個字形容就是「安」〔註112〕，給個理由讓自己釋放過去繼續往前走。人生說到底其實真的沒有傷害只有經歷，不是得到就是學到，有緣就會再相聚，緣份盡則各奔東西。生命走到最後的體悟，彷彿是把自己當成自己，把自己當成別人，把別人當成自己，把別人當成別人。也就是說，與自己獨處時，彷彿第三者般，同時看到自己成心形塑出的知見框架（虛幻我）和與生俱有的素樸天心（真宰）共處；與他人相處時，也能同時關注到他人成心形塑的知見框架（對方的虛幻我）和與對方相同的素樸天心（對方的真宰）共處。換言之，靈活的切換不同視角，讓自己不侷限於一方，保持生命的流暢與超然。如此不斷修煉，內心將能越淡定從容，越能自在的在人間暢游。總之，能脫離多少成心認知框架的限制，讓生命在造化裡自然的顯現，快樂自在也會在這框架內滿溢，每個人都能在自己設定的知見場域內暢達，各行其道乘物遊心。更簡單說，就是莊子精準道出逍遙無待的關鍵就是破除「知」的困境，當知的能見度不斷被擴充提升，心境就會越來越暢達，對自身的定位越清楚，相對事業、職場、家庭等場域也會愈來越順利，心情也會越來越快意灑落。

第七節　〈應帝王〉之應物無傷

　　本文分成「勝物不傷的淑世原則」及「無為事任的復樸真心」兩點論述，如何從〈應帝王〉證「無己」達「無框」。

一、勝物不傷的淑世原則

　　當達到大宗師的境界時，再進一步回到人間，此時人與天之間已沒有任何相礙，再回到人間面對世間的事物，這些人間的事物也不再是人間世的事，

〔註112〕〈人間世〉：「知其不可奈何，而安之若命，德之至也。」〔清〕郭慶藩注：《莊子集釋》（新北市：商周出版，2018年），頁118。

而是一個作為一個能夠掌管天下事的應帝王。回顧內七篇，一開始在〈逍遙遊〉的部份，直接回應的問題是「逍遙遊」可不可能的問題？就是如何得以逍遙？到了最後〈應帝王〉問的問題是甚麼呢？就是什麼是明王之治？藉由吳肇嘉先生的文章，可以明顯看到〈應帝王〉解題至少有四種意思，談「應帝王」的「應」字，第一個是應該，第二個是相應，第三個是應之，第四個是回應；以他自己的立場認為「應」字可能是動詞作形容詞，也就是用來形容作為名詞帝王當具有「應照」之德的帝王。應照之德就是把自己當成一面鏡子，萬物來的時候，物來而順應，好像自己有如明鏡。意思是來的時候就處理，去則不留。換言之，我的心沒有存在著萬物留下的形跡。《清靜經》提到：「常應常靜」〔註113〕，莊子也說：「至人用心若鏡，不將不迎，應而不藏，故能勝物而不傷。」（〈應帝王〉）〔註114〕這樣的心態是他認為帝王的德行。所以他這邊把「應」作為動詞當形容詞用，去描述帝王的美德。〔註115〕吳怡先生解為「應帝之王」，「帝」指天，所以帝王二字是拆開來的，是指回應於天的那個君王，他要怎麼去面對天地的問題。〔註116〕而本文的立場認為應帝王應是一種內在工夫境界，而精神就是形而上，非有即無；類通西方講的內在狀態。既是形而上就不會是一個具體的有形帝國。依道家的生命調性而言，從〈逍遙遊〉的「堯讓位給許由」寓言就可明白有形的帝國也是另一種待，倘若《莊子》內篇從〈逍遙遊〉到〈大宗師〉全是一個精神展現，那麼莊子在論述精神的行文脈絡上，理當符合首尾一貫。莊子走到最後的〈應帝王〉，不是打造一個有形的道家式帝國，而是能用道家精神回應所有迎面而來的萬物，靈活穿透在每一個系統組織中。它不屬於誰，又屬於誰。然而，道家生命調性的人是否有可能會成為帝王，也是有可能的，倘若他本身出生帝王之家屬於其命，或者機緣使然。因此，當不當帝王的拿捏，一樣回到道家的通達，道家是一門很靈活的學問，全看當下與客體或群體的互動氛圍決定，重點就是讓自己或置身所處的組織能順暢的走下去。

　　〈應帝王〉內容第一則及第二則寓言，其實用反面表述作為一個明王之

〔註113〕《太上老君說常清靜妙經》，收入於《正統道藏・洞神部・文本類・傷字號》第19冊（臺北：新文豐出版股份有限公司，1993年），510頁上。
〔註114〕〔清〕郭慶藩注：《莊子集釋》（新北市：商周出版，2018年），頁207。
〔註115〕吳肇嘉：〈《莊子・應帝王》中「即內聖即外王」的應世思想〉，《清華中文學報》第5期（2011年6月），頁207～208。
〔註116〕吳怡：《新譯莊子內篇解義》（臺北：三民書局，2017年），頁284。

治應該要避免的情境。第一跟第二則寓言談「以己出經式義度」（〈應帝王〉）〔註117〕，第三、第四則寓言則是倒過來說，什麼是明王之治該做的。第三則寓言天根遊於殷陽，至蓼水之上，遇到了無名人，得知要讓一個國君「游心於淡，合氣於漠，順物自然而無容私焉，而天下治矣。」（〈應帝王〉）〔註118〕從這個角度游心、合氣於淡漠之際，明王之治很重要的一個修養。第四則寓言就是在講明王之治怎麼檢證他自己？透過「使民自喜」。真正明王的國君，他應該要去做到「太上不知有知」（〈第十七章〉）〔註119〕讓自己的存在感薄弱，成就萬物而不自恃，不自得，甚至萬物都忘記了國君。「明王之治，功蓋天下而似不自己，化貸萬物而民弗恃，有莫舉名，使物自喜，立乎不測，而遊於無有者也。」（〈應帝王〉）〔註120〕這個講法呈現國君對於萬民之間那個最小存在感。所以理想的道家式國君，應該對於國家來說沒什麼存在感。當中「功蓋天下而似不自己」還是有功。老子說：「是以侯王自稱孤、寡、不穀。此非以賤為本邪？」〔註121〕（〈第三十九章〉）一個國家裡面，最不好的地方反而最需要有人去做，所以「受國之垢，是謂社稷主；受國不祥，是謂天下王。」（〈第七十八章〉）〔註122〕國君就是那一個能夠把大家都不願意去做的事全部搞定，這就是道家所呈現的帝王之德。

第五則寓言問的問題很單純，就是明王之治的「游心於淡，合氣於漠」如何做到？具體實踐就在壺子四示中，莊子透過一個神巫的角色說一個修練的方法。他說壺子跟鄭國的列子，2人是師徒的關係，有一個神巫叫季咸，是個很會觀象算命的人。鄭國人一方面害怕，一方面又想去接近他，因為季咸這個人聽說只要看人家的外表，就可以知道他的內在的狀態，列子當然就慕名而去，而且非常的醉心。此寓言一開始就破題，列子跟壺子說：「始吾以夫子之道為至矣，則又有至焉者矣。」（〈應帝王〉）〔註123〕列子認為在壺子這裡學到

〔註117〕〔清〕郭慶藩注：《莊子集釋》（新北市：商周出版，2018年），頁207。

〔註118〕〔清〕郭慶藩注：《莊子集釋》（新北市：商周出版，2018年），頁210。

〔註119〕〔魏〕王弼注：《老子道德經注》，收入於樓宇烈校釋：《王弼集校釋》（臺北：華正書局，1992年），頁40。

〔註120〕〔清〕郭慶藩注：《莊子集釋》（新北市：商周出版，2018年），頁211。

〔註121〕〔魏〕王弼注：《老子道德經注》，收入於樓宇烈校釋：《王弼集校釋》（臺北：華正書局，1992年），頁105。

〔註122〕〔魏〕王弼注：《老子道德經注》，收入於樓宇烈校釋：《王弼集校釋》（臺北：華正書局，1992年），頁187。

〔註123〕〔清〕郭慶藩注：《莊子集釋》（新北市：商周出版，2018年），頁212。

的東西比不上季咸。壺子回應：「吾與汝既其文，未既其實，而固得道與？」
（〈應帝王〉）〔註124〕當中「既其文」的文就是文字、理論。「未既其實」就是
我沒有實際去實踐它，意思是只有看到理論的表面，而從來沒有去實踐它，那
這樣算得道嗎？所以，理論能不能深化進入生命，甚至接受而體現出來，這才
是關鍵。道者，路也，路就是要實踐拿出來用的，知道那樣東西，可是從來沒
有去做，那等於根本沒在路上行走過，未曾行道者，又如何能夠說明體道這件
事。後續壺子就跟季咸見了四次面，第一次季咸說壺子快死了，壺子說：「鄉
吾示之以地文，萌乎不震不正。是殆見吾杜德機也。嘗又與來。」（〈應帝王〉）
〔註125〕當中「地文」就是「杜德機」，「杜」就是阻塞，我把我生命中所有的
生機都堵塞了，簡單的就是說該排的都排不出來，一切生機都掛掉了。他把所
有的生命跡象都隱藏起來，這個時候，看起來當然是將死之人。

　　第二天，季咸跟列子說你的老師有救了，因為身上開始出現生機，壺子說：
「鄉吾示之以天壤，名實不入，而機發於踵。是殆見吾善者機也。」又說「吾
鄉示之以太沖莫勝」。（〈應帝王〉）〔註126〕「天壤」就是善者機，也就是我把
我的生機逐漸的呈現出來，所以他看到我體內的生機流盪，以為我有救了。「太
沖莫勝」指的是我讓我所有體內的一切都達到平衡這叫「衡氣機」。季咸看到
說常人怎麼能夠做到？第四次季咸一看就發覺壺子已經不是人了，嚇跑了，因
為壺子用「未始出吾宗」意思是在我身上看到的不再是我，看到你自己。「虛
以委蛇」（〈應帝王〉）〔註127〕看到所有一切形象，都是我的所有展現，對於你
的反應，所以你看到我就好像看到鏡子一樣。這時候莊子筆下的列子猛然醒
悟，回到家「彫琢復朴，塊然獨以其形立。」（〈應帝王〉）〔註128〕意思是重新
回到素樸的生活，練就自己我雖然有人的形貌，可是我就是一個塊然獨立的情
況。〈齊物論〉講的塊然就是整全而無分，人總是一團一團的存在，這當中形
體雖在，可是形體中還包含了很多的區隔，這些區隔形成了成心，因此是非判
斷，紛紛擾擾就產生了，所以「與物相刃相靡，其行盡如馳，而莫之能止，不
亦悲乎！」（〈齊物論〉）〔註129〕這樣的生命顯然已有太多的雕刻，沒有復歸於

〔註124〕〔清〕郭慶藩注：《莊子集釋》（新北市：商周出版，2018年），頁213。
〔註125〕〔清〕郭慶藩注：《莊子集釋》（新北市：商周出版，2018年），頁213。
〔註126〕〔清〕郭慶藩注：《莊子集釋》（新北市：商周出版，2018年），頁215。
〔註127〕〔清〕郭慶藩注：《莊子集釋》（新北市：商周出版，2018年），頁217。
〔註128〕〔清〕郭慶藩注：《莊子集釋》（新北市：商周出版，2018年），頁218。
〔註129〕〔清〕郭慶藩注：《莊子集釋》（新北市：商周出版，2018年），頁53。

樸的情境。其實就是讓自己的生命跟生活都過得非常的素樸單一，該吃就吃該睡就睡，泰氏說的「其臥徐徐，其覺于于」（〈應帝王〉）〔註130〕。「於事無與親」每件事該做的就親自去做，回到最樸實最真的自己，無須過度的證明自己有多厲害，虛榮的刻意妄為，就易失其真。因此，莊子心中的明王，是對於國家不要有過度妄為的國君，能夠讓自己的作為盡可能不干擾到百姓，在國家的存在感可以十分稀薄，使得國家能夠得以休養生息，所以壺子四次裡面所呈現的工夫論就是回到簡單。

後面兩則寓言就在說明要將生活過得簡單，有幾樣東西要避免，就是「無為名尸，無為謀府，無為事任，無為知主。」（〈應帝王〉）〔註131〕當中「名尸」的「尸」字就是坐在那邊讓人家膜拜的東西，意思是不要接受虛榮，因為容易把自己推到一個擔不了的位置上去，為虛名所累，讓自己「胥易技係，勞形怵心者」（〈應帝王〉）〔註132〕去做太多不應該做的事情。「無為謀府」的「府」字是寶庫，「謀府」意旨懂得規劃謀略之人，最後會累垮。「無為事任」就是不要去攀好多事情，讓自己變得好忙。「無為知主」的「知主」就是自以為很有智慧，太過自我感覺良好。莊子說當能避免這四樣事情時，人在生命中自然能夠活的比較簡單，當活得簡單，所有面對的事情，只不過是生命中的偶然，所以來的時候，就照自己最自然從容的方式去應對它。不論事情有無解決，離開之後，也不要去掛心或強求它，這時候人跟萬物之間就形成了某種情境的平衡跟通達，這就是〈應帝王〉裡面的工夫精神，所以〈應帝王〉是一個生命的內在狀態。

最後一個「渾沌鑿七竅」（〈應帝王〉）〔註133〕寓言，不是要像道教冥修式的將感官收斂跟封閉，而是回到渾沌本身，就是素樸。一開始說明吾人沒有感

〔註130〕齧缺問於王倪，四問而四不知。齧缺因躍而大喜，行以告蒲衣子。蒲衣子曰：「而乃今知之乎？有虞氏不及泰氏。有虞氏，其猶藏仁以要人，亦得人矣，而未始出於非人。泰氏，其臥徐徐，其覺于于，一以己為馬，一以己為牛，其知情信，其德甚真，而未始入於非人。」〔清〕郭慶藩注：《莊子集釋》（新北市：商周出版，2018年），頁205。

〔註131〕〔清〕郭慶藩注：《莊子集釋》（新北市：商周出版，2018年），頁219。

〔註132〕〔清〕郭慶藩注：《莊子集釋》（新北市：商周出版，2018年），頁211。

〔註133〕南海之帝為儵，北海之帝為忽，中央之帝為渾沌。儵與忽時相與遇於渾沌之地，渾沌待之甚善。儵與忽謀報渾沌之德，曰：「人皆有七竅，以視聽食息，此獨無有，嘗試鑿之。」日鑿一竅，七日而渾沌死。〔清〕郭慶藩注：《莊子集釋》（新北市：商周出版，2018年），頁220。

官這件事情，如同渾沌未鑿前，可是人有感官這件事情，就像有爸媽，有國君一樣，是不能違背的。所以人可以有七竅，只是有了七竅後，不一定非得受外在世界牽動，仍是可以在接收各式各樣的事物後，保持生命的素樸、整全。所以渾沌強調的是內在心智的整全無分。就是不要有所謂的成見或者成心，又回到了第一篇〈逍遙遊〉的無己，當把成心逐漸解消，並和諧的隨之共處，就能回到素樸的生活之中，讓生命不需要那麼多的雕刻，重新把它復樸回來。因此，生命的整全，就是回歸到生命最基礎的需求，自己生命最能夠順應自然的方式。所以，「渾沌鑿七竅」強調的不是七竅的閉合，而是生命的整全素樸。這就呼應前面〈齊物論〉提到的「古之真人，其知是無所不知」，指的是根本沒有分別，就是〈應帝王〉的泰氏「一為己為馬，一為己為牛」無需特別分別，因為在生命中，自然會知道什麼樣的方式是最適合自己的。所以莊子提醒吾人活在這個世界上，除了基本生存的形態，其實可以很素樸，而明王不過使得讓這種素樸性，能夠貫穿在他與他人的生命之中。在生命中每一個人都可以成為自己國度的明王，在與萬物交流的過程，沒有刻意想要讓別人照自己的意思過生活，因此與之相會過程，自然順勢成就了各式各樣多元自由的可能性，這就是明王「百花盛開，成其所成」的應物方式。

二、無為事任的復樸真心

　　莊子學問發展到內篇最後一章，要講的就是帝王要如何面對這個世間，改變這個世界，或讓自己不被這個世界改變。當然若從成就解鎖第四級信手拈來，要走到第五級獨善其身或帶領團隊的方式，那就取決自身要將自己有限知的成心框加大到容納多少人。每個人都可以選擇自己想要的生活方式，想要宋榮子般獨善其身也很好，想要帶領團隊（兩人以上即可成為團隊）也很好，就看自己本身意願及外在機緣，而設定自己在生活場域的框架，例如：家庭、學校、職場等。莊子說：「至人之用心若鏡，不將不迎，應而不藏，故能勝物而不傷。」（〈應帝王〉）〔註134〕當中「用心若鏡」就是掃除成心，掃除成心的工夫就是吾喪我，是一個無己的概念。用心若鏡能夠達成的功效是與物不相傷。到了〈應帝王〉之後，整個至人對於天下人的關懷，呈現無己、存在感極為薄弱式的領導風格，使得國家形成一個每個人都能夠相忘於江湖的情境，最起碼物與我兩不相傷，到達勝物而無傷的境界。反觀，現在是應物而很傷，彼此嗆

〔註134〕〔清〕郭慶藩注：《莊子集釋》（新北市：商周出版，2018年），頁219。

聲的世界，人當然可以強調自我意識，問題是自我意識會不會傷害其它的物，有些人常誤會「做自己」的意思，於是變成只要我喜歡有什麼不可以，無形中傷了周遭人，那就需重新調整。若純粹保有自我意識是可以的，同時我也可以不被他人的自我意識有所干擾，叫做「相忘江湖」。你走你的我走我的，因是兩行，人跟人之間不一定要並行，可以兩行，甚至可以多行。

〈應帝王〉裡最有趣的就是「渾屯鑿七竅」寓言故事，渾屯被鑿七竅最後死翹翹，渾屯就是樸，就是在自己的素樸上，開始鑿出了自己的觀點，官知止而神欲行，變成官知放而神不行。前面種種工夫都是為了修回復歸於樸。復歸於樸最好的描述就是渾屯。當達到渾屯的境界時，有沒有可能繼續受到外界的干擾，當然一定還是會有。所以，莊子用渾屯朝鑿七竅的故事，作為一個警覺，並運用帶出「無為名尸，無為謀府，無為事任，無為知主。」（〈應帝王〉）〔註135〕運用「四無」提供了一條返樸的具體指引，帶出面對成心編碼中「無」的工夫，不妄為的重要性，藉由「四無」解消成心達「無框」。因此，莊子在〈逍遙遊〉用一個美好的境界作為開展，用一個〈應帝王〉最慘的情況做為結束，這都是工夫的警惕，作為工夫是要有警覺的。葉海煙先生認為：「莊子以道為宗，以道通一切所開展的無垠天地為生活場域。莊子追求的人格是不離生命本真的，而他的行事風格則是充滿自由精神與幽默感的，這使得莊子成為中國哲學史上最動人也最吸引人的一個人物。」〔註136〕換言之，莊子自由與幽默式的生命調性引領吾人回到生命本身，本文也呼應莊子的生命調性，語不驚人死不休的行文風格以天地為生活歷練的場域，透過莊子人生攻略從〈逍遙遊〉帶給吾人一條「遊框」的境界指引，再到〈齊物論〉認知成心編碼的「喪框」，再到〈養生主〉感知系統編碼的「脫框」，再到〈人間世〉實戰場域的「設框」，再到〈德充符〉解開對自身枷鎖的「破框」，到成為〈大宗師〉的「定框」，再到最後〈應帝王〉的「無框」，達到無框後才能真正在人世間乘物遊心的「遊框」。

當然人只要活在世上就不可能像〈逍遙遊〉所說真的做到完全無待，光有身體本身就是有待，老子還用「吾所以有大患者，為吾有身，及吾無身，吾有何患？」（〈第十三章〉）〔註137〕提醒吾人身體是大患，人只要活著一天，身體

〔註135〕〔清〕郭慶藩注：《莊子集釋》（新北市：商周出版，2018年），頁219。

〔註136〕葉海煙：《老莊哲學新論》（臺北：文津出版社，1999年），頁11。

〔註137〕〔魏〕王弼注：《老子道德經注》，收入於樓宇烈校釋：《王弼集校釋》（臺北：華正書局，1992年），頁28。

就有一天的基本需求，連產生「基礎體溫」〔註138〕都是要有食物轉化成熱能，以維持身體的溫度。除了要吃喝睡，要生活也要開銷，這都是一種待。然而，人無法做到他不知道或知的維度想不到的事，〈逍遙遊〉的境界則是開啟了吾人生命另一種認知框架的指引。倘若生命還有一種逍遙無待的可能，也可以如同列子乘著最低域值的待（風）飛翔，也就是在生理、心理、人際、環境、金錢五大基本領域找到適合自己最低域值的待，以便於存活立足於這世間。因此，也可以處於命和義的時空基準下，縱然逃不開父母命及君臣義的相處，也不要委屈壓抑，可以選擇和自己重要關係人併框的緊密度，從中找到一條彼此都能通達的兩行之路，讓自己過著輕裝上陣的灑落人生。上述講的皆是外在經驗世界的關係對待，扣回內在世界與自己的相處，若能像如來佛一樣，時時帶著自然無為的狀態，觀看這隻七十二變的潑猴（心猿）每天上演的精采劇本（成心思慮的轉變），觀看牠又把這匹小白馬（意馬）牽去哪裡（心一動意即加助能量於其中）。潑猴演的好記得鼓掌，反思這個劇本要帶給我什麼啟示，今日休演更要讚嘆，又往無待前進一步了。陳鼓應先生認為古人以為思維能力與精神作用均發於心；莊子論心要在闡揚心神與心思的作用——心神活動創造人的精神生命；心思作用建立人的思想生命；而內七篇就是以治心為治道的根本及基礎，此乃莊學之大旨。〔註139〕換言之，莊子內七篇人生攻略聚焦在「無己」下工夫，當能由自身做到無己，時刻帶著警覺，明白自身正與最低域值的待（成心）共處，透過不斷心齋的工夫，方能讓自己成往至人無己的人格境界邁進。

〔註138〕基礎體溫指的是清晨睡醒後還沒下床時所測量的體溫，這是一天之中人體最低的體溫，最常與月經週期共同互搭，用於不孕症門診或中醫門診。
〔註139〕陳鼓應：《老莊新論》（上海：上海古籍出版社，1982 年），頁 147。

第參章　莊子淑世精神的實踐模組

　　從上一章莊子內七篇提供一套完整的人生攻略,可以得知生命是有歷程的。因此在設定一個自己想要提升的關卡後,從未知 A 領域的概念,到已知 A 領域的概念,再設定一個自己可以提升 A 領域的場域去歷練,讓自己主體實踐從已知到做到。過程不斷反思將所學所用融會貫通,最後到信手拈來,成為那門領域的專家,更厲害一點成為大師。成就解鎖後,自己可以選擇是要像宋榮子般的個人獨善其身、還是像列子御風般有待的帶著組織團隊往前,或者直接成為一種將所學所用化為一種內力,呈現應萬物的精神。有了「莊子淑世精神理論基礎」的人生攻略指引,接下來筆者將進一步聚焦「莊子淑世精神的實踐模組」呈現如何做到的可能性,也就是運用從《莊子》文本中找出足以代表莊子淑世精神的基本元件,組成一套操作莊子式的工夫論組件,讓組件發揮實踐的功能。實踐模組除了自己能持續作為自身的修持外,也能傳承下去讓別人也可以達到他自身的修持方式。換言之,本文有別一般論文中單純強調實踐工夫的重要性,更進一步強調莊子工夫論的有用性及可傳遞性。故下文將分為「實踐模組的綱領與架構」與「實踐模組的操作與步驟」兩節,逐一探討如何透過《莊子》工夫論的實踐模組的具體實踐,最終達到人生的成就解鎖。

第一節　實踐模組的綱領與架構

　　在中國哲學史上,把道作為世界總根源的這一哲學概念,是老子首先提出

的。〔註1〕老子說：「惟道是從。」（〈第二十一章〉）〔註2〕葉海煙先生認為：「老子生命哲學的核心思想，就是『道』，『道』是生命的源頭，『道』也是生命存在的基礎」〔註3〕倘若「道」是人類思想及生命安頓所在，那麼所遇到的生命議題皆可以透過道的啟發來疏通。陳鼓應先生表示：「老子的『道』所具有的種種特性和作用，都是老子所預設的，老子所預設的『道』，其實就是他在經驗世界中所體悟的道理，而把這些所體悟的道理，統統付託給所謂的『道』，以作為它的特性和作用。」〔註4〕因此老子將「道」做為他哲學系統的核心思想架構，故所有脈絡皆由預設的「道」所開展。元儒吳澄（字幼清，1249～1333）提出：「道猶路也。可道可踐行也。」〔註5〕換言之，道雖不等於路，路卻是一個比較貼近道的意象。孫熙國先生認為迄今出土的甲骨文中尚未發現道字。〔註6〕「道」最早在西周早期貉子卣「𢔛」〔註7〕，後來西周中期的𧢦鼎看見「𢔛」〔註8〕，西周晚期變成散氏盤「𢔛」、「𢔛」及「𢔛」。〔註9〕1993年大陸湖北荊門郭店一號戰國楚墓出土竹簡中的「道」字為「𢔛」。〔註10〕唐君毅先生認為：

> 道之字原，無論初即導蹈之義，或初即指人所經行走的道路，皆連
> 於此人首加以界定。亦皆與人之行有關；引伸為人之一切有所取向
> 之行事或活動，以至任何存在物之有所取向之任何活動，其所循之

〔註1〕 許抗生：《老子研究》（臺北：水牛出版社，1993年），頁186。
〔註2〕 〔魏〕王弼注：《老子道德經注》，收入於樓宇烈校釋：《王弼集校釋》（臺北：華正書局，1992年），頁52。
〔註3〕 葉海煙：《莊子的生命哲學》（臺北：東大圖書公司，1990年），頁12。
〔註4〕 陳鼓應：《老子今註今譯及評介》（臺北：臺灣商務印書館，1997年），頁13。
〔註5〕 〔元〕吳澄：《道德真經註》收入於熊鐵基、陳紅星主編《老子集成》第5卷（北京：宗教文化，2011年），頁608。
〔註6〕 孫熙國：《先秦哲學的意蘊——中國哲學早期重要概念研究》（北京：華夏出版社，2006年），頁12。
〔註7〕 道字0298在西周早期貉子卣・10.5409。李敬齊認為：「《爾雅》：『一達謂道』以行丛上，會意，首聲。」詳見董蓮池：《新金文編》卷二（北京：作家出版社，2011年），頁193；高樹藩：《形音義綜合大字典》（臺灣：正中書局，1984年），頁996。
〔註8〕 道字0298在西周中期的𧢦鼎・05.2721。詳見董蓮池：《新金文編》卷二（北京：作家出版社，2011年），頁193。
〔註9〕 道字0298在西周西周晚期變成散氏盤・16.10176。詳見董蓮池：《新金文編》卷二（北京：作家出版社，2011年），頁194。
〔註10〕 金文中的道字已从首从行，郭店楚簡的道字才分別作道，前一字形象人站於四通八達的道路上。丁原植：《郭店竹簡老子釋析與研究》（臺北：萬卷樓圖書股份有限公司，1998年），頁48。

道路，皆是道。〔註11〕

透過字源得知，道就是人行走的路，從事一切活動的準則都可以經由道獲得依循的方向。鄭雪花先生認為：「『道』的基本性格不是抽象，而是具體的；不是表象的，而是履踐和參與的；不是推論的，而是一種實際技巧。」〔註12〕道家是一門首重有效解決問題的學問，對於道家來說，道者路也，路者通達也，路要能行走才是路，不能就叫做停車場，只要生命各層面遇到堵塞時，就需要道來疏通。如何疏通？目前學術界及業界興起「問題／任務導向學習」（Problem / Project -based learning，PBL）〔註13〕，對於道家而言，光發現問題，解決問題還不夠，更精準做法是先確認主體到底要去哪裡？也就是主體的目標？既然是路就有從 A 點移動到 B 點的意象，一個不知道自己要去哪裡的個體或組織，永遠只會被現有的處境所侷限著，無法跳脫思維，開創新局。

　　因此，道家也是一門可以達到生命實踐目標的學問（又稱結果導向）〔註

〔註11〕唐君毅：《中國哲學原論：原道篇》（臺灣：臺灣學生書局，1973 年），頁 27。

〔註12〕鄭雪花先生又說：「『體知』的思維方式，使得中國哲學的『道』具有情境的性格，而對於『道』的悟解易聯繫到『體道』、『行道』的理想人格境界。」鄭雪花：《非常的行旅──〈逍遙遊〉在變世情境中的詮釋景觀》（臺南：成功大學中國文學系，2005 年），頁 66。

〔註13〕「問題／任務導向學習」一詞最早是 1969 年由加拿大 McMaster 大學醫學院首創，其理論基礎植基於建構主義，認為知識必須經由學習者自我建構而成，知識的學習具有個人意義，學生用過去的經驗來解釋他們現在所看到與聽到的，尋求其中的意義與規律，從而建構自己的知識，學習的成果是以學生對觀念的理解來評估。換言之，研究者認為「問題／任務導向學習」基本上是以現實世界為場域，並且以學生為主體的學習方式。進行的程序首先會將學習與重大任務或議題掛鉤，學習者透過自身於複雜情境中，經由自主及合作來解決問題，養成自主學習及解決問題的能力。概念參考張培華、鄭凤芬、曾清標：〈這是個「問題」嗎？問題導向學習之行動研究〉，《大學教學實務與研究學刊》第 2 卷第 2 期（2018 年 12 月），頁 91〜125。

〔註14〕感謝口試委員謝君直先生精闢道出此句需特別說明，避免使讀者誤會道家是「目的論」、「結果論」甚至「功利主義」，進而對道家產生只問目的不管手段的疑惑。筆者運用以老輔莊論述方式，加註回應如下：若莊子目的是要讓人通達，可不可以只問目的不管手段？以淑世精神的道家而言是不可以的。其理由和功利主義最大的差別是道家往目標前進的過程，會達人氣及達人心的留意到自己和他人的感受，盡可能做到兩不相傷。莊子說：「至人之用心若鏡，不將不迎，應而不藏，故能勝物而不傷。」（〈應帝王〉）當中「用心若鏡」達成的功效就是勝物不相傷。老子也有呼應此看法，云：「物或惡之，故有道者不處。」（〈第二十四章〉）及「兩不相傷，德交歸焉。」（〈第六十章〉）。〔清〕郭慶藩注：《莊子集釋》（新北市：商周出版，2018 年），頁 219。〔魏〕王弼注：《老子道德經注》，收入於樓宇烈校釋：《王弼集校釋》（臺北：華正書局，1992 年），頁 60 及 157。

14〕，體道者能透過精準的提問與深度聆聽，將個案或組織從「問題框」移動到「結果框」（目標）。與萬物為構的過程，實際幫助個案或組織破除框架，瞬間拔高生命格局，擬定目標並具體實踐。當中不斷修正朝著想要的生活邁進，維持自身與萬物的流暢運行，這就是道家生命學問的魅力所在。如何重獲生命的暢達？羅振玉先生解釋：「行 象四達之衢，人之所行也。」〔註15〕對於金文的「道」字，吾人拆解後可得知「衛」＝行＋首＋之，透過十字路口的道路，首、手腳的走行等身體意象從中找到道的素樸義，至少可從道字的思想內涵延伸上，論析得出四個論點，分別為「走在關鍵的決策」、「生命道路的通達」、「高瞻遠矚的智慧」、「內外辯證的實踐」。〔註16〕換言之，在人生道路面臨關鍵抉擇時，能具有高瞻遠矚的智慧並且實際去做，使自身生命及他人生命達到相互通達的可能性，這就是道帶給吾人的啟發，也是道家示現淑世情懷的面向。同時道家提醒吾人在人生面臨下一步的抉擇選項時，能站在基於尊重每一個生命發展，都有其可能性的觀點上，讓萬物皆能依照自身差異選擇各適其性的發展。

　　倘若每條路都可以獲得生命的通達，那麼接下來關鍵就是如何體現它？故中國哲學的道家常追問是：「HOW？」〔註17〕以本研究而言，要追問的主體就有研究者本身及個案。在確認彼此皆有意願共同面對生命議題後，研究者站在體道者支持個案獲得生命通達的角度上，在道字內涵四個面向可思索，第一步驟「走在關鍵的決策」：我如何協助個案釐清議題（確認議題）？第二步驟「生命道路的通達」：我如何協助個案知道自己要什麼（目標設定）？第三步

〔註15〕羅振玉：《殷墟書契考釋》（臺北：藝文印書館，1967年），頁7。
〔註16〕詳請參考拙作，此篇論文主要嘗試在前人的基礎上，從「道」的字源、字用與思想內涵上提出論析。在詮釋上共分成兩節：為「道的素樸義」及「道在《老子》經文中的義涵」。在道字的字義探源部分，共獲得四個論點，分別為「走在關鍵的決策」、「生命道路的通達」、「高瞻遠矚的智慧」、「內外辯證的實踐」說明人生的道路上，有各式各樣的選擇，具有高瞻遠矚的智慧並且實際去做，使自身的生命或他人的生命達到互相通達的可能性，由此呈顯「道」字的豐富義蘊。另一方面，透過《老子》經文中的道字語義進行解析，將「道」歸納出三點義涵，分別為第一是「形而上之道」，指出道體，無形無象，卻真實恆常存在，它是萬物的根源，先天地而生，長養萬物卻不主宰；其次是「變動規律之道」，指出道提供了循環往復、變化相反的自然法則。最後是「生活處世之道」，說明道透過實踐方能對人產生影響力，可為世人指引生命的方向。黃蕙如、陳政揚：〈《老子》道論的當代詮釋與反思〉，《人文社會科學研究》第10卷第2期（2016年6月），頁41～62。
〔註17〕前文已有闡述此說出自於牟宗三先生，請看第57頁，註腳16。

驟「高瞻遠矚的智慧」：我過程如何協助個案往想要的目標前進（擬定策略）？第四步驟「內外辯證的實踐」：我如何協助個案確認已完成目標（成效評值）？個案站在執行者的角度，在道字內涵四個面向上可思索，第一步驟「走在關鍵的決策」：我正面臨什麼，導致我現在卡卡（確認議題）？第二步驟「生命道路的通達」：我到底要什麼，可以使我的生命恢復流暢（目標設定）？第三步驟「高瞻遠矚的智慧」：我要如何做到（擬定策略）？第四步驟「內外辯證的實踐」：我如何確認做到後回歸生活（成效評值）？

一、建立淑世精神的執行綱領

　　莊子淑世精神的理論架構如何落實，本段落先以〈養生主〉提到的「庖丁解牛」[註18]勾勒實踐模組的綱領，下一段落再分成「走在關鍵的決策」、「生命道路的通達」、「高瞻遠矚的智慧」、「內外辯證的實踐」四個環節論述實踐模組的具體架構，由此呈顯莊子淑世精神。本文以為面對生命的議題就如同庖丁解牛，解牛前要看清楚牛的形體，才知如何解。以莊子而言，人間世就是那頭牛，每個人活在這世上，時時都與這頭盤根錯節的牛共處著。人是複雜的生物有機體，面對議題的種類也多元，體道者除了平常透過自我追問解自己身上這頭牛外，偶然機緣促發下，也協助來到面前的萬物解其牛。因此，體道者在體現莊子淑世精神的同時，一定也是往內追問的生命勇者，先將自己這頭盤根錯節的牛解過一遍，方能更精準觀到造成個案或組織陷入困境的思維，同時協助個案或組織快速移動到想要的位置，重返生命的通達。而解牛環節成功與否取決於體道者和個案（包含個體和組織，以下皆用個案統稱，不再贅述）。體道者和個案存在著一種聯盟式的隊友關係，體道者假設個案是自己人生的專家，體道者則是協助個案開採自身內在寶藏的工具。若體道者是〈養生主〉中的庖丁，莊子「無厚入有閒」（〈養生主〉）[註19]式的提問就是庖丁手上那把無形刀，個案欲探討議題就是一頭盤根錯節的牛，而在這個議題上獲得通達就是解牛成功後的目標。整個過程體道者和個案掌握

〔註18〕〔清〕郭慶藩注：《莊子集釋》（新北市：商周出版，2018 年），頁 92。《莊子》一書有許多例證，為何以「庖丁解牛」為例？其原因來自於淑世精神必然有當世的實踐跟實務經驗的需求，根據筆者在實務經驗上，發現莊子內七篇中「庖丁解牛」寓意涵蓋的最廣，論述上最能詮釋實務經驗的起承轉合。因此在莊子淑世精神的執行綱領上，本文以「庖丁解牛」為詮釋核心，但不妨礙與其他各篇章的核心概論交互融涉。

〔註19〕〔清〕郭慶藩注：《莊子集釋》（新北市：商周出版，2018 年），頁 94。

「道通為一」（〈齊物論〉）〔註20〕精要，路要能走才是通，因此，「通」是道家認為最必要的條件。

如何進行莊子淑世精神式訪談？〈養生主〉一開始提到：「手之所觸，肩之所倚，足之所履，膝之所踦」〔註21〕面對一頭牛在眼前，庖丁在解牛前先用手接觸著、肩膀靠著、腳底踩著、膝蓋頂著，透過手、肩、腳、膝近距離接觸牛體，告訴吾人在生命議題卡住時，第一步是「面對」，有人一逃就是十年，甚至一輩子。道家是一門重視「知幾」（〈齊物論〉）〔註22〕的學問，體道者如何叫醒一個裝睡的人，機緣未到，他也不會強行處理，會先擱著，等待時機成熟。換言之，面對自身議題時，自己要先有意願解決，面對個案議題時，個案和體道者雙方皆要有意願（前者願意面對，後者願意協助），才能進行到下一步的合作聯盟關係，「意願」絕對是會談前的首要條件。因此，在會談一開始的關係建立，體道者和個案定位在互為責任者，在彼此有意願下，共同發掘個案議題及目標，並創建個案能不斷前進的新策略。要知道策略沒有好壞，只有適不適合，也就是符合當事人在那個時空背景下的策略。〔註23〕至於策略能否有效的標準在於個案能不能接受？接受後個案能不能走的下去？

建立意願共識後，開始進行會談環節，「砉然嚮然，奏刀騞然，莫不中音。合於桑林之舞，乃中經首之會。」（〈養生主〉）〔註24〕砉然嚮然指的是庖丁解

〔註20〕原文為：「故為是舉莛與楹，厲與西施，恢恑憰怪，道通為一。其分也，成也；其成也，毀也。凡物無成與毀，復通為一。唯達者知通為一，為是不用而寓諸庸。庸也者，用也；用也者，通也；通也者，得也。適得而幾矣。因是已。已而不知其然，謂之道。」道的意象若是路，路要能走才是通，然而每個人的一不同，吾人需掌握與吾人互動時那個客體的一，流暢應對達到彼此通達不阻塞，就是道通為一。〔清〕郭慶藩注：《莊子集釋》（新北市：商周出版，2018年），頁61。

〔註21〕〔清〕郭慶藩注：《莊子集釋》（新北市：商周出版，2018年），頁92。

〔註22〕原文詳見〈齊物論〉：「昭文之鼓琴也，師曠之枝策也，惠子之據梧也，三子之知幾乎！皆其盛者也，故載之末年。唯其好之也，以異於彼，其好之也，欲以明之彼。非所明而明之，故以堅白之昧終。而其子又以文之綸終，終身無成。若是而可謂成乎，雖我亦成也。若是而不可謂成乎，物與我無成也。是故滑疑之耀，聖人之所圖也。為是不用而寓諸庸，此之謂以明。」〔清〕郭慶藩注：《莊子集釋》（新北市：商周出版，2018年），頁65。

〔註23〕重點在對個案有用，因此沒有所謂最好或最壞的策略，那都是社會上的人為價值判斷。關鍵是回到個案自身能否提高意願採取行動，不是體道者本身，體道者在過程中不斷做到心齋的工夫，方能不加入自身的價值判斷影響個案，做到全然跟隨個案的狀態。

〔註24〕〔清〕郭慶藩注：《莊子集釋》（新北市：商周出版，2018年），頁105。

牛過程刀子將皮骨相離的聲音，與桑林的舞樂合拍，和經首的節奏同步調。提醒吾人會談過程與個案同步的重要，同步意味著跟隨個案的語言、非語言表達及個案整個身心狀態，因為人是活的，每一分每一秒都在變化，體道者必須洞察個案的狀態靈活的做出相對回應，這也是莊子〈人間世〉提到的「達人氣」〔註25〕，都是說明道家感通應萬物的工夫。「未嘗見全牛」（〈養生主〉）〔註26〕，體道者只需針對來者提出的困擾議題進行疏通即可，切記只需針對困擾議題，不需要整個身家調查一番，如同看個感冒，不需要做到健檢中心高規格的健康檢查。而單一議題有大有小，如同牛有分大牛和小牛，因此解牛時間不一，有時一個環節短 5～10 分鐘內即可結束，有時 1 個鐘頭不等，原則上不超過 1 個半鐘頭為主，超過就等待機緣下一次再延續。

　　值得一提，能做到未見全牛這也要看體道者對於此議題掌握的功力深淺度，對一般人而言，看成全牛是因為把牠當成一個困境來對待，困在其中掙脫不了，或者找不到謀然而解的切入點。「始臣之解牛之時，所見無非牛者。三年之後，未嘗見全牛也」（〈養生主〉）〔註27〕對初級庖丁而言，牛對他來說就只有多重，能值多少錢？要用割還是用折的，這都是一般世俗表層的看法。當主體願意面對自我，進行深層探索時，所見就開始不只是一個對象或事件而已，會進一步開始對其觀察紋路，此時肌理就逐漸出來，也就是看見事物的本質。這就是對於這個議題熟悉理解後的轉變，所以三年就不是全牛了，故非全牛指的是複雜性的呈現。通常能做到不見全牛，已經練就「技進於道」（〈養生主〉）〔註28〕的工夫了，與第貳章「莊子淑世精神的理論基礎」成就解鎖中第四步「信手拈來」相呼應。目前學界對於「技進於道」的解讀，簡光明先生認為「技進於道」一詞與文本不符，實際文本內容為當國君問庖丁怎麼能做這麼好時，庖丁是說：「臣之所好者道也，進乎技矣。」（〈養生主〉）〔註29〕臣喜歡的是道，臣怎麼樣進入它呢？簡先生表示：「『道』雖然不能離開『技』，而且

〔註25〕原文出自〈人間世〉：「且德厚信矼，未達人氣；名聞不爭，未達人心。而彊以仁義繩墨之言術暴人之前者，是以人惡有其美也，命之曰菑人。菑人者，人必反菑之，若殆為人菑夫！」〔清〕郭慶藩注：《莊子集釋》（新北市：商周出版，2018 年），頁 93。

〔註26〕〔清〕郭慶藩注：《莊子集釋》（新北市：商周出版，2018 年），頁 93。

〔註27〕〔清〕郭慶藩注：《莊子集釋》（新北市：商周出版，2018 年），頁 93。

〔註28〕「臣之所好者道也，進乎技矣。」〔清〕郭慶藩注：《莊子集釋》（新北市：商周出版，2018 年），頁 93。

〔註29〕〔清〕郭慶藩注：《莊子集釋》（新北市：商周出版，2018 年），頁 93。

透過『技』才能展現『道』，惟就價值與重要性而言，『道』顯然超越『技』，故庖丁所好者為『道』而非『技』。」〔註30〕意思是透過技來進入道的狀態，這裡的道是透過技術的方式進入它，因此技為表現道的方式。而筆者的輔導經驗而言，以為技巧不斷的練習與實踐，會進入一種技進於道的狀態，談論的是技術累加久了也可以變成道，完全調反過來。換言之，意思是累積道體境界時，需要反覆的練習，所有的練習就是練習技術。當超越了技術層面，就會從匠人變達人，再變成出神入化的大師，這是從境界工夫論去說，所以兩者文意上的先後順序有不一樣，然各有所通。因此本文以為技術要先學好，學到某個程度，自然豁然貫通無不開朗，功夫做足了就會進入道境，詳請參照第玖章結論的「道術合一的操作步驟確實能有效解決問題」段落。

上述簡先生認為之所以能解牛解的好，來自於解牛有解牛之道，至於解牛之道如何知道呢？從技術層面上開始，所以切入的技巧叫作近乎技，有先後順序的。換言之，依照文本解讀就是庖丁喜歡的是道，而喜歡道有很多種方式，他進入道的方式是從技術層面去說，並沒有說技術的累加就能夠達到那個道。而本文立場認為技術的累加是達到道的必要條件。其實意境沒有不一樣，邏輯上也沒有太多的衝突，重點都在如何獲得那個道。以筆者個人生命經驗，技術的累加久了真的會厚積博發，彷彿有一種超乎感官所能推測出的直覺，應用心理學叫做感知系統先行，也就是運用冰山底層 95%潛意識的運作。同時體道的方式，每個人本就不一樣，道家告訴吾人順應每一個人的差異性，因此，兩者理論是不衝突的，甚至可併行的。本文研究方法採創造性詮釋，既然是創造性詮釋，就沒有所謂完全對的詮釋，就只有所謂的不一樣。上述簡先生對於庖丁解牛這篇文章裡所做的論述，特別對技進於道作文獻上的細部回顧，這是屬於一個教材教學教法，其目的是用在大學國文教學運用。本文也知道自己在文獻詮釋上與傳統古典有所不同，但詮釋不同不是不知或忽略。而是本文重點在生活具體實踐性，而不在做國文教學，因此本文採取了現在這個詮釋立場。

解牛過程「批大郤、導大窾」（〈養生主〉）〔註31〕，指的是庖丁對於牛的骨節處理，骨節和骨節的相仞之處，一般用批的很難，刀易折損。然而庖丁手上的刀批了十九年都沒事，表示已經抓到了箇中要領。扣回生命，其實生命的

〔註30〕簡光明：〈莊子「庖丁解牛」寓言析論——兼談其在大學國文教學中的運用〉，《屏東教育大學學報》第 33 期，（2009 年 9 月），頁 169～173。
〔註31〕〔清〕郭慶藩注：《莊子集釋》（新北市：商周出版，2018 年），頁 93。

議題也不外乎就那一百種，掌握到每個議題得以疏通的原則就能快速過關。在批的過程骨頭有硬跟脆的地方，筆者本身兼具護理師及助產師的醫護背景，根據實際參與第一線開刀房創傷植皮手術及產房接生經驗，發現動物和人肌理皆同，骨節和骨節筋膜間都有黏結處，在手術過程醫療團隊都是順著人體肌理切開，縫合也是。因此，庖丁在解牛時的刀鋒一切下去，是要用轉的方式順著紋理把它轉開，不是用蠻力硬把它剖開。莊子透過批骨，展示了處理生命議題的方式要順著議題鬆動之，不是硬搞破壞造成劇痛或大失血，許多心理諮商師將個案的傷口挑起卻沒有能力進行後續處理，反造成個案第二度甚至第三度的創傷，因此莊子說要「因其固然」（〈養生主〉）〔註32〕。「因」字順也，順著牛體結構使力，經絡相連或筋肉槃結的地方都能避開，更何況是大的骨頭，轉一下就能讓肉和骨頭分開。換言之，只要依著本來就可以化開的肌理就能做到「技經肯綮之未嘗，而況大軱乎！」（〈養生主〉）〔註33〕扣回生命，若覺得人生卡住走不下去時該怎麼辦？就回過頭來調整到認為不卡的狀態，重新抓回生命流暢的運行步調或者模仿卓越，觀看他人流暢運行的狀態，感受能量的共振，運用道家虛靜的力量擷取天地的豐盛，重新調整步伐，為自己再次建立流暢的「黃金迴圈」〔註34〕。總之，莊子淑世精神式的解牛原則就是通達，幫助萬物回到生命通達，重返身心平衡的狀態。疏導方向則是朝著向善向上，讓世界得以更美好的淑世精神為主。

「彼節者有閒，而刀刃者無厚；以無厚入有閒，恢恢乎其於游刃必有餘地矣。是以十九年而刀刃若新發於硎。」（〈養生主〉）〔註35〕「間」字就是縫隙，為何庖丁的刀刃可以十九年都像剛買回來的一樣？關鍵在於穿入的要領，讓刀刃的厚度完全能夠容納到縫隙裡面。也就是拿捏動刀的方法，並不是調整刀的厚薄，換言之，倘若縫隙很細，立馬就把刀磨薄，遇到下一個縫隙偏厚，那麼這把刀因為變薄了，就相對不夠用。所以，要是調整不是刀本身的厚薄，而是動刀的方法。若縫隙很緊，刀尖插下去後，就左右、左右用頓開方式鬆動它。

〔註32〕〔清〕郭慶藩注：《莊子集釋》（新北市：商周出版，2018年），頁93。
〔註33〕〔清〕郭慶藩注：《莊子集釋》（新北市：商周出版，2018年），頁93。
〔註34〕「黃金迴圈」一詞是網路流行語，源自於科學實驗電路板的黃金迴路，線圈越粗越厚，燈泡發亮持久度與亮度相對越高，衍伸為建立大腦設定目標的正向成功迴路，讓大腦及身體習慣成功。倘若成功的目標是流暢，那就是持續建立處理事情流暢運行的狀態。
〔註35〕〔清〕郭慶藩注：《莊子集釋》（新北市：商周出版，2018年），頁94。

所以，要動並改變的是用刀方法，不是刀本身。會談過程體道者展現的工夫也一樣，改變的不是提問的問句，而是本身的心態和時機，也就是如何在恰當的時間點問出強而有力的問句。同時體道者若能靈活調整心態跟隨個案，自然就能調整作法從容應對。

「雖然，每至於族，吾見其難為，怵然為戒，視為止，行為遲。動刀甚微，謋然以解，如土委地。」（〈養生主〉）〔註36〕「族」字指的是盤根錯節的根，關鍵在見其難為處依舊能從容處之，在每一個族間都找到切入點。面對難為處能保有平常心，如同「乘天地之正，御六氣之辯，以游無窮者」〔註37〕、「登高不慄，入水不濡，入火不熱」〔註38〕的無待心境，因此〈逍遙游〉是心境的長存，〈養生主〉是動刀的慎微。所以，為何要特別強調「每自於族」？按理說已解數千頭牛，講到後來都已經可以是「以无厚入有閒，恢恢乎其於遊刃必有餘地矣」（〈養生主〉）〔註39〕，後面還有什麼好講。能夠遊刃有餘就是功力通常就已經練到第四級的信手拈來了，為何還要「怵然為戒」？關鍵就在「雖然」二字，雖然就是轉折點，前面說明工夫練到一定的程度，要放掉過往經歷的成心。因為，每一個個案都是全新獨一無二的個體，世界上沒有兩個相同的人，因此每碰到新的環節，都要怵然起敬，回過頭來將遊刃有餘的輕佻態度全部放掉，進入怵然為戒。因此戒就是戒掉不要鬆散、輕佻的態度，重新回過頭來，專心致意的練功夫。

「視為止，行為遲」（〈養生主〉）〔註40〕視為止就是再次「官知止而神欲行」（〈養生主〉）〔註41〕，行要遲是因為要找到脈絡、關節點，要慢慢的做才能抓到節奏，所以「遲」。當抓到那個脈絡，從點的音符回到線面的節奏，過程不能太快或太慢，所以要動刀慎微，多一分則太多，少一分則太少，穠纖合

〔註36〕〔清〕郭慶藩注：《莊子集釋》（新北市：商周出版，2018 年），頁 94。

〔註37〕出自於〈逍遙遊〉：「若夫乘天地之正，而御六氣之辯，以遊無窮者，彼且惡乎待哉！故曰：至人無己，神人無功，聖人無名。」說明逍遙無待的境界。〔清〕郭慶藩注：《莊子集釋》（新北市：商周出版，2018 年），頁 27。

〔註38〕出自於〈大宗師〉說明真人的境界：「何謂真人？古之真人，不逆寡，不雄成，不謨士。若然者，過而弗悔，當而不自得也。若然者，登高不慄，入水不濡，入火不熱。是知之能登假於道也若此。」〔清〕郭慶藩注：《莊子集釋》（新北市：商周出版，2018 年），頁 164～165。

〔註39〕〔清〕郭慶藩注：《莊子集釋》（新北市：商周出版，2018 年），頁 94。

〔註40〕〔清〕郭慶藩注：《莊子集釋》（新北市：商周出版，2018 年），頁 94。

〔註41〕〔清〕郭慶藩注：《莊子集釋》（新北市：商周出版，2018 年），頁 93。

度叫「慎微」。慎微是找到訣竅，就能「諜然以解」。前面闡述徐徐如生，後面「雖然」二字一出來整個心境和行為轉變完全不一樣，莊子行文表述生動又具體，圖像出來和經驗完全扣合。拉回道家淑世精神式會談，整個過程也是要「視為止，行為遲」，不斷保持從容虛靜的狀態，當作自己進入一個陌生國度旅行般，帶著好奇不帶成心的探索。同時也提醒著吾人，儘管已經盡量做到不帶成心，仍是有可能會進入誤區，因為人在有形的時空下是有盲點的，如同犀牛望月，怎麼看月亮都不圓，人很容易被自己限制性信念或沒有過關的議題侷限著。也就是說每一次的環節，都必須帶著敬畏的心態進行，不要認為個案的問題很小或看不起個案的問題。換言之，時時帶著覺察去檢視自己和幫助個案檢視他的信念，謙卑的知道人外有人，天外有天，不要老是覺得自己會了就很厲害。有時覺得自己很優越，是因為過往經歷還沒碰到真正的難處。人常這樣，當走到某種境界時，就好像會覺得自己有點小成就，然而小成就的確幸，是因為大困難還沒碰到。因此，要時時帶著警覺，提醒自己拿掉侷限，認知自己還是有所極限，用更柔軟的心面對這世界。當跨出那個游刃有餘，每至於族，就會看到那個過去沒有看到的關卡，一步步往內更深層的「滌除玄覽」（〈第十章〉）〔註42〕。滌除是一個動態不斷清洗的過程，所以有時同一個議題，會處理很多次，因為每一次覺察的深度都有所不同。

「提刀而立，為之四顧，為之躊躇滿志，善刀而藏之」（〈養生主〉）〔註43〕牛解完了，抽回刀子站立著，尋目四探回味一下，發覺人生也是這樣，將事情辦完會有一片清爽的感受。「躊躇」指的是心裡非常的從容，滿心從容後就要把刀給收好，收斂「善刀藏之」（〈養生主〉）。善刀而藏之的「藏」字非常重要，不斷外放終有一天力量會耗盡，終究也要藏回來，人是需要休息的，當能躊躇滿志將心態回到從容，就是逍遙。扣回莊子淑世精神式的會談，在進行過程體道者全然相信個案已具備所需的資源及運用這些資源的能力。體道者只需促成個案依他自己的發展速度進行探索，當中不給建議及答案。因

〔註42〕「滌除玄覽」出自於老子〈第十章〉，「玄覽」二字，王弼注為：「玄，物之極也，言能滌除邪飾，至於極覽。」吳怡先生認為：「這個覽字和第一章中的觀字有相同的作用。玄覽就是玄觀，是指能玄妙而深微的去觀照一切。」〔魏〕王弼注：《老子道德經注》，收入於樓宇烈校釋：《王弼集校釋》（臺北：華正書局，1992年），頁20；高亨：《重訂老子正詁》（北京：古籍出版社，1957年），頁67～68；吳怡：《新譯老子解義》（臺北：三民書局，2013年），頁68。
〔註43〕〔清〕郭慶藩注：《莊子集釋》（新北市：商周出版，2018年），頁94。

此個案在執行行動策略時，會意識到所做的行動都是出自於自己做的選擇與承諾，最終使自己獲得蛻變。當中體道者深知目標達成即「功成身退天之道」（〈第九章〉）〔註44〕一切歸功於個案本身，而不是體道者自身。因此體道者無須眷戀或誇耀自己多麼厲害，一切從容的成其所成。環節結束體道者再度回到清靜本體，「虛室生白」（〈人間世〉）〔註45〕養其神，「虛而待物」（〈人間世〉）〔註46〕常應常靜。莊子淑世精神式會談整個過程的成效取決於體道者與自己關係聯結的強弱，以及體道者與個案之間關係的強弱。自己內在成心編碼還沒過關的生命議題，通常也無法順利的疏導個案。因此，單就解牛的行為，就是回過頭想，要認識每一頭牛的骨節，要和牛相處多久（牛指的是自己或個案），這點滴都是基本功的紮實。寫至此再次證實莊子不是避世之學，乃是隱於市的大智者是也。

二、由實踐模組開展淑世精神的具體架構

本文透過「庖丁解牛」勾勒實踐模組的綱領後，接下來要將道的素樸義指引吾人的四個架構，分別為：（一）「走在關鍵的決策」：我在哪裡？（二）「生命道路的通達」：我要去哪裡？（三）「高瞻遠矚的智慧」：我要如何做？（四）「內外辯證的實踐」：我要如何處世？本段落進一步論述實踐模組架構的具體生成元件，讓實踐不只是一個活動，更可以是一個實踐的操作工具，以呈現莊子淑世實踐模組之精神。由此可知，淑世不應只是一個行動，一個個案訪談，而是可以從《莊子》的理論裡面，找到一些具體化的原則，透過這些原則構成一個有機的組件，讓不同的引導者，都能藉由這個組件，去完成引導的工夫。換言之，將《莊子》變成一套有效的工夫修正程序方法，而且可以應用在修正自身，甚至還能影響未能修正的人，這時候就需要一套集合莊子工夫論的操作工具，讓人得以依循。於是本文將莊子工夫論提煉出幾個基本的元件，組成了一套可操作的工夫論組件，讓組件能夠發揮實踐的功能，就叫做「實踐模組」〔註47〕。接下來本文將從《莊子》原文中找出論述模組架構的莊子工夫論元

〔註44〕〔魏〕王弼注：《老子道德經注》，收入於樓宇烈校釋：《王弼集校釋》（臺北：華正書局，1992年），頁21。

〔註45〕〔清〕郭慶藩注：《莊子集釋》（新北市：商周出版，2018年），頁114。

〔註46〕〔清〕郭慶藩注：《莊子集釋》（新北市：商周出版，2018年），頁112。

〔註47〕感謝初審委員汪治平先生補充對於實踐模組的更深一層蘊義，筆者加註如下：由實踐模組展開淑世精神的具體架構就是發揚道德主體的能動性。模組一「走

件，透過元件組成一個實踐模組，由此呈顯莊子淑世精神落實於現代生活的可能性。

（一）模組一「走在關鍵的決策」——我在哪裡？

從前文可得知「道」字的素樸義，其中一個字義內涵為「走在關鍵的決策」，論述當生命走在分岔的道路上時，往往須面臨關鍵時刻的選擇，如何展現決斷力下對一條適合自己走的路，以維持生命通達是道家的慧見。對於我在哪裡？莊子多次提到我在六合之內，詳見〈齊物論〉說：「六合之內，聖人論而不議。」〔註48〕〈在宥〉說：「出入六合，遊乎九州，獨往獨來，是謂獨有。」〔註49〕〈知北遊〉說：「六合為巨，未離其內；秋豪為小，待之成體。天下莫不沈浮，終身不故；陰陽四時運行，各得其序。」〔註50〕〈徐無鬼〉說：「自遊於六合之內。」〔註51〕〈則陽〉說：「四方之內，六合之裏，萬物之所生惡起？」〔註52〕「六合」指的是東西南北四方，再加上下兩面也就是天地，六合之內就是指天地之內，也就是我就在時間與空間之內。在上一章「莊子淑世精神的理論基礎」有提到科學家已指出人類處的世界是由四維所構成（三個空間維，一個時間維）。我若在六和之內，那麼對應道在哪裡？在〈知北遊〉「東郭子問於莊子」〔註53〕一則寓言裡，莊子明白點出道無所不在。因此，六合是對應我在天地之中，道無所不在是述說道的普遍存在性，前者是我在天地間的時空性，而後者呈現的是我在時空性裡道無所不在，也因為道無所不在，所以我生命中所有問題都與道息息相關，這樣道就能夠無時不刻，隨時解決我通達不通達的問題。

在關鍵的決策」——我在哪裡？就是自我定位；模組二「生命道路的通達」——我要去哪裡？就是人生目標（意義）；模組三「高瞻遠矚的智慧」——我要如何做到？就是得者德也，成為一個「智能」的複合體。模組四「內外辯證的實踐」——我／你要如何處世？就是體道踐行。

〔註48〕〔清〕郭慶藩注：《莊子集釋》（新北市：商周出版，2018年），頁70。
〔註49〕〔清〕郭慶藩注：《莊子集釋》（新北市：商周出版，2018年），頁277。
〔註50〕〔清〕郭慶藩注：《莊子集釋》（新北市：商周出版，2018年），頁507。
〔註51〕〔清〕郭慶藩注：《莊子集釋》（新北市：商周出版，2018年），頁572。
〔註52〕〔清〕郭慶藩注：《莊子集釋》（新北市：商周出版，2018年），頁626。
〔註53〕東郭子問於莊子曰：「所謂道，惡乎在？」莊子曰：「無所不在。」東郭子曰：「期而後可。」莊子曰：「在螻蟻。」曰：「何其下邪？」曰：「在稊稗。」曰：「何其愈下邪？」曰：「在瓦甓。」曰：「何其愈甚邪？」曰：「在屎溺。」東郭子不應。〔清〕郭慶藩注：《莊子集釋》（新北市：商周出版，2018年），頁516。

　　莊子將問題從個人視角，帶到天之上，這種高度，叫做「獨與天地精神往來，而不敖倪於萬物，不譴是非，以與世俗處。」（〈天下〉）〔註54〕或者「乘天地之正，而御六氣之辯」（〈逍遙遊〉）〔註55〕的無待。〈逍遙遊〉提供了無待的一個視野，如果用一個比較神話學的思維就是「北冥有魚，其名為鯤。鯤之大，不知其幾千里也。化而為鳥，其名為鵬。」〔註56〕又說「鵬之徙於南冥也，水擊三千里，搏扶搖而上者九萬里，去以六月息者也。」〔註57〕重點不在鯤之大，在高飛為鵬，就是述說人拔升後的境界。就是我在哪裡的第一步，把自己的個人侷限拉拔到天地的高度。從問題框跳脫往結果框邁進，拉到六合的視野，拉到道的視野，這就是我在哪裡的第一步。

　　那麼釐清我在哪裡應該如何著手？本文以為道者路也，歷代學者研究成果將抽象的道滑轉成具象的路，這樣的闡述對於當今吾人面對生命議題上，帶來極大的啟發。老子認為道是「象帝之先」（〈第四章〉）〔註58〕道這個本源在天地未生前就有，又曰：「道可道，非常道，名可名，非常名；無名天地之始，有名萬物之母。」（〈第一章〉）〔註59〕道是天地萬物的源頭，宇宙生化的原動力。《清靜經》曰：「大道無形，生育天地；大道無情，運行日月；大道無名，長養萬物。」〔註60〕大道是沒有形象的，但卻能創生化育天地；大道是無為的，沒有私情造作，卻能使太陽和月亮運轉不止息；大道沒有名相可論，卻能生長養育萬物。道為萬有根源，未有天地先有道，天地萬物無不包含在道中。統而言之曰道，大道無形，透過一炁流行五行化生，剛者為陽，柔者為陰，陽氣輕浮為天，陰氣凝結為地，此時天地定位形成空間，日月運行形成時間。有了時間和空間，氤氳萬物得以在此化生，因此道家是門重視「時」和「位」的學問。上述從道體到具象的道路皆說明「時」和「位」的重要性，以道路而言，

〔註54〕　〔清〕郭慶藩注：《莊子集釋》（新北市：商周出版，2018年），頁755。
〔註55〕　〔清〕郭慶藩注：《莊子集釋》（新北市：商周出版，2018年），頁27。
〔註56〕　〔清〕郭慶藩注：《莊子集釋》（新北市：商周出版，2018年），頁17。
〔註57〕　〔清〕郭慶藩注：《莊子集釋》（新北市：商周出版，2018年），頁18。
〔註58〕　〔魏〕王弼注：《老子道德經注》，收入於樓宇烈校釋：《王弼集校釋》（臺北：華正書局，1992年），頁10。
〔註59〕　〔魏〕王弼注：《老子道德經注》，收入於樓宇烈校釋：《王弼集校釋》（臺北：華正書局，1992年），頁1。
〔註60〕　以下《清靜經》出現時，簡稱經曰。《太上老君說常清靜妙經》，收入於《正統道藏·洞神部·文本類·傷字號》第十九冊（臺北：新文豐出版股份有限公司，1993年），510頁上。

之所以成為一條能行走的道路，需有從 A 點到 B 點延伸的時空概念，當定點定住開始往某個方向性展開，就是從點連成線過程。

扣回生命就是當事件發生時，先對自己闡明或提出問題是非常重要的一件事。第一步應先釐清 A 點（我正在哪裡），也就是發生了什麼事？試圖先拼湊問題的樣貌。當 A 點定位出來，我能清楚看到自己正站在哪裡時，才能進一步思考要往哪個 B 點方向前進（我要去哪裡）。有時候人生會感到迷惘，來自於沒有對自己抽絲剝繭地提出問題，換言之，當釐清問題時，基本上問題就可以解決一半。因為釐清問題後，才有機會前進到下一步，思考自己真正要什麼。簡單說就是要先知道自己在哪裡（A 點）？就能再進一步知道自己要去哪裡（B 點）？道家並非束諸高閣玄妙不切實際，筆者用生命實踐參悟道家是一門非常務實的學問，關注的是生命整全的生活，除了自身的生理健康、心理健康外，還有在這個世間會接觸人與人的關係，包含一對一的個體對個體，一對多的個體對群體，以及個體和物的關係，包含物品、交通工具、居住品質等，甚至還有往來的利益金錢關係。

面對上述諸多的生命議題，筆者長期實際參與第一線的相關活動過程，從醫療院所提供護理 1.0 的「身體照護」、到學術教育界提供護理 2.0 的「心靈輔導」、到家庭教育提供護理 3.0 的「關係守護」、到房屋翻修提供護理 4.0 的「安心住宅」及財富整全提供護理 5.0 的「金錢自在」等生命歷程。一路在人間世的實戰過程中，不斷將莊子淑世精神落實於生命的實踐，進而參悟出「生理健康」、「心理健康」、「關係健康」、「環境健康」、「金錢健康」五大領域的通達之道。本文接下來第肆章到第捌章將從筆者主體的行動力及案例分析，運用老莊生命學問，給予五大領域明確的回應，全面解析體道之人如何在現代獲得生命整全的通達。道家關注的是整全平衡式的人生，故論述主軸會以維持平衡式的生活為核心，以達到生命全方位的暢達，這也是體道之人認為的重點，同時也是本研究預計呈現的成果。

（二）模組二「生命道路的通達」──我要去哪裡？

從前文可得知「道」字架構，第二個字義內涵為「生命道路的通達」，本文將延續此視角論述，當生命走在分岔道路面臨選擇時，如何幫助自身或他人進行生命通達的目標確認？回到生命本身，人生道路本是通達，身為主體本身為何會讓自己生命大道造成堵塞，讓自己常身陷兩難的困境。分析最大原因就是常不知道自己要什麼？找不到能讓自己生命通達走得下去的目標，而目標

又分生命階段性的小目標和整個生命價值的大目標（又稱終極目標）。目標方向要對，才不會窮忙一生，筆者居住鄰近海邊的城鎮，每當日落觀海看著海浪一來一往的過程，體悟宇宙道體有如大海，吾人如同海上的浪，當浪向上越往空中拍打時，就離海平面越遠。那麼什麼樣的認知，決定吾人與海的緊密度，是合一還是分離？又是什麼樣的思維路徑能夠合乎道，讓吾人走起來的路，能保持順暢不卡卡？以道家而言，過度沾沾自喜，追求個人突顯的膨脹人生，不如自我消融的與天地並生，與萬物合一的自在。

　　對於我要去哪裡的目標，莊子指出就在「吾喪我」（〈齊物論〉）〔註61〕後回到「天籟」（〈齊物論〉）〔註62〕，當喪我後從地籟到人籟中超拔，回歸到與天籟合一，所以喪我才能夠得到「真吾」（〈齊物論〉）〔註63〕，才能夠與「造化」（〈大宗師〉）〔註64〕為一，才能夠跟「事之變命之行」（〈德充符〉）〔註65〕結合，也就是能夠讓案主消除自己在裡面的虛妄我時，回歸到生命的事之變命之行，那就能夠重新和自然合而為一。簡單講個案原本覺得在生活中是有很多挫折的，原因是每一樣個案認為已然造成堵塞，再經過引導者疏導個案回到暢達後，接下來要回歸生活，回歸天籟，事之變命之行。如何回歸生活？莊子點出下手處就是「成心」，在〈齊物論〉提到：「夫隨其成心而師之，誰獨且無師乎？奚必知代而心自取者有之？愚者與有焉，未成乎心而有是非，是今是適越而昔至也。是以無有為有，無有為有，雖有神禹，且不能知，吾獨且奈何哉！」〔註66〕每個人都是獨一無二的個體，吾必須透過知慮思辨活動來認知這個世界，從小到大的生活背景與日常習慣養成的主觀意識，逐漸形塑出成心。成心並沒有好壞，因為擁有過往經驗形塑而成信念，才有現在的自我認知，產生有所為有所不為的信念價值觀，成為吾人應事的行為判斷準則。然而，形塑的價

〔註61〕〔清〕郭慶藩注：《莊子集釋》（新北市：商周出版，2018年），頁46。

〔註62〕〔清〕郭慶藩注：《莊子集釋》（新北市：商周出版，2018年），頁46。

〔註63〕〔清〕郭慶藩注：《莊子集釋》（新北市：商周出版，2018年），頁53。

〔註64〕〔清〕郭慶藩注：《莊子集釋》（新北市：商周出版，2018年），頁188。

〔註65〕〔清〕郭慶藩注：《莊子集釋》（新北市：商周出版，2018年），頁155。

〔註66〕郭象認為「成心」是：「夫心之足以制一身之用者，謂之成心，人自師其成心，則人各自有師矣，人各自有師，故付之而自當。夫以成代不成，非知也，心自得耳。故愚者亦師其成心，未肯用其所謂短而舍長者也。今日適越，昨日何由至哉？未成乎心，是非何由生哉？明夫是非者，群品之所不能無，故至人兩順之。理無是非，而惑者以為有，此以無有為有也。惑心已成，故付之自若，而不強知也。」〔清〕郭慶藩注：《莊子集釋》（新北市：商周出版，2018年），頁56。

值觀或信念，如果造成生命堵塞，就需要進行疏通。

有個朋友表示她帶領幾個的女學生，參加比賽，借住朋友家。她特地交代洗澡時，要記得拉簾子。大家都洗完換她去洗時，她發現整片地板都是溼的，感到非常訝異，於是她一個一個問，每一個都說有拉簾子。問完更疑惑了，心想都拉簾子了怎麼還會溼成這樣？於是她又細問怎麼洗，後來發現其中一個女學生表示，她有拉簾子，不過沒有站在浴缸裡面洗，是站在外面洗。個案覺得不可置信，但在後來一次家訪時，就完全能夠明白，因為這個女學生的家是老舊式的浴室，地板都還是馬賽克小片型的那種，根本沒有簾子，且浴缸上就頂著樓梯斜角，一定是站在外面洗，裡面浴缸是洗衣服用的。因此，當時學生接受到指令要拉簾子時，沒有想說拉簾子的功能，直接就是拉簾子，然後依舊站在平常家中浴室原本站的位置洗澡。這就是認知背景不同下的差異，有時候吾人以為已說得很清楚了，但對方還是不懂那是很正常的，因為認知不同。因此，與人相處過程，要放掉「你怎麼可以不知道的想法」，不知道這件事是很正常，這都是生活背景產生的結果。不是所有的人都有像吾人一樣的過往經驗，不論對方的年齡多大，因此當累積個案越多後，就會發現這個世界好廣，越能不帶成心，更柔軟的與萬物共處。換言之，道家是一門通達的學問。莊子云：「唯達者知通為一，為是不用而寓諸庸。庸也者，用也；用也者，通也；通也者，得也。適得而幾矣。因是已。已而不知其然，謂之道。」（〈齊物論〉）〔註67〕道路要成為道路，先決條件是要可通行才是一，如何讓每個人流暢應對客體的一，達到不阻塞，就是「道通為一」的精髓，所以「通」是道的最必要條件。

對應在生命選擇的通達上，筆者認為整全的通達以人體結構上，基本上應包含感知與認知系統，當中情緒是最能偵測是否通達的導航。因為情緒的糾結或低落皆能提醒吾人覺察大腦成心編碼是否造成生命的堵塞？洞悉後進行認知系統的整合與更新。當思維侷限經由疏通後，情緒自然恢復流暢，簡單檢測的標準即追問主體是否有回到「快樂」或「平靜」。因此，在認知系統上具體做法就是可提問自身：我重視什麼樣的價值觀？什麼樣的信念是我想要的？在感知系統上追問的是：什麼選擇會使我感到快樂？當我做出這樣的選擇時，我的情緒可以獲得平靜嗎？本研究將於第肆章到第捌章將筆者長期實際參與第一線的輔導經驗（不論個人或是團隊組織層面），結合莊子淑世精神的生命

〔註67〕〔清〕郭慶藩注：《莊子集釋》（新北市：商周出版，2018年），頁61。

調性，將針對如何透過「感知系統」（感性）與「認知系統」（理性）的整合，擬定出一條屬於自身及個案的康莊大道，讓生命恢復通達的步驟給予明確回應。

（三）模組三「高瞻遠矚的智慧」──我要如何做到？

老子云：「知常曰明，不知常，妄作凶。」（〈十六章〉）〔註68〕又云：「知人者智，自知者明。」（〈三十三章〉）〔註69〕都提到明的重要，如何用清明的慧眼審時度勢，將有助於更精準的選擇適合自己的決定。徐山先生表示：「道字偏旁的『首』字，原形是頭的側面」〔註70〕筆者認為可延伸為高瞻遠矚的應變智慧，當面臨選擇時，不論是當下自身擁有綜觀全局的慧眼或者是周圍遇到擁有慧眼人在旁指引，往往更顯得從容心安。在第三步我如何做到？莊子提出「心齋」、「才全德不形」、「同於大通」、「不將不迎」等工夫。「心齋」一詞出自於〈人間世〉：「无聽之以耳而聽之以心，无聽之以心而聽之以氣。聽止於耳，心止於符。氣也者，虛而待物者也。唯道集虛。虛者，心齋也。」〔註71〕講的全是修正自我的內觀，莊子明白點出心齋工夫由淺入深的三個步驟，就是聽之以耳、聽之以心、聽之以氣。心齋是「虛」的具體實踐工夫。透過心齋將虛靜的形而上思維化為具體的實踐進路。透過「心齋」的三聽，去掉心中成見，使心虛空恢復清明，讓道體展現，變成體證的道心。當主體養成後，現在要遊走出來進入人間，就要做到〈德充符〉的「才全德不形」〔註72〕。

「才全」指的是：「不足以滑和，不可入於靈府。使之和豫通而不失於兌，使日夜無郤而與物為春，是接而生時於心者也。是之謂才全。」（〈德充

〔註68〕〔魏〕王弼注：《老子道德經注》，收入於樓宇烈校釋：《王弼集校釋》（臺北：華正書局，1992年），頁35。

〔註69〕〔魏〕王弼注：《老子道德經注》，收入於樓宇烈校釋：《王弼集校釋》（臺北：華正書局，1992年），頁84。

〔註70〕「首」字形象人首側面有髮之形，《說文·首部》：「𩠐（首）百同，古文百也。」《說文·百部》：「巛象髮，謂之鬊，鬊即巛也。」「首」與「百」當為一字異體，僅在上方的頭髮有無作為差別。而「百」字，字形象為人首側面之形。《說文·百部》：「𦣻（百），頭也。象形。」段注《說文百部》：「象人頭之側面也。左象前，右象後。」徐山先生認為：「百既是側面，是以僅見其一隻眼睛，左下角的尖處為下巴，右上角為耳朵之形。」〔清〕段玉裁：《說文解字注》（臺北：黎明文化事業公司，1974年），頁422～423；徐山：〈釋「面」〉，《平頂山師專學報》，2003年第6期（2003年1月），頁6。

〔註71〕〔清〕郭慶藩注：《莊子集釋》（新北市：商周出版，2018年），頁112。

〔註72〕〔清〕郭慶藩注：《莊子集釋》（新北市：商周出版，2018年），頁154。

符〉）〔註73〕面對眾多人力無法抗拒的因素，能仍維持心理的平靜，也沒有因為外在無法掌控的變化，擾亂吾人和萬物的和諧，依舊保持與萬物相接沒有隔閡。吳怡先生認為才全指應付外在事物變化的才能完備。〔註74〕換言之，「才全」指的是整體的應變之才。這個才是德性的才，不是一般才華的才，才全也是德全，一個內在德性完整的人，散發的真、散發的誠，無須多餘的言語，就會讓人覺得值得信賴，好像也無須多做什麼，就讓人自然想親近，這就是「未言而信，無功而親」（〈德充符〉）。〔註75〕當能做到才全，自然能做到德不形。何謂「德不形」？「平者，水停之盛也。其可以為法也，內保之而外不蕩也。德者，成和之修也。德不形者，物不能離也。」（〈德充符〉）〔註76〕意思是心能如同水一樣是平靜，不受外在影響而蕩漾，也因心能保持平和無欲，自然不會試圖控制外在的一切變化，也就不會干擾萬物的發展。當回歸自然造化，會使得自身和萬物皆能處於一種和諧的氛圍共處著，一切是如此的脫然自在，這時候就是「同於大通」（〈大宗師〉）的境界〔註77〕。能「同」就是因為能「通」，當能離形去知後，不再受身軀心智的形所束縛，無己能與萬物相通，與道相通，故道通為一。

當引導者透過〈人間世〉的「心齋」工夫做到我個人的實踐後，進一步〈德充符〉的「才全德不形」指的是當我的實踐落實於周遭，會形塑一種美好的氛圍，也就是道的場域。在這種氛圍底下，任何再怎麼焦躁不安的人，都能夠因為有我這個人的存在，而變得和諧而美好起來，這就是〈德充符〉講的事。所以我不是要去做什麼，使得對方變成怎樣，而是讓我的存在變成你生命中可以的停靠岸，停靠岸不是我坐到那裏而已，而是坐在那裏你還願意跟我說。那你在說時，我要如何應對？就是讓你在表述時，可以講得很順，情感也能自然的釋放。所以，從〈人間世〉的「心齋」到〈德充符〉的「才全德不形」，再到〈大宗師〉的「同於大通」，大通就是處在一個你我之間都很自然的氛圍。因此，第三步驟我當如何做？一共有三個環節，第一步引導者先透過「心齋」做自我的修正，當我虛己做到心齋的境界時，我如何以我的存在，去促成旁人存在的和諧，就是第二步〈德充符〉的「才全德不形」及〈大宗師〉的「同於大

〔註73〕〔清〕郭慶藩注：《莊子集釋》（新北市：商周出版，2018 年），頁 155。
〔註74〕吳怡：《新譯莊子內篇解義》（臺北：三民書局，2017 年），頁 204。
〔註75〕〔清〕郭慶藩注：《莊子集釋》（新北市：商周出版，2018 年），頁 154。
〔註76〕〔清〕郭慶藩注：《莊子集釋》（新北市：商周出版，2018 年），頁 157。
〔註77〕〔清〕郭慶藩注：《莊子集釋》（新北市：商周出版，2018 年），頁 202。

通」。第三個部分，莊子在〈應帝王〉中提出：「無為名尸，無為謀府，無為事任，無為知主。」〔註78〕「無」是動詞，有無掉、化掉、去掉的意思，〔註79〕這四個「無」字一樣扣緊自然大道本身，道出會談工夫呈現的原則，說明虛己應物的重要。王邦雄先生認為：「道家就從『無為』講『無』，從『無不為』講『有』，『無為』是工夫，『無』是境界，通過『無為』的工夫，開顯『無』的境界，再由『無為』的『無』，去朗現『無不為』的『有』。」〔註80〕當形塑出虛己應物的場域，生命就會自己找到屬於自己的出口，這樣的療癒看似什麼都沒有做，其實如同鴨子划水，底下工夫內力十足，過程引導者不斷無掉有為的判斷，使其虛進而實現「無不為」的有。

　　因此，透過道家帶給吾人的生命智慧，以體道者的角色以不干不擾、無為自化的狀態，陪伴在個案身旁，形塑一個信賴安全感的場域。當個案進入到這個安全的場域，感染其氛圍，也得以脫然真實的呈現個案自身。整個過程個案尚未開口時，體道者只需在旁靜靜聆聽，給予陪伴的力量，在個案有意願或提出請求下，體道者才會出手，疏導的內容包括協助個案釐清需求，並評估其信念價值觀能否與實際獲得平衡，或者個案認為可以達成目標的方法，以及探討怎麼做可以達到的行動策略。整個討論的環節中，體道者不會給個案任何建議。體道者假設個案就是自己人生的專家，答案就在自己手中，因為「谷神不死」（〈第六章〉）〔註81〕。道家告訴吾人所有解決困境方法並不附屬在外面的困境上，所有的答案與面對的力量皆來自於內在。至於內在力量如何源源湧出？就是谷神。河上公注：「谷，養也。人能養神則不死也。」（〈第六章〉）〔註82〕，虛懷若谷意味養出源源不絕的力量，所有無盡的解消都是用一種無為的消除與力道，讓一切得以湧升新的力量出來，開啟吾人面對困境的智慧。因此，體道者只要帶著莊子的「心齋」、「才全德不形」、「同於大通」、「無為名尸，無為謀府，無為事任，無為知主」的工夫，就個案現有的生活情況深度聆聽後進行提問。當個案主動選定某個目標後，體道者會邀請個案採取行動，並支持個案對所承諾的行為負責。整個過程成其所成，

〔註78〕〔清〕郭慶藩注：《莊子集釋》（新北市：商周出版，2018年），頁219。
〔註79〕王邦雄、陳德和合著：《老莊與人生》（新北市：國立空中大學，2013年），頁81。
〔註80〕王邦雄：《老子的哲學》（臺北：東大圖書公司，1983年），頁17。
〔註81〕〔魏〕王弼注：《老子道德經注》，收入於樓宇烈校釋：《王弼集校釋》（臺北：華正書局，1992年），頁6。
〔註82〕〔漢〕河上公注，王卡點校：《老子道德經河上公章句》（北京：中華書局，1993年），頁21。

掌握道家:「生而不有,為而不恃,長而不宰。」(〈第十章〉)〔註83〕莊子淑世精神式對談會像隊友般的互動,協助個案聚焦,持續朝著個案想要的目標前進。過程有別坊間傳統諮詢或心理治療,不給建議、不給方法,又能幫助個案找到自己的通達之路,這就是莊子淑世精神式會談的魅力所在。

(四)模組四「內外辯證的實踐」──我/你要如何處世?

當在人生道路面臨選擇,並透過高瞻遠矚的智慧擬定生命通達的道路時,還必須確實去執行,才能將通達得以實現,否則一切終將淪為空談。老子云:「道生之、德畜之,物形之,勢成之」(〈五十一章〉)〔註84〕道家式思維人生,幫助個案資源盤點,共同擬定適合個案的策略後,如何確認已經達到?並如何持續支持個案達到?換言之,計劃藍圖擬定,在物形塑而成的過程,如何在適當機緣下造「勢」促成,是道家所關注的。這裡的勢有個案自己的勢和外力的勢。體道者要做的就是持續喚醒個案內在力量,讓個案成為自己生命的支持者,並運用外力資源支持個案持續朝著目標前進。有別一般坊間的專案管理(Project Management Professional,PMP)〔註85〕。近年興起專案管理,許多主管鼓勵員工考其證照,然而經驗顯示,送一群人背一堆名詞考了 PMP 證照回來後,卻還是無法做出甚麼事情來,2012 年達高峰後,熱潮有逐漸退卻的趨勢。

筆者認為最大原因是 PMP 忽略人是活的,而道家關注的是一個活生生有機體的狀態。藍圖的餅畫出來能否達成?關鍵在於人。如何順勢又造勢激勵個人或團隊達標?簡單來講就是「有沒有用」這才是道家及業主最關注的事。如何誘發個案或團隊達標的動機?如何讓策略具體又持續性的落實?如何讓整體資源高效能的運作?這才是專案管理應留意的重點。然而,並不是說專案管理不好,道家不否定專案管理的專業性,對於道家而言,那是「術」

〔註83〕〔魏〕王弼注:《老子道德經注》,收入於樓宇烈校釋:《王弼集校釋》(臺北:華正書局,1992 年),頁 22。

〔註84〕〔魏〕王弼注:《老子道德經注》,收入於樓宇烈校釋:《王弼集校釋》(臺北:華正書局,1992 年),頁 137。

〔註85〕專案是組織進行的一個暫時性的努力付出,在一段事先確認的時間內,運用事先決定的資源,以生產一個獨特且可以事先定義的產品、服務或結果。專案管理是運用管理的知識、工具、和技術於專案活動上,來達成解決專案的問題或達成專案的需求。所謂管理包含領導、組織、用人、計劃及控制等五項主要工作。

的一種。莊子說：「古之所謂道術者，果惡乎在？曰：『無乎不在』。」（〈天下篇〉）〔註86〕一個目標要能實踐達標，要有「道」及「術」的相互配合，倘若術是身體，那麼道就是裡面的魂，有身體沒有魂如同稻草人般。因此，有了劍法也要有內功，才能人劍合一，所向匹敵。筆者將長期個人在業界諸多領域及學界的生命實戰經驗，在結合莊子淑世精神的生命調性後，將個人生命實踐所學分別在第肆章到第捌章給予明確回應。

最後第四步，我／你要如何處世？在這會談結束，引導者和個案藉由第三步的「無為名尸，無為謀府，無為事任，無為知主。」（〈應帝王〉）〔註87〕傳達出去，達到引導者和個案都能夠「不將不迎」，回到生活做到「應物無傷」。「應物無傷」是已經做到後達到的境界。莊子說：「至人之用心若鏡，不將不迎，應而不藏，故能勝物而不傷。」（〈應帝王〉）〔註88〕「用心若鏡」可以是引導者的心態，「不將不迎」是整個過程引導者可以傳遞給個案的部分，達到能夠讓案主回到生命，面對他的問題時，與客體「應物無傷」。當引導者在每個面向上都做到我的拔升，同時也促成對方的拔升，對方拔升到一定的境界，就物我各自回到彼此的生活。這時候已不是只有我這個引導者，還包含個案如何處世？也就是最後輔導完後，不只是回歸正常的生活，更重要的是，當回歸到正常生活時，引導者就不再是個案一直抓的救生圈，引導者和個案兩者皆要相忘。引導者也要回到自己的生活，而不是沉浸在那樣的情境裏，「庖丁解牛」結束後躊躇滿志欣賞雕塑的藝術品完，也要記得「善刀而藏之」（〈養生主〉）〔註89〕回到自身。不然力量光只是放而不收是做不久的，而且只放不收對方也會受不了資訊超載，因此目標達到該停則停，這叫功成，所有的功成身退在於不要造作妄為。換言之，第四步驟就是告訴吾人當引導者放手讓萬物離開時，剩下的生活，引導者和萬物該如何度過？重新又回歸自身，因此莊子提出「相忘乎江湖」（〈大宗師〉）〔註90〕。

莊子在〈大宗師〉說：「泉涸，魚相與處於陸，相呴以溼，相濡以沫，不如相忘於江湖。與其譽堯而非桀，不如兩忘而化其道。」〔註91〕及「魚相忘乎

〔註86〕〔清〕郭慶藩注：《莊子集釋》（新北市：商周出版，2018年），頁734。
〔註87〕〔清〕郭慶藩注：《莊子集釋》（新北市：商周出版，2018年），頁219。
〔註88〕〔清〕郭慶藩注：《莊子集釋》（新北市：商周出版，2018年），頁219。
〔註89〕〔清〕郭慶藩注：《莊子集釋》（新北市：商周出版，2018年），頁94。
〔註90〕〔清〕郭慶藩注：《莊子集釋》（新北市：商周出版，2018年），頁174。
〔註91〕〔清〕郭慶藩注：《莊子集釋》（新北市：商周出版，2018年），頁174。

江湖，人相忘乎道術。」〔註92〕相忘江湖，你找到你的美好，我找到我的天真。〈天運〉也有提到一樣的概念：「相濡以沫，不若相忘於江湖。」〔註93〕這個「忘」字用的真是到位，透過忘顯真知，通於大道，與造化同遊。在「與其譽堯而非桀」的兩忘已超越榮辱是非，透過忘的工夫解消回到形而上的大道境界。然而，當回歸到各自的生活，不免還是會遇到「事之變命之行」。莊子用這簡單的六字，說明人生所有的困境就是「死生存亡，窮達貧富，賢與不肖，毀譽、饑渴、寒暑，是事之變，命之行也；日夜相代乎前，而知不能規乎其始者也。」（〈德充符〉）〔註94〕指的是吾人的生活是不斷的流變，由事情和事情不斷組合而成的，每一個事情裡面都有它抗拒不了的有限性。在有限性裡面才會感到挫折，感覺生命受到了侷限。因此，「事之變命之行」拆穿來講就是日常生活，只是莊子用一個很漂亮的手法，描述了事之變命之行的存在樣態。換言之，所謂的日常生活，莊子非常生動地去描述它，就叫「事之變命之行」，而且因為它可以被轉變成事之變命之行，這裡面的工夫，當中那個命就可以轉變成〈人間世〉對人間和〈大宗師〉對天皆有提到的：「知其不可奈何，而安之若命」〔註95〕的那個「安」。莊子的安命又與一般人的安命有所差異，一般人多數把一切推給命運，生命的主權在外在。而莊子的安命則是以我這個主體為出發，找到自己足以在這人世洪流中的立足點，讓心超脫外在環境、身體形軀與內在心知的束縛，超拔到道的境界，與造化同遊。這樣的安讓吾人的生命得以暢達，既然可以安我的日常生活，那麼它是不是就是一種另類型態的淑世，或者有別於儒家型態的淑世之道。

第二節　實踐模組的操作與步驟

　　在上一節提出實踐模組的綱領與架構後，接下來緊接說明實踐模組的操作與步驟，如何達到？在具體操作步驟上，本文以莊子提出：「道術」二字做為總綱領，以「達人氣」及「達人心」作為步驟的論述主軸。〔註96〕以「道術」

〔註92〕〔清〕郭慶藩注：《莊子集釋》（新北市：商周出版，2018年），頁194。
〔註93〕〔清〕郭慶藩注：《莊子集釋》（新北市：商周出版，2018年），頁174。
〔註94〕〔清〕郭慶藩注：《莊子集釋》（新北市：商周出版，2018年），頁155。
〔註95〕〔清〕郭慶藩注：《莊子集釋》（新北市：商周出版，2018年），頁118。
〔註96〕關於詳細論述，請參考後文對於《莊子》原文的分析。

而言，從《莊子》經文三十三篇中一共有八處提到「道術」﹝註97﹞二字。「古之道術」一詞主要出自《莊子·天下篇》。莊子在〈天下篇〉主要探討當時中國的「方術」起源，他將神話傳說中追溯上古的知識系統稱作「古之道術」，而這些豐富的知識系統，開啟了中國學術史上春秋戰國時代百家爭鳴的黃金歲月，所有諸子百家的原創性的思想都立基於上古時代的知識系統，當中的「古之道術」落實到莊子生活的世界，就稱「方術」。楊儒賓先生認為：「『神話』一詞不見得比『古之道術』一詞方便使用。『道術』一詞既涵言說之『道』，也涵實踐之『術』，其涵蓋面反而更周全。」﹝註98﹞本文呼應此看法，因此運用「道術」一詞貫穿「實踐模組的操作與步驟」一節。

本節「道術」二字做為總綱領，並以「達人氣之道術」及「達人心之道術」作為步驟的論述主軸。在「達人氣之道術」部分，先聚焦莊子〈人間世〉之「心齋」、〈大宗師〉之「坐忘」及〈養生主〉之「神欲行」三個工夫論為核心，進一步探究道家的心性修養工夫，如何獲得對體道者的內在狀態做一個啟發，藉此作為吾人安頓自我及他人身心的具體實踐指引。特別一提，這樣一個以莊子工夫論為主的操作工具，論述過程會跨出莊子原本的文義脈絡，因此本文將會針對如何做到「達人氣」做出一個擴張性的詮釋與應用。在「達人心之道術」部分，探討心如何透過五感產生與世界的連結，同時探究體道者如何與成心共處，透過生命經驗形塑的成心理解個案，又能同時放掉自身成心的侷限跟隨個案。藉由「達人氣」及「達人心」的「道術合一」的靈活切換，讓整個會談過程帶著唯道集虛的工夫狀態，同時進行柔軟分析接收到的資訊，又能透過精準

﹝註97﹞分別為《內篇·大宗師》1處，《雜篇·天下篇》7處，如下：「魚相忘乎江湖，人相忘乎道術」（〈大宗師〉）、「天下之治方術者多矣，皆以其有為不可加矣。古之所謂道術者，果惡乎在？」（〈天下篇〉）、「後世之學者，不幸不見天地之純，古人之大體，道術將為天下裂。」（〈天下篇〉）、「不侈於後世，不靡於萬物，不暉於數度，以繩墨自矯，而備世之急，古之道術有在於是者。」（〈天下篇〉）、「夫不累於俗，不飾於物，不苟於人，不忮於眾，願天下之安寧以活民命，人我之養畢足而止，以此白心，古之道術有在於是者。」（〈天下篇〉）、「公而不當，易而無私，決然無主，趣物而不兩，不顧於慮，不謀於知，於物無擇，與之俱往，古之道術有在於是者。」「以本為精，以物為粗，以有積為不足，澹然獨與神明居，古之道術有在於是者。」（〈天下篇〉）、「芴漠無形，變化無常，死與生與！天地並與！神明往與！芒乎何之？忽乎何適？萬物畢羅，莫足以歸，古之道術有在於是者。」（〈天下篇〉）。〔清〕郭慶藩注：《莊子集釋》（新北市：商周出版，2018年），頁194、734、737、738、744、747、751及755。

﹝註98﹞楊儒賓：《道家與古之道術》（北京：清華大學，2019年），頁 i。

提問進行感知與認知系統的成心編碼統合，協助個案回到生命的暢達。

一、達人氣之道術

　　達人氣探究的是體道者內在狀態，及如何藉由達人氣形塑出安全感的場域，與個案建立信賴關係，讓整個會談流暢運行。因此，在本段落聚焦在體道者的內在狀態的涵養，在文獻分析上，共分三個環節展開，以莊子〈人間世〉中的「心齋」、〈大宗師〉之「坐忘」及〈養生主〉之「官知止神欲行」為主軸。此為莊學工夫論精要之一，其文字著述字裡行間皆流露出道家的生活智慧，與吾人生命有本質上的相連。因此，藉由探究道家的心性修養工夫，從中獲得對「達人氣」之啟發，進一步作為吾人安頓身心，實踐生命厚度的指引，以下闡述之。

（一）由「心齋」達人氣

　　何謂「心齋」？「心齋」是一種「虛己」的具體實踐功夫。莊子在〈人間世〉中藉顏回與孔夫子的對話，指出道家的修身處世之道：「若一志，无聽之以耳而聽之以心，无聽之以心而聽之以氣！聽止於耳，心止於符。氣也者，虛而待物者也。唯道集虛。虛者，心齋也。」〔註99〕心齋的工夫正是無掉心中執著及人為造作，解消各種欲望、情緒、妄念，成見，讓心越來越單純。心的修養可透過「齋」而達成，共有三個層次，分別為「耳聽」、「心聽」、「氣聽」，第一層次是「聽之以耳」，因為耳朵是人與外界接觸的感官器官之一，透過耳朵聽到聲音進而產生對世界的感覺，由此延伸所有感官知覺；其次，第二層次是「聽之以心」，用認知心了解現象，產生對世界的認識；最後，第三層次是「聽之以氣」，氣就是虛，使心虛空恢復清明，讓道體進入，就變成體證的道心，一般稱之為「道心」。值得一提的是，第二層的心是認知心，關注的是形而下的事物，而不是形而上的道體，認知心是形而下，指的是主客關係，主代表自身，客代表物，就是自我對事物的認識；而第三層是體道之心，道心是形而上，屬於與道合一的。對於心與氣的關係，筆者認為〈人間世〉的「聽之以氣」應該指的是充虛之氣，是天地造化之氣。所有萬物一開始只是氣，指的是「唯道集虛」（〈人間世〉）〔註100〕，故「虛者，心齋也」（〈人間世〉）〔註101〕，

〔註99〕〔清〕郭慶藩注：《莊子集釋》（新北市：商周出版，2018年），頁112。
〔註100〕〔清〕郭慶藩注：《莊子集釋》（新北市：商周出版，2018年），頁112。
〔註101〕〔清〕郭慶藩注：《莊子集釋》（新北市：商周出版，2018年），頁112。

這時候的「氣」指的就是一種「虛」，若用杯子取的意象就是杯子裡面要是空的，能盛水才叫虛，人常把它填滿，用很多偏見填滿，把偏見解消就是〈齊物論〉裡談的泯除「成心」〔註102〕。這很像造化自然不斷有氣可以看透一般，任何東西來去都沒有關係，用氣去形容把自己放空的狀態，所以這裡的氣指的就是「虛」，也就是融通淘汰，當冷汰萬物時就跟事物沒有任何的隔閡，讓自身自然的流露於宇宙造化之間，這就是無隔閡。

對答中還提到「虛而待物」四字，等於心要變成虛空，準備迎接萬物，因為無成見，所以外面出現什麼，心就如同鏡子反射出原形原貌，王邦雄先生言：「虛是『心齋』，所以人可以虛靜，就像一面鏡子這樣照現天下萬物」。〔註103〕由此可知，「心齋」重點在「虛」字，以虛靜來看待世間萬物，追求虛要到極致，守住靜要達頂點，才能讓道顯現出來，人若將心虛空，則道必與心同體，因為虛乃道之體也，故「唯道集虛」，郭象注：「虛其心則至道集於懷也。」〔註104〕明代大師釋德清（號憨山，1546～1623）注：「虛乃道之體也。」〔註105〕道在虛靜下才能彰顯出來，進而「精神生於道」，讓自身修煉到什麼都沒有的情況，全身上下如同通孔般，反而能讓道在生命裡顯現它的力量，因為道無所不在。另一方面又能讓精神層次的靈性展現出來，所謂的靈就是身心達至和諧狀態，透過心齋將身體與心智跟外在隔閡，達到身心一如即身心靈的整體觀，與天地萬物的造化合而為一，這就是因人體證道的修養，而讓天道的原理實現在人間的具體表現。綜合以上觀點推論，「心齋」中聽之以氣的「氣」等同於「虛」。心若執著，則容易使心如毛塞堵其心，就不能回到心的虛明靈覺，道體就無法

〔註102〕莊子曰：「夫隨其成心而師之。」郭象注：「夫心之足以制一身之用者，為之成心。人自師其成心，則人各自有師矣。人各自有師，故付之而自當。」成玄英疏：「夫域情滯者，執一家之偏見者，謂之成心。」上述說明成心代表著個人偏見之心。〔清〕郭慶藩注：《莊子集釋》（新北市：商周出版，2018年），頁53及56。

〔註103〕不只形容心齋如鏡，王邦雄先生更進一步認為，在照現天下萬物的過程還可以：「『盡物而不傷』，你可以把萬物充盡的實現，而不會壓抑他的某一部分，不會掩蓋他的某一部分，就是看到他的整體。大家一起看到真相實情，叫『唯道集虛』，而對每一物來說，全部被看到，叫『勝物而不傷』。人的修養可以把天道的實現原理，拉到人間來，這叫修行、道行」。王邦雄：《走在莊子逍遙的路上》（臺北：臺灣商務印書館，2004年），頁201～202。

〔註104〕〔清〕郭慶藩注：《莊子集釋》（新北市：商周出版，2018年），頁113。

〔註105〕〔明〕憨山大師：《莊子內篇憨山註》（臺北：新文豐出版社，1982年），頁15。

進入，讓道在自身虛靜地當下展現，方是「致虛守靜」的實踐智慧，同後段會討論到的「虛室生白」。

　　另外，王邦雄先生將心用明鏡比喻，同老子的「滌除玄覽」（〈第十章〉）〔註106〕之意，讓心鏡所照明者，皆不受掩蓋，如實呈現，故「知常曰明。」（〈第十六章〉）〔註107〕同徐復觀先生所說的：「聽之以氣，即下文所謂『徇耳目內通而外於心知』，即是讓萬物純客觀地進來，純客觀地出去，而不加一點主觀上地心知的判斷。」〔註108〕萬物情境映入心鏡後，皆可客觀的反射出去，順應宇宙萬物，絲毫不受扭曲，能做到如此，是因放下身體感官及內在的巧智執著，用「無我無恃的意識或意志去觀照天地萬物的存在，是天地人我皆如其所如而適其適」〔註109〕，與天地合一，以道應萬物，方能無傷。宇宙萬物是道的力量在運作，崔宜明先生認為：「氣是道與萬物的中介，相對於道，氣作為生動具體的感性存在是『有』，相對於物，氣作為道的媒介是『無』，因此，氣作為道與萬物的中介就是『有』與『無』之統一的『虛』。」〔註110〕故身為人也是氣從道的產物，「聽之以氣」就是當把自我意識化解，用氣的變化去聽，即能感受天地無限寬廣，人的痛苦大多來自內心的執著，化掉我與外物之隔閡，回到天地的整體，而達到合一的境界，用虛靜的心境觀看萬物萬象，靈性層次展現時，方能接納「天地與我並生，萬物與我為一」（〈齊物論〉）〔註111〕之道。

〔註106〕〔魏〕王弼注：《老子道德經注》，收入於樓宇烈校釋：《王弼集校釋》（臺北：華正書局，1992年），頁23。

〔註107〕〔魏〕王弼注：《老子道德經注》，收入於樓宇烈校釋：《王弼集校釋》（臺北：華正書局，1992年），頁36。

〔註108〕徐復觀：《中國人性論史‧先秦篇》（臺北：臺灣商務印書館，1984年），頁381～382。

〔註109〕成玄英在《莊子注疏》中說的：「心有知覺，猶起攀緣，氣無情慮，虛柔任物。」〔清〕郭慶藩注：《莊子集釋》（新北市：商周出版，2018年），頁113。陳德和先生將「氣」解讀成高乎耳官心知之有對的一種無我吾恃的意識或意志；這種無我無恃的意識或意志，同時也是我們發現世界之意義、貞定人生之真諦的主觀力量。參考王邦雄、陳德和著：《老莊與人生》（新北市：國立空中大學，2013年），頁135。

〔註110〕崔宜明：《生存與智慧》（上海：上海人民出版社，1996年），頁114。

〔註111〕郭慶藩注：「故雖天地物未足為壽而與我並生，萬物未足為異而與我同得。則天地之生又何不並，萬物之得又何不一哉！」這種與天地萬物的契合，完整而存在，是一種天人合一的美妙體驗。〔清〕郭慶藩注：《莊子集釋》（新北市：商周出版，2018年），頁68。

〈人間世〉顏回與孔夫子最後對話中提到:「瞻彼闋者,虛室生白,吉祥止止。夫且不止,是之謂坐馳。」〔註112〕成玄英疏曰:「闋,空也。」〔註113〕王夫之也云:「闋,音缺,牖也,隙也。」〔註114〕「室」可比喻成「心」,心若虛靜變成光亮,一個房間假設堆得滿滿,就會發現很多陰暗的角落,用再強的燈光也無法照亮整間屋子,越多燈光,反而導致陰影交錯,但只要將雜物移開,讓空間變成虛,就能「虛室生白」。意指空虛的房間自能顯出光亮來,房間是空的,只要一根蠟燭也會變得很亮;相同的,心靈透過心齋後,只要一點點道的啟發就能看透一切,才有可能逍遙自在。「止止」一詞,王邦雄先生認為:「第一個『止』當動詞用,是依止停靠之意;下一個『止』當名詞用,指的是『虛室』。與『為道集虛』對看,『止止』就是『集虛』,『止於止』等同於『集於虛』。」〔註115〕「夫且不止」指的是心靜不下來時,老子云:「始制有名,名亦既有,夫亦將知止,知止可以不殆。」〔註116〕古代制定名稱或職位是從無名到有名的自然發展過程,然而有名便產生分別,為追求更好進行競爭,能做到知止,便能遠離被欲望驅使的危險,「止」同「靜止」〔註117〕,所以知止就是還歸於無欲之靜,不應追逐空名而忘失本真,內心不平靜,外在的和諧都只是假象,內在平靜了,縱然身處於亂世也能保持一種安定,便不會一直呈現心猿意馬的「坐馳」(〈人間世〉)〔註118〕狀態。

綜合以上論點得知,莊子的「心齋」由淺而深具體明確的說明心靈進展的三個層次,筆者認為倘若老子的「虛靜」是修養的境界型態,那麼莊子的「心

〔註112〕〔清〕郭慶藩注:《莊子集釋》(新北市:商周出版,2018年),頁114。

〔註113〕〔清〕郭慶藩注:《莊子集釋》(新北市:商周出版,2018年),頁115。

〔註114〕〔清〕王夫之:《莊子解》收入《船山全書13》,(四川:巴蜀書社出版,1992年),頁133。

〔註115〕王邦雄:《莊子內七篇‧外秋水‧雜天下的現代解讀》(臺北:遠流出版社,2013年),頁193。

〔註116〕〔魏〕王弼注:《老子道德經注》,收入於樓宇烈校釋:《王弼集校釋》(臺北:華正書局,1992年),頁32。

〔註117〕吳怡先生認為「止」的另一個意思是「靜止」,在老子的思想中,「靜」就是「無欲」,所以第三十七章提到「不欲以靜」,正是「無名之樸」的最佳詮釋,所以「知止」就是知道還歸無欲之靜,所謂的守樸,也是要守住這個「無欲之靜」。概念參照吳怡:《新譯老子解義》(臺北:三民書局,2013年),頁222。

〔註118〕成玄英疏:「苟不能形同槁木,心若死灰,則雖容儀端拱,而精神馳騖,可謂形坐而心馳者也。」指的是讓心奔馳於體制軌道外,身體雖然不動,但心神早已離散的狀態。〔清〕郭慶藩注:《莊子集釋》(新北市:商周出版,2018年),頁115。

齋」就是修養的實踐工夫，當吾人能透過心齋工夫，於日常中的點滴涵養，如老子云：「九層之臺，起於累土；千里之行，始於足下。」（〈第六十四章〉）〔註119〕的精神持之以恆，逐漸累積，心齋的工夫就會越深，進而達「致虛守靜」的境界，老子云：「致虛極，守靜篤。萬物並作，吾以觀復。」（〈第十六章〉）〔註120〕透過「致虛守靜」讓身心獲得安頓，與萬物合一，至於「坐忘」的說法亦如是，以下做分曉。

（二）由「坐忘」達人氣

「坐忘」可呼應老子常講的「無執」或「無為」，是繼「心齋」後進一步對「致虛守靜」的具體詮釋。在〈大宗師〉中又可看到莊子藉顏回和孔夫子一段精彩的師生對話：

> 顏回曰：「回益矣。」仲尼曰：「何謂也？」曰：「回忘仁義矣。」曰：「可矣，猶未也。」他日復見，曰：「回益矣。」曰：「何謂也？」曰：「回忘禮樂矣。」曰：「可矣，猶未也。」他日復見，曰：「回益矣。」曰：「何謂也？」曰：「回坐忘矣。」仲尼蹴然曰：「何謂坐忘？」顏回曰：「墮肢體，黜聰明，離形去知，同於大通，此謂坐忘。」〔註121〕

「坐忘」的工夫正是當下忘掉一切。放下修行的工夫法門，去掉經典知見執著、包括最後連「忘」字本身都去除，讓心回歸「虛靜」。「坐忘」也是以氣為虛，虛而能忘，是回歸到「無」的關鍵。在此篇寓言中，顏回一共反思了三次才悟得「坐忘」的義理，對話中顏回先回答忘仁義、再來忘禮樂，最後是連自己是什麼都忘了。莊子在這裡展現「德行境界」的三個層次，分別為「忘仁義」，其次是「忘禮樂」，最後是連孔夫子都讚嘆不已的「坐忘」。

要談「坐忘」先提到「忘仁義」的層次，值得注意的是，道家的「仁義」與儒家所說的「仁義」並不相同。接下來筆者分別就儒道兩家對「仁義」的看法呈述之。以儒家而言，孔子（字仲尼，前551～前479）在《論語》中提出：

> 禮云、禮云，玉帛云乎哉！樂云、樂云，鍾鼓云乎哉！人而不仁如

〔註119〕〔魏〕王弼注：《老子道德經注》，收入於樓宇烈校釋：《王弼集校釋》（臺北：華正書局，1992年），頁166。

〔註120〕〔魏〕王弼注：《老子道德經注》，收入於樓宇烈校釋：《王弼集校釋》（臺北：華正書局，1992年），頁36。

〔註121〕〔清〕郭慶藩注：《莊子集釋》（新北市：商周出版，2018年），頁202。

禮何？人而不仁如樂何？（〈陽貨篇〉）

君子去仁，惡乎成名，君子無終食之間違仁。造次必於是，顛沛必
於是。（〈里仁篇〉）〔註122〕

曾春海先生認為人「仁」能誘發各種外在的禮樂活動，〔註123〕透過內在德性
的生命之流，自然的往內反省覺察，真誠赤裸的面對自己，讓生命由仁出發、
成長、茁壯最終也回歸到仁。至於「義」方面，孔子在《論語》中依序提到：

君子於天下也，無適也，無莫也，義之與比。（〈里仁篇〉）

君子義以為質，禮以行之，遜以出之，信以成之，君子哉！（〈衛靈
公篇〉）〔註124〕

說明君子在評估適合與不適合的行事標準，界定在「義」，合乎禮節的標準，
本質也是在「義」。《中庸》也有提到：「義者，宜也。」〔註125〕故義是一切道
德的準則，是德行衡量的依據。而孔子的「仁義」可在孟子的〈告子上篇〉中
得到進一步了解：

「惻隱之心，仁也。羞辱之心，義也。恭敬之心，禮也。是非之心，智也。
仁義禮智，非由外鑠我也，我固有之也，弗思耳矣。故曰，求則得之，舍則失
之。」〔註126〕孟子明白指出人生為萬物之靈，與禽獸最大的不同在於人有「仁」、
「義」、「禮」「智」的「四端之心」，若能將「四端之心」加以發揮，便可成聖
成賢，反觀人常違背天性而不自覺，易受到私心物欲的誘惑，回到獸性的情況，

〔註122〕〔魏〕何晏集解、〔宋〕邢昺疏、〔清〕阮元校刊：《論語注疏》，《十三經注疏
附校勘記》卷17，（臺北：藝文印書館，1973年），頁100及120。

〔註123〕在周文疲弊的時代，孔子認為周公所創造出來的禮樂文制，雖能規範人類的
生活行為，但對一般人而言，終究是習焉的外鑠式規範，因此若不能契悟禮
樂形式的內在生命，周公的文制雖可顯揚人性的向上，卻有著不能源遠流程
的遺憾……故孔子透過人文生命的內在深刻反省，尋繹人文生命的動力根
源，以承接周公的禮樂形式，故提出「仁」。參照曾春海：《儒家哲學論集》，
（臺北：文津出版社，1989年），頁16～20。

〔註124〕〔魏〕何晏集解、〔宋〕邢昺疏、〔清〕阮元校刊：《論語注疏》，《十三經注疏
附校勘記》卷17（臺北：藝文印書館，1973年），頁120及135。

〔註125〕〔魏〕何晏集解、〔宋〕邢昺疏、〔清〕阮元校刊：《論語注疏》，《十三經注疏
附校勘記》卷17，（臺北：藝文印書館，1973年），頁52。

〔註126〕孟子更提出：「乃若其情，則可以為善矣；乃所謂善也。若夫為不善，非才之
罪也。惻隱之心，人皆有之。羞惡之心，人皆有之。恭敬之心，人皆有之。
是非之心，人皆有之。」〔漢〕趙岐注、〔宋〕孫奭疏、〔清〕阮元校刊：《孟
子注疏》，《十三經注疏附校勘記》卷17（臺北：藝文印書館，1973年），頁
10。）

就是因為四端之心不能展現之緣故，與本來的天性無關。故孟子也是強調「仁義」在自身的覺察及擴充，推行方法與孔子同，主要不再制定外在形式的禮樂規範，而是客觀的就日常發生的生活事件，陳述身為人應有的道德情操，回歸於個人運用生命經驗喚醒對自我的覺醒，故儒家的「仁義」是一種內在自我價值的觀照。

　　王邦雄先生認為：「孔子的不仁，是人心的不發用，老子的不仁，是人心的不執著。」〔註127〕如果說儒家的「仁義」是以內在的良心善性為主體，那麼道家主要就是用「正言若反」〔註128〕的角度，提醒世人避免執著過多的仁義教條式規範。這裡對「仁義」的批判思維，並不是本質的否定，「反」字象徵著反省的意涵，藉由反面的思辨方法提供另一面向的思維省思，由「反」導「正」，避免流於虛偽巧詐的用途。徐復觀先生也提到：「坐忘、無己的精神生活，並不是反仁義禮樂的生活，而是超世俗之所謂仁義禮樂，即所謂『大仁』、『大義』的生活。」〔註129〕由此可知，在「坐忘」一節的境界工夫中，提到忘禮樂、忘仁義的涵義，並不是反對仁義禮樂本身，而是周文疲弊後淪為世俗流弊的仁義禮樂，唯有排除世俗的仁義禮樂於外，才能從中彰顯真實的仁義禮樂本質。

　　多數學者認為，仁義在內，禮樂在外，應該是先「忘禮樂」再「忘仁義」，老子〈三十八章〉也云：「故失道而後德，失德而後仁，失仁而後義，失義而後禮。夫禮者，忠信之薄，而亂之首也。」〔註130〕雖然老子從道德到禮樂依

〔註127〕 王先生進一步認為：「孔子的不仁，是人心的不發用，老子的不仁，是人心的不執著。前是實有層的不仁，後者是作用層的不仁，實有層的不仁是道德的墮落，作用層的不仁是智慧的空靈。」王邦雄：《21世紀的儒道：生命的實理與心靈的虛用》（臺北：立緒文化事業公司，1999年），頁100。

〔註128〕 所謂的「正言若反」是說用對反的、不以為然的方式，來表達它對該項事物之正面的承認和肯定。「正言若反」是個詭詞，如果從邏輯的標準來看絕對是矛盾不通的，因為它違背了邏輯所堅守的對偶性原則，然而老子的「正言若反」的用心本來就不屬於認知性的興趣，其所欲正者與所欲反者亦皆非認知性理論，換句話說「正言若反」自有思辨法則或理智的運作所不能及、不必及者，所以硬要拿邏輯的標準來斷定它對與不對，這並不恰當。……它並不是為了否定對方、取消異己而提出……這種「反」應該被理解為：「超越的成全」。引用王邦雄、陳德和著：《老莊與人生》（新北市：國立空中大學，2013年），頁59。

〔註129〕 徐復觀：《中國人性論史‧先秦篇》（臺北：臺灣商務印書館，1984年），頁399。

〔註130〕 〔魏〕王弼注：《老子道德經注》，收入於樓宇烈校釋：《王弼集校釋》（臺北：華正書局，1992年），頁38。

序排列層次，但吳怡先生表示：

> 「仁義」是發自內心的一種道德，而「禮」卻是規定而外的一種制約……仁義是理想的，制度是具體的，早期婚姻和衣裳制度必有所始，且早在孔孟提倡仁義之前，就歷史事實而言，說「失義而後禮」，似乎不合事實。〔註131〕

就單純針對莊子此段而言，王邦雄先生認為：

> 忘仁義是自家修養，忘禮樂則涉及天下觀感。故道家人物可以自我釋放，卻不想驚世駭俗……就功夫而言，禮樂之本在仁義，故先忘仁義之體，而後忘禮樂之用。〔註132〕

傅佩榮先生也提出：「仁義是較為普遍（也較為抽象）的原則或理想，禮樂是較為具體（也較為落實）的操作或規範」又說「一般人忘仁義較易，忘禮樂較難，而忘記自我更是難上加難。所以，不必更改其順序。」〔註133〕綜觀上述論點得知，筆者推論以邏輯理序而言，「有形的禮樂」應該更先忘於「無形的仁義」，但就具體實踐面而言，仁義在內心，做不做在個人，往往較容易被遺忘；而禮樂存於外在，由於人類長期受到拘束已成習慣，做不做易受到大眾的標準審視，反而提高放下的難度，故反而是「忘仁義」在先，而後「忘禮樂」的排序，比較符合生活的經驗法則。其實，「仁義禮樂」形式對道家本身而言，仁義或禮樂不論誰先誰後，皆屬於過多的德目教條，這些令人反感的虛假教條，都應一一去除，放下外在的限制，回歸自我，才能達到第三個層次叫「坐忘」。

　　「坐忘」是一種人生修養的工夫境界。顏回在第三次對答中將「坐忘」一詞有了明確的解釋：「墮肢體，黜聰明，離形去知，同於大通，此謂坐忘。」（〈人間世〉）〔註134〕南宋林希逸（字肅翁，1193～1271）曰：「離形，墮枝體

〔註131〕吳怡：《新譯老子解義》（臺北：三民書局，2013年），頁259～260。

〔註132〕王邦雄：《莊子內七篇‧外秋水‧雜天下的現代解讀》（臺北：遠流出版社，2013年），頁350。

〔註133〕傅佩榮：《傅佩榮解讀莊子》（臺北：立緒文化事業有限公司，2005年），頁124。

〔註134〕成玄英疏曰：「墮，毀廢也。黜，退除也。雖聰屬於耳，明關於目，而聰明之用，本乎心靈。既悟一身非有，萬境皆空，故能毀廢四肢百體，屈黜聰明心智者也。外則離析於形體，一一虛假，此解墮肢體也。內則除去心識，悗然無知，此解黜聰明也。」〔清〕郭慶藩注：《莊子集釋》（新北市：商周出版，2018年），頁203。

也；去智，黜聰明也」〔註135〕。陳鼓應先生表示：「『墮肢體』和『離形』是同義的，說的並不是拋棄形體，而是超脫形體的極限，消解由生理所激起的貪欲。」〔註136〕換句話說，古今對於「墮肢體」，就是「離形」；「黜聰明」就是「去知」的看法大致相同，對於身體要放下形體的限制，化掉形體感官帶來的刺激，老子〈十二章〉說：「五色令人目盲，五音令人耳聾，五味令人口爽，馳騁畋獵令人心發狂，難得之貨令人行妨。」〔註137〕要從「坐馳」到「坐忘」，可先放下外在感官誘惑，回歸本我外，更可透過心智放掉巧詐貪欲，清理掉不必要的雜念功夫，讓心「復歸於樸」，老子〈二十二章〉也云：「少者得，多則惑。是以聖人抱一為天下式。」〔註138〕「少」和「多」如同五色、五音、五味般易令人迷惑，唯有將形體和心智都放掉，回歸於虛之後，才能讓精神層面展現出來。至於精神層面的彰顯境界，成玄英疏云：「大通，猶大道也。道能通生萬物，故謂道為大通也。」〔註139〕遠離形體的執著，拋棄心智對認知的固著，讓氣被釋放恢復自由，通於大道回歸「無」，也就是「致虛守靜」的境界，修煉到「同於大通」的「坐忘」，也是忘的極致，是到最後連「忘」的本身及目的都忘了，這樣的生命實踐境界，就是老子提到的「去甚、去奢、去泰」（〈二十九章〉）〔註140〕之後「無」的智慧。若能在坐忘的修煉過程當中，

〔註135〕〔宋〕林希逸撰、周啟成校注，《莊子虞齋口義校注》（北京：中華書局，2009年），頁123。

〔註136〕陳先生更進一步認為：「『黜聰明』和『去知』同義，意指擯棄由心智作用所產生的偽詐。貪欲和智巧都足以擾亂心靈，揚棄它們，才能使心靈從糾結桎梏中解放出來。」陳鼓應：《老莊新論》（臺北：五南圖書出版社，2007年），頁194。王邦雄先生也認為：「『墮肢體』，就是『離形』；『黜聰明』就是『去知』。本來聰明是耳聰目明，仍是肢體的感覺作用，但是後來聰明似乎指涉心智的敏銳反應，人的生命存在，是心在物中，問題是，心知作用會執著物，物受束縛，心則負累。故修養功夫從形說「離形」，從心說「去知」。」王邦雄：《走在莊子逍遙的路上》（臺北：臺灣商務印書館，2004年），頁109。

〔註137〕〔魏〕王弼注：《老子道德經注》，收入於樓宇烈校釋：《王弼集校釋》（臺北：華正書局，1992年），頁28。

〔註138〕〔魏〕王弼注：《老子道德經注》，收入於樓宇烈校釋：《王弼集校釋》（臺北：華正書局，1992年），頁22。

〔註139〕郭象注提到：「夫坐忘者，奚所不忘哉！既忘其迹，又忘其所以迹者，內不覺其一身，外不識有天地，然後曠然與變化為體而無不通也。……大通，猶大道也。道能通生萬物，故謂道為大通也。」〔清〕郭慶藩注：《莊子集釋》（新北市：商周出版，2018年），頁203。

〔註140〕〔魏〕王弼注：《老子道德經注》，收入於樓宇烈校釋：《王弼集校釋》（臺北：華正書局，1992年），頁77。

透過工夫與時間的點滴累積，就有可能悟到「坐忘」境界的奧祕。

上述得知莊子〈人間世〉中的「心齋」及〈大宗師〉的「坐忘」工夫，將虛靜的形而上思維化為具體的實踐進路。透過「心齋」的聽之以耳、聽之以心、聽之以氣，無掉心中執著，使心虛空恢復清明，讓道體展現，變成體證的道心；另一方面，也透過「坐忘」的忘仁義、忘禮樂、離形去知，忘掉知見執著，最後連忘字本身都去除，讓心回歸於無，也就是「道通唯一」的境界。因此，當面臨事之變命之行的生命流變時無需懼怕，只要時時覺察自己的身體，不論生理或心理起了微妙的變化的當下，透過自我調節逐漸恢復，進而回歸恆定的身心健康狀態。同時，讓心回到虛靜狀態後，能夠啟動副交感神經紓解壓力。副交感神經能夠幫助身體放鬆，楊定一先生認為：「放鬆反應證實是以副交感神經為主，能對治日常生活的焦慮、恐懼和壓力心態。」〔註141〕換言之，虛靜狀態可降低身體的壓力荷爾蒙，同時整合身心的運作功能，梳理出一套因應壓力的機制，以幫助吾人在面對壓力、處理事務及環境變化時擁有絕佳的適應力。同時透過刺激副交感神經，也可以恢復身體的平衡和諧狀態。

吾人透過莊子的「心齋」和「坐忘」工夫，找到回歸虛靜的具體進路，共分為三個層次；第一層次是「離形」，類通於「聽之以耳」，屬於身體感官的形體，在一開始可先運用身體感官，作為疏導注意力的通道，當中可挑選一至兩個感官功能相互搭配，反覆的練習，以幫助紛亂的注意力逐漸收攝到細微的觀照，之後再將方法一一放掉。第二層次是「去知」，類同於「聽之以心」，指的是用心智產生對事的意識與成見，面對念頭及感受的來去無須抗拒或刻意追蹤，只要把心思帶回當下的靜心練習，泰然自若地觀照感受，很快的就會發現各種感受如同念頭一樣的來去自如，甚至到後來連練習的通道也沒有了。第三層次是「同於大通」的「坐忘」，類同於「聽之以氣」，「忘」表示想得開，放下一切得失，解放內心的枷鎖，這樣完全放鬆高速合一的狀態類通於科學上提出的「零能量消耗理論」〔註142〕。故透過莊子的「心齋」和「坐忘」功夫，

〔註141〕 Young, J. D.-E and E. Taylor : Meditation as a voluntary hypometabolic state of biological estivation. *News in Physiological Sciences* 13(3) , 1998, pp.149.

〔註142〕「零能量消耗理論」常用來指一種深沉的靜心狀態，在這狀態下，大腦不會消耗能量，卻能處於一種極為清醒及平靜的意識狀態；當大腦能在這樣高頻率狀態下，表現達到顛峰，能使不同神經網路同步，建立一個強勢的神經迴路；進入此狀態，會放下強烈的自我個體感，進而與外在世界合一。Davidji. Secrets of Meditation: A Practical Guide to Inner Peace and Personal Transformation. *Hay House*, Inc. , 2012, pp.87.

開闢出一條明確實踐「虛靜」的具體進路，開啟生命能量的通道，使身心完整合一，自然通體舒暢，恢復原本的自在逍遙。

　　有關心齋及坐忘如何結合生活應用達到涵養的研究成果，可參考拙作〈生命壓力的對治之道：以《莊子》「心齋」與「坐忘」為中心〉〔註143〕，不再贅述。從上述了解，莊子的心齋和坐忘是工夫同時也是境界，透過遮撥一切有為造作後回歸逍遙狀態，使得精神層面有所安頓，方能破解世俗價值觀的侷限，活出自我。這不僅是從形而上學的高度傳遞的思想概念，更是生活中可以實踐的具體行為。

（三）由「神欲行」達人氣

　　王邦雄先生認為〈養生主〉的「庖丁解牛」類通「心齋」的工夫進程，他說：「『聽之以耳』，類似庖丁解牛三層境之『目視』，而『聽之以心』等同於『心知』，『聽之以氣』等同官、知皆止的『神遇』。故『聽之以氣』有如『神欲行』。」〔註144〕上述得出工夫是由淺而深三個層次的進展，又說：「心在解消了自身中釋放了氣，是生命的釋放，與心靈的自由，不受官能的禁閉與心知的束縛，隨心神知所欲，而自在自得的運行。」〔註145〕庖丁解牛的過程「神遇」是關鍵，因為以不再用感官知覺「見」，而是超越感官知覺及心知束縛，用超越時空侷限的精神與萬物感通。「神遇而不以目視，官知止而神欲行」（〈養生主〉）〔註146〕

〔註143〕　本研究主要分成兩節，針對當前「生命壓力的自我調節」及「心齋和坐忘對治生命壓力之道」論之。前者探究莊子〈人間世〉中的「心齋」及〈大宗師〉的「坐忘」工夫，將虛靜的形而上思維化為具體的實踐進路。透過「心齋」的聽之以耳、聽之以心、聽之以氣，無掉心中執著，使心虛空恢復清明，讓道體展現，變成體證的道心；另一方面，也透過「坐忘」的忘仁義、忘禮樂、離形去知，忘掉知見執著，最後連忘字本身都去除，讓心回歸於無，也就是「道通唯一」的境。後者，先論及當壓力來臨時無需懼怕，只要時時覺察自己的身體，不論生理或心理起了微妙的變化的當下，透過自我調節逐漸恢復，進而回歸恆定的身心健康狀態。再談，讓心回到虛靜狀態後，可降低身體的壓力荷爾蒙，同時整合身心的運作功能，梳理出一套因應壓力的機制，以幫助吾人在面對壓力、處理事務及環境變化時擁有絕佳的適應力。黃蕙如：〈生命壓力的對治之道：以《莊子》「心齋」與「坐忘」為中心〉，《臺北城市科技大學通識學報》第 5 期（2016 年 4 月），頁 171～191。

〔註144〕　王邦雄：《莊子內七篇・外秋水・雜天下的現代解讀》（臺北：遠流出版社，2013 年），頁 193。

〔註145〕　王邦雄：《莊子內七篇・外秋水・雜天下的現代解讀》（臺北：遠流出版社，2013 年），頁 193。

〔註146〕　〔清〕郭慶藩注：《莊子集釋》（新北市：商周出版，2018 年），頁 93。

當中的「官知止」指的是放下感官知覺的過分強用，有時候看一個東西看不清楚，就會想要把眼睛瞪更大，變成太用眼力去看，反而結果也沒有看得更清楚。把感官知覺放在最緊繃的狀態時，就不是官知止。然而，官知止也不是停止所有感官的機能運作，而是把所有感官知覺處於一種全然放鬆的狀態，而鬆又不能全部鬆散的鬆，筆者試圖解釋這樣的狀態類似一種放鬆又專注的狀態，也就是在運用感官感受接收資訊的同時，又能讓心保持空無的「虛室生白」狀態，這就是與道同在的狀態。運用道的狀態進行的深度聆聽，會放掉成心的價值判斷，用整個身體去傾聽，此時會放掉所有的限制，接受所有的可能，這時候鬆動思維的契機往往就會出現。

　　如何訓練自己擁有專注又放鬆的狀態，平常可以透過靜心訓練檢視起，道家又稱「打坐」。當心太鬆散或身體太勞累時，一靜心下去就容易呈現昏沉打瞌睡，甚至打呼的情形產生；當心太過於雜亂，意念紛飛時，靜心過程就容易呈現無法專注的情形。怎麼調整，太勞累就去睡飽就對了，心思過於雜亂就是平常讓心智活動的時間太多了，要花更多一點時間跟自己相處，透過一些不用意識思慮的活動進行沉澱，例如：散步、做菜、看海等。老子說：「孰能濁以靜之徐清？」（〈第十五章〉）王弼注：「夫晦以理物則得明，濁以靜物則得清，安以動物則得生，此自然之道也。孰能者，言其難也。徐者，詳慎也。」[註147]「靜」、「徐」二字，指的是不急、悠閒的人，誰能夠等到濁轉換於澄，就是那些能夠靜之徐清者。所以當發現自己心慮活動過多，已呈現高速旋轉停不下來，甚至影響睡眠品質時，就要調整一下生活步調，讓自己再度回到專注又放鬆的與道同在狀態。這個狀態老子叫「徐」，徐是一種悠閒，展現在外就是從容、優雅。

　　然而，人只要活著就很難在沒有判斷的環境下成長，不論是自身的內在成心世界或是外在的經驗世界，都會讓吾人失去了原本那個對世界好奇、開放、柔軟，充滿無限可能的狀態，老子說是「樸」，莊子說是「真」。王夫之云：「資天下之不足者，莫大乎樸。」[註148]「資」字是給予幫助之意，能夠補助天下所有不夠的地方的，就是樸。樸就像水一樣，每一樣東西都可以加點水。如

〔註147〕〔魏〕王弼注：《老子道德經注》，收入於樓宇烈校釋：《王弼集校釋》（臺北：華正書局，1992 年），頁 33。

〔註148〕〔清〕王夫之：《老子衍》收入於熊鐵基、陳紅星主編《老子集成》第 8 卷（北京：宗教文化，2011 年），頁 568。

果有一樣東西的存在，放在什麼地方都可以使那樣東西變得更美好，或者回歸到自然的美好，就叫樸。樸的狀態就是道在作用層的展現，道者，通達也，是讓事物得以流暢運行的關鍵。樸在組織裡就是能補位的人，不論幕前或幕後，有這樣的人在團隊裡，可以協助團隊或活動流暢運行。筆者生命經驗裡有一次參加活動，主持人要大家拿身上一樣東西出來，同組做歸類動作，於是就隨意交了自己的名牌。活動結束，別組的朋友把印有筆者的掛牌和八仙果單獨歸類放在一起。詢問原因，他們說：「因為你像八仙果一樣樸實阿。」我說：「那是啥意思阿？」他們回答：「像八仙果一樣純樸實在、涼爽有效阿。」聽了都傻眼快笑翻了。不瞞說，以前筆者很不喜歡、甚至害怕被別人這樣說的自己，這是樸是土氣（俗氣）的意思嗎？是傻傻容易被騙的意思嗎？出門在外，筆者總會擔心是否因為太過樸實，這樣在社會上易失去許多競爭力，因為不容易被看到。故為了得以生存，就定位自己是草根綜藝咖，登不上大雅之堂，所以在一個團體中很容易就扮演丑角、帶動者或拯救者，透過其他特質來獲得關注，這時候就掉入了證明自己取得他人認同的思維路徑中，這樣的人生一點都不快樂。可能當時的還不夠認識自己，對自己極度沒有自信，需要外界的認同。過去筆者總是很欣賞那種看起來很有氣質、才華、亮眼的女生，當逐漸明白，樸實不等於「鄉下的土」也不等於「低階的俗」；樸就是純粹的「真」，就是簡單的「實」時，筆者開始欣賞自己。如實接受自己的本然，現在覺得這樣的自己也很好，就是接受自己給人感覺就是自然踏實的感受。

　　當筆者能完全的接納自己時，就脫然了，整個鬆了起來，因為不用再刻意扮演什麼樣的角色，不管在哪個場合，就靜靜一旁自在的呈現自身，用從容的狀態觀看世界的變化。換言之，在關係上，當筆者與自己相處時，保有素樸的心，能讓自己平靜充滿力量；與人相處時，由內而外展現樸實、誠信、開朗的本質，自己很自在外，也很容易與人建立親和感和信賴感。老子說：「樸」，莊子說「真」，是真就不是假的，兩個字就是自然。什麼時候開始不真呢？開始想多加點什麼時候就容易失真。換言之，素樸就是與生下來的自然美好，不足是後來造成的。而不足要被彌平被資助，最好的方式就是回歸到原來素樸，因此能夠資天下不足者，最重要的就是樸。

　　面對社會上的多重關係，家庭、職場、非營利組織等的價值判斷，多多少少都會對吾人產生潛在性的影響。唯有當這些判斷透過工夫解消時，才有機會讓明的慧見得以展現，進而帶來更多不可思議的可能性，現代講法叫「奇蹟」，

老莊就叫「神」。而這個明的體道工夫是轉眼即逝的，老子說：「唯恍唯惚。忽兮恍兮，其中有象。」(〈第二十一章〉)〔註149〕道在現象界顯現的作用就是恍惚不定，它是甚深微妙的，一開始明的狀態會時而見時而消失，難以捉摸，維持不了多久，成心的價值判斷又會再次出現。老子曰：「大道廢，有仁義；智慧出，有大偽；六親不和，有孝慈；國家昏亂，有忠臣。」(〈第十八章〉)〔註150〕「道隱於無形」指的就是看不到這個世界是有秩序的，然而道是不可能消滅的。所以道只有隱和顯的差別，但用隱顯理解這件事，在老子並不出現。老子並沒有用隱和顯來解釋道這回事，而是用有跟無說明，會用隱和顯解釋最有名的就是《周易》，它講幽跟明。換言之，道沒有消滅，是退隱到無形的階段，就是在世界沒有呈現。按理說天下有道，這世界很有秩序。隱無形就是在世界呈現的東西都是無序的，不是道不存在，而是它退到了無形，是我看不到，不是它沒有了。無形是我見不著，不是它消滅了，只是往後退了。老子曰：「天下有道，卻走馬以糞；天下無道，戎馬生於郊。」(〈第四十六章〉)〔註151〕現於有形，就是天下有道，就是君臣有義，父子有孝慈的，可是現在不見了。不是道沒有，而是人倫不彰。不彰是正面表述，反面就是隱於無名、無形。換言之，道不是消滅了，而是看不著，隱於幕後。

因此，大道是不需要經營的，只要不特別離開它就好，就像魚在水中般。多關注生活中美感的事物、無的事物、回到自己的身體，就是在讓自己的注意力回到與道同在。當然隨著連結時間越長，就能時時與道同在。王夫之說這叫「飲天地之和」〔註152〕，「飲」字就是體悟，飲天地之和就是體道之人，把天地拿來飲多好。當回到素樸，就不會因為累積了一定知識量，就開始自以為是，進而將自己有所侷限。故要常提醒自己拿掉侷限，更柔軟的心態面對一切人事物。老子說：「樸散則為器」(〈第二十八章〉)〔註153〕如何在回不去的器中與

〔註149〕〔魏〕王弼注：《老子道德經注》，收入於樓宇烈校釋：《王弼集校釋》(臺北：華正書局，1992年)，頁52。

〔註150〕〔魏〕王弼注：《老子道德經注》，收入於樓宇烈校釋：《王弼集校釋》(臺北：華正書局，1992年)，頁52。

〔註151〕〔魏〕王弼注：《老子道德經注》，收入於樓宇烈校釋：《王弼集校釋》(臺北：華正書局，1992年)，頁120。

〔註152〕〔清〕王夫之：《老子衍》收入於熊鐵基、陳紅星主編《老子集成》第8卷(北京市：宗教文化，2011年)，頁568。

〔註153〕〔魏〕王弼注：《老子道德經注》，收入於樓宇烈校釋：《王弼集校釋》(臺北：華正書局，1992年)，頁52。

道間取其平衡？「器」若指的是延伸的方法或策略，在面對個案，了解個案經歷背景後，可以運用一些工具推測其思維路徑，舉例工程師、宗教人士等，用共同語言作為溝通切入路徑，建立親和感，營造安全放鬆的環境，這就是善用器。過程中跟隨個案的內在心態過程，同時又把每一個個案當成是全新的個案，不將自己的成見編碼，套入在每一個獨一無二的個案身上。因為縱然是同一個個案，每一次來的狀態也都不一樣，體道者就是用道回到心齋的工夫去感通對方。

如何體道？老子說：「見素抱樸，少思寡欲。」（〈第十九章〉）〔註154〕要能夠體道見道，就要留意無聲之聲，也就是天籟。能常見道之人的狀態是徐徐、從容，急促之人，所見之事都忙不過來了，更何況洞察退隱在後的道。生活中如何體會隱於的道？筆者的生命體悟是有時與人相處不用言語交談，相視而笑，也是一種心領神會的默契，感通彼此流動的氣場。到了一個環境，關注物體時，就同時關注物體擺放後的留白空間；與人交談，聆聽到句與句的停頓處；車子開過去或小狗吠完，就去聆聽聲音尾音結束帶來的片刻寧靜；手部沒碰觸物品時，就去感受脈搏在指尖的跳動，或身體流動的氣流。這就是道透過世界的一景一物在與我對話，經由靜觀而感通世界流露的美感，這就是道的語言，是愛也是力量。

「心齋」的聽之以氣就是做到「神欲行」的工夫，意思是隱然對於如何做，了然於心，已經進入一種不需要刻意觀察就做得到的狀態。讓道得以通達的原則叫做自然，郭象說：「自己而然，則謂之天然。」〔註155〕自己該怎麼做就怎麼做，不要照著別人的意見做，自己去找到適合自己的關鍵之道，所以說道法自然，因為道就是路，法就是效法那個路，找到適合自己的那條路，那個原則就叫做自然。「官知止而神欲行」不過換句話用行為去陳述所謂「道法自然」這件事，因為找到了那個通達道路，後面一切東西才能很順遂去走下去。甚至有時人跟人相處不用講就能相處，依筆者的生命經驗，在精神科或日照中心，面對精神患者時，基本上他們根本就聽不太懂語言，不過他們能夠感受到，你到底是不是真心對他好。印象最深的一次，曾經護理實習期間在某醫學中心照顧過一位 28 歲的男性重度憂鬱症病患，他 186 公分卻瘦到剩 46 公斤，其大

〔註154〕〔魏〕王弼注：《老子道德經注》，收入於樓宇烈校釋：《王弼集校釋》（臺北：華正書局，1992 年），頁 45。
〔註155〕〔清〕郭慶藩注：《莊子集釋》（新北市：商周出版，2018 年），頁 49。

腿乾扁程度就像我小腿大小細度，真是超瘦的。他不吃不喝，就只靠打點滴和使用鼻胃管亞培管灌飲食。輪到我照顧時，他已是第三次入院的重度憂鬱症患者，一整個活在自己的世界，不理會我，我想這也是正常，會理睬回應就不用住這裡了。因此，我還是每天進行多次短時間的探訪，當他不理我時，我就跟隔壁床的失智伯伯開心聊天，真的很簡單輕鬆，因為伯伯失智，所以我每天都講同樣的話就可以，不用想新的梗或討論什麼電視劇情。

就這樣持續到有一天，失智伯伯與家人參加澄清湖病友烤串燒活動不在，我去病房時只剩我的病人，當然一如既往跟他親切問候，他不會回應也是正常的。我想說陪他一下，於是我跟他問候完，就坐著面向窗口的小鳥開始哼歌。哼到第二首歌後，我就聽到一個大聲的爆破聲，有點嚇到，於是我立即回頭。想不到看到的畫面是，他竟然用雙手為我鼓掌!？我心裡想：「太不可思議了，現在我竟然看見一個重鬱患者，正在用雙手為我鼓掌？我有看錯嗎？我接下來該怎麼做咧～」於是我就跟他說：「謝～謝～喔～」因為接下來也不知道可以聊什麼，我就說：「那不然我繼續唱囉。」此時，他突然吞個口水後，緩慢的說出幾個字：「我～講～笑～話～給～你～聽～好～不～好～？」我瞪大眼睛，心裡想：「阿～我有聽錯嗎？一個插著鼻胃管及點滴管的重鬱患者，剛才不只為我鼓掌，現在還要講笑話給我聽？是玩真的還是假的？」我當然說：「好阿～」結果他一開口就緩緩道出：「你～知～道～哪個地方，鬼～最～多～嗎？」我聽到他的提問後，當場瞬間毛骨悚然，心裡想說：「挖哩咧～老兄，這是哪門子的笑話？這根本就是鬼故事吧～」此時病房裡只有我跟他，突然覺得好害怕，莫非他看到什麼不該看的，可是現在是白天，難道這就是學姊們說的人快死前，會呈現一種迴光返照的現象。低頭思索病房離護理站有點距離，求救也來不及了，只好硬著頭皮應戰，我看了左右一下，緩慢用右手指比著我站的旁邊，說到：「是～這～裡～嗎？」他搖頭。我接著挑眉問：「那是墓仔埔嗎？」他又搖頭。一連好幾個答案他都搖頭，於是我請他跟我說答案。他停了一下，激動的點頭並手握拳鏗鏘有力地說：「在日本。因為滿街都是日本鬼子阿！阿！阿！」我聽完愣了一秒後，大笑猛拍手，因為想到滿街都是日本鬼子走來走去，還真的挺好笑的。

看他有改變狀態，我立即先跟後帶接招，換我講冷笑話給他猜，我說：「好好笑喔～好喔～那換我講笑話給你聽喔～請問阿拉丁有幾個哥哥？」他猜不出來，我就說：「阿拉丁有三個哥哥，阿拉甲、阿拉乙、阿拉丙，所以他是阿

拉丁喔。」他聽完沒反應，我問他：「好不好笑？」他點頭，於是又為我鼓掌。就這樣簡單的一來一往，個案狀態改變，我見縫插針的衛教他身體攝取營養的重要性，當場讓他有意願開口吃東西，隔天護理交班時，就聽到個案已經拔掉鼻胃管和點滴的好消息。他後來成了我在病房衛教時，每次坐在第一排最挺我的粉絲。記得我結束那一站護理實習時，個案已可以和家人到樓下 X 庚醫學中心的地下餐廳用餐了，單位的醫生都向我致敬，說我創造了奇蹟，還問我何時結束這一站實習，要不要留下來工作，要幫我推薦。所以，我相信人跟人之間最美好的事，就是連語言都不用講就能相處，就是真誠二字。

除了誠外，研讀老莊時，我終於明白為何能夠對病患帶來轉變，原來我當時就是與道同在的狀態，建立達人氣的氛圍。最近體驗不只達人氣，還達物氣，在和動植物相處更酷，都不用語言，用狀態感通，牠或它們也會有所回應。這個世界是一個共振的迴旋波，就看自己共振到什麼，所以，守住自己的心，真誠待人，創造一個素樸達人氣的場域，讓自身跟來到面前的個案都能夠感到自在舒暢。至於平常如何練習？可以觀察自己能否與老人、小孩建立親和感，老人和小孩比較沒有成年世界的社會化行為模式。小孩的表達很直接，喜歡就是喜歡，不喜歡就離的遠遠；至於老人活到這把年紀，也沒什麼需要再迂迴表達他的情感。若有機緣的話，可以像筆者一樣在精神科病房，直接練就達人氣的高段級數工夫更好，倘若沒有也沒關係，基本上若能在老人、小孩二者中建立瞬間親和感，就具備一定達人氣的水準了。

二、達人心之道術

透過「莊子淑世精神理論基礎」的人生攻略指引，吾人得以明白對應生命通達上，知的局限來自於背後形塑的成心，藉由人體結構明瞭，要獲得知的通達至少應包含感知系統與認知系統的平衡，當中辨別是否通達的偵測導航就是情緒。因為感知系統的情緒糾結或低落，皆能提醒吾人覺察認知系統的侷限是否造成生命的堵塞？先偵測到情緒，才能讓步調慢下來進行認知系統的整合與更新。當思維侷限經由疏通提升知的格局後，情緒自然再度恢復流暢。因此，本段在「達人心之道術」的詮釋上，分成兩個環節：「感知系統的整合」及「認知系統整合」做論述，說明認知系統和感知系統，如何影響人類的溝通表述，體道之人如何善用認知系統和感知系統協助個案進行整合，回到生命的流暢。

（一）感知系統的整合

有關身體的五感運作，道家雖然比較沒有講述那麼多，但可以從老子：「五色令人目盲；五音令人耳聾；五味令人口爽」（〈第十二章〉）〔註156〕得知老子認為視覺、聽覺、味覺的過度刺激，容易導致麻痺，會失去應有的功能。莊子的「渾沌鑿七竅」（〈應帝王〉）〔註157〕的寓言故事也提到人皆有七竅，講述人透過兩眼、兩耳、一鼻、一口的感官，在成心作用下產生對事物的分別好惡。因此，人有眼耳鼻舌身是確定的事，莊子老子沒有說這個不可信，只是提醒吾人不要在裡面迷失了。從老子提到五色、五音、五味可以得知，他是肯定感官的存在，不否定它的功能，並提醒吾人使用感官不能過頭。莊子更進一步，提問為何會在感官接收產生感覺後起了分別，是因為有成心，從不自覺到自覺的情況下，開始反思自己的成心是什麼？這就是莊子〈齊物論〉的工夫；把這個工夫運用在自己的生命之中，就是〈養生主〉；運用到人生就是〈人間世〉；不只用在自己還有用在其他人就是〈德充符〉；如果能夠貫在生老病死就是〈大宗師〉；如果有朝一日成為領導者或者成為一種應萬物的狀態，就是〈應帝王〉；可是終究回過來，一定有一個工夫的最高理想就叫做〈逍遙遊〉。莊子內七篇環環相扣，運用不同篇章的「無己」工夫解消成心，提醒吾人別讓身體感官知覺的「形」及心智的「形」成為生命通達的阻礙。

佛家將感官有更多的著墨，說明「無」之後能將煩惱轉成菩提，六根體相本來就是無，因為緣起的關係而有，非本來具有，一旦緣滅又回復為無。《西遊記》也云：「六般體相六般兵，六樣形骸六樣情；六惡六根緣六欲，六生六道賭輸贏。」〔註158〕故修行者當先體悟六根本就於「無」，心若放下執著，回到空相，六塵自然不染於身。至於六根的緣起，佛家認為是因業力果報不同而有所區分，各種動物六根功能的敏銳度〔註159〕也有所差別，眼根主要分辨顏色、形態；耳根可聽到聲音；鼻根可嗅出香臭及辨別氣味；舌根可以判斷酸甜苦辣的滋味；身根可以分辨冷暖、溫度、軟硬的觸覺；意根將前面五項進行分

〔註156〕〔魏〕王弼注：《老子道德經注》，收入於樓宇烈校釋：《王弼集校釋》（臺北：華正書局，1992 年），頁 28。

〔註157〕〔清〕郭慶藩注：《莊子集釋》（新北市：商周出版，2018 年），頁 220。

〔註158〕〔明〕吳承恩原著、徐少知等校注：《西遊記校注》（臺北：里仁書局，1996 年），頁 66。

〔註159〕例如：老鷹的眼根，分辨物體的形式、顏色比人類銳利；螞蟻的鼻根辨別氣味的能力也比人敏銳。

別，進而產生妄想。「六塵」能沾染情識，使得原本真性不能顯發，又稱六境，即六根所緣之境（對象）。〔註160〕在六塵中，前五塵（色、聲、香、味、觸）屬於「色法」〔註161〕；至於第六個法塵，主要是意根作用所生之境，是精神之對象。鄭幸雅先生認為：「六塵中獨標法塵，主因法境為意根所緣之境，前五塵皆各有所圍，唯意根所對之境——法，乃遍攝一切法。」〔註162〕簡單而言，六根對應六塵，即是眼根對應的色塵，能生六色、六欲；耳根所對應的聲塵，能生愛、欲；鼻根所對應的香塵，各種香味及臭味帶來的分別；舌根的味塵，帶來酸甜苦辣的感受；身根的觸塵，身體觸及的一切知覺感受；意根所對應的法塵，由前面五塵在意根上的反應之錯覺做一個統合。而六根對應六塵轉成六識，這些錯覺容易導致吾人迷惑，故識透真假方能遠離虛幻，返回空相。

　　吾人是透過五官來感知外在的世界，同時也經由五官來重現過去的經驗。〔註163〕換言之，透過眼、耳、鼻、舌、身來打開吾人對世界的認知之門。在醫學角度，眼、耳、鼻、舌、皮膚俗稱五官，透過五官負責將外界對身體的刺

〔註160〕 塵（梵 artha 或 viṣaya），新譯作境、境界；指依六根感覺而緣慮之對象、對境。佛教稱色、聲、香、味、觸、法六者為六根之塵，而眼、耳、鼻、舌、身、意等六種根識若皆清淨無垢；「塵」為塵土，又意味著「汙穢」之意。「六塵」指的是色塵、聲塵、香塵、味塵、觸塵、法塵。星雲大師總策劃、慈惠法師佛光山宗委會發行：《佛光大辭典》第一冊（高雄：佛光出版社，1988年），頁74、1298。

〔註161〕 「色法」梵語 rūpa-dharma。廣義言之，乃總稱物質之存在。泛指有質礙之物，即佔有一定之空間，具有自他互相障礙，及會變壞之性質者。一切法可分為色法、心法、心所法、心不相應行法、無為法等五位，其中色法在五蘊分類中稱為色蘊，心法稱為識蘊。在小乘俱舍五位七十五法和大乘法相宗五位百法中均將色法分為三類十一種：1. 五根（眼、耳、鼻、舌、身）。2. 五境（色、聲、香、味、觸）。3. 無表色。星雲大師總策劃、慈惠法師佛光山宗委會發行：《佛光大辭典》第二冊（高雄：佛光出版社，1988年），頁2544。

〔註162〕 「法塵」指為意識所緣之諸法；經中常將煩惱比喻為塵垢，因此等諸法能染污情識，故稱法塵。其大義乃指吾人日常動作，雖已過去，但前塵影事，憶念不忘，此即法塵之作用。星雲大師總策劃、慈惠法師佛光山宗委會發行《佛光大辭典》第三冊（高雄：佛光出版社，1988年），頁3417；鄭幸雅：〈析《般若‧心經》之空觀〉，《問學集》1993年3卷，（1993年05月），頁187～196。

〔註163〕 在生活經驗中，吾人完全依賴五官來構成吾人對世界的圖像，吾人經驗的就是眼所看、耳所聽、觸所感，及內在如何感受的整合。具體說明可以想像一個聚會場景，當中出現的人及場所、背景音樂或講話的聲音、聞到的晚餐香味、吃進食物的口感及坐在什麼樣的沙發上，這就是五感的記憶。進一步將視覺畫面消除、聽到的聲音消除、聞到的氣味消除、到口中的味覺消除，最後坐在沙發的觸覺消除，五感消失後記憶也隨之消失。

激轉換成視覺、聽覺、嗅覺、味覺及觸覺感受，以幫助吾人辨識所處環境的狀況，採取適當反應，進而求得生命之安全，故感官感受是作為生物有機體生存和發展的必要條件，同時經驗世界客觀事物被身體感官所接收，並在個別主觀性感受上產生反映。以眼睛而言，一個視覺的呈現，必須左右眼的水晶體能自動調節影像，使其能清晰映於眼底；雙眼能調整焦聚，共同注視同一物體；第二對腦神經完整及大腦枕葉視覺中樞功能完整，〔註164〕此四者功能皆須完成方能形成影像視覺。由上述呈述耳、鼻、舌、身的身體感官以此類推，一樣可透過轉化形成感覺。接下來進一步將刺激的來源，再分成兩種感覺，為外部感覺與內部感覺。前者指的是由外部刺激作用於感覺器官所引起的感覺，包括聽覺、視覺、味覺、嗅覺以及皮膚感覺（包括痛覺、溫覺、大小、形狀、質地、位置覺、震動覺、精細觸覺及粗觸覺等〔註165〕）；後者是由身體內部的刺激所引起的感覺，由周邊神經傳往中樞神經，再由中樞神經傳往周邊神經的方式，這使個體能分辨面對刺激後所能採取的反應動作，包括運動覺、平衡覺與機體覺（又稱內臟感覺，包括渴、餓、脹、噁心、窒息、疼痛、便意等）。感官知覺路徑會匯及到心上做分別。

而心本無形，身則有形，精神與物質層面，學界已有多方研究證實身心彼此實有連帶關係。〔註166〕故以無形之心支配有形之身而言，若將身體比喻成

〔註164〕邱艷芬先生進一步說明：「一個視覺的呈現，從光線將物體射入眼睛，經角膜、眼前房水、水晶體、玻璃體而在網膜上產生上下顛倒、左右相反的影像，網膜上的視神經細胞受到刺激後，將神經衝動經視神經、視神經交叉、視束而達枕葉的視神經中樞，在視網膜中神經纖維的空間排列仍保存於視神經中（鼻側在內，顳側在外），到視神經交叉處，內側之鼻側神經纖維做交叉，因而左視束為兩眼右邊視野之視覺，右視束為兩眼左邊視野之視覺。」邱艷芬：《身體評估——護理上之應用》（臺北：華杏出版股份有限公司，2002年），頁152。

〔註165〕感覺的傳導是由分布於皮膚、黏膜、肌肉、肌腱和臟器的感覺接受器來接受刺激，而沿感覺神經纖維傳入脊髓，再經上行性感覺傳導路徑往腦部傳送，以便加以辨別，並決定反應。由於刺激不同，傳導路徑也有所不同，傳導痛覺及溫覺的纖維進入脊髓後角後，換另一個感覺神經元後交叉至對側，至外側脊髓視丘徑往上傳導至視丘；傳到位置感、震動感及精細觸覺的纖維進入脊髓後角，沿後柱往上傳至延腦後，換另一個感覺神經元後交叉對側，傳到視丘；傳導粗觸覺之纖維傳入脊髓後角，換另一個感覺神經元後交叉至對側，再經由前側脊髓視丘徑往上傳導至視丘。邱艷芬：《身體評估——護理上之應用》（臺北：華杏出版股份有限公司，2002年），頁296～297。

〔註166〕近代探討身心間的相互影響研究，已成學界主流趨勢之一，本文並非孤名先發，其中加入佛學元素的研究至少有：王守益的《《心經》「照見五蘊皆空」

一部機器，有了知覺感受的視、聽、言、動的一切作用。眼、耳、鼻、舌、身如同五部機器各司其職，皆由心這個技術員所操控。心將「意」〔註167〕發於眼則能識一切色；將意發於耳能識一切聲；將意發於鼻、舌能識一切味道；將意發於身能識一切觸覺，故心的發動叫做意，包括接收六根六塵化為的情感意象。同時心伴隨著識，識伴隨著心呈現，識的來源由眼耳鼻舌身產生，由心統合六識，無心則六識無法呈現。換言之，有身無心如同有機器卻無技術員。

　　綜合以上得知，眼為視覺受器、耳為聽覺受器、鼻為嗅覺受器、舌為味覺受器、身為皮膚受器。當眼睛與光線波接觸時，透過轉換起變化謂之視覺，並在視覺中樞完成視覺記憶作用，例如：眼睛（視覺受器）看到花，若沒有識（神經系統）的傳導也起不了視覺作用，必須透過識的傳導及分析花的品種，轉成知覺發動情感〔註168〕再由心發動意念產生喜惡。故由視而起識，由識而起情，由情而生意，經由意而展現心千變萬化的作用。上述作用環環相扣，缺一不可，所以說失明者不見彩色之美；倘若光線刺激眼睛，水晶體無法將影像投射在視網膜上，縱然看見此物，如同視而不見；前端視網膜上視神經細胞若有投射，但第二對動眼神經傳導未動，也無法儲存至視覺記憶中樞，就會產生隨視隨忘的現象。故有人走過映入眼簾卻視而不見，在連鎖咖啡店讀書久而不聞其聲，眼睛未嘗沒有看見，耳朵未嘗沒有聽見，皆因心未所動所導致。另外，甜與苦皆為心的感覺變化，例如：分別吃完黃蓮及蜂蜜後，再喝水定有所差異，而水本無味，一切乃心造作後之辨別。值得注意的是，吾人的五種感官在面對有興

　　　　的佛學與科學式比較探究——以《楞嚴經》「觀音圓通」作補充闡釋〉、許鶴齡的〈由《華嚴經》「善用其心」論正向思考的生命哲思〉、劉秀真的《生命之安立及其趣向善的探討——論天台圓教判釋開決對生命之啟發》、釋照澄的《佛教對「心身關係」中「心理疾病」本質的詮解——以廣義的心識哲學為中心》、吳阿謹的《壇經惠能禪法對諮商與心理治療的應用》、簡汝恩的《從煩惱到解脫——《唯識三十頌》心所與意義治療學的對話》、張竹如的《《般若波羅蜜多心經》生命教育義涵探析》等。

〔註167〕例如：我的眼耳鼻舌身看到機車，我將認知經驗中定義的機車騎走，出門不久後下雨，我很後悔沒開車。後面「我很後悔沒開車」的想法就是意，意乃心之所發。

〔註168〕心之未動時僅有知（覺），動而未發謂之意（識），發而外觸謂之情。筆者認為故若以教育界的「知、情、意」原則說之，「知」指的是知覺和感覺；「情」為知所發的現象，也就是與外界接觸後，產生喜、怒、哀、樂的作用；「意」指的是想像及思維，想像還有幻想和實想之分，也就是將過去經驗存放至記憶中，一調度畫面就能浮現影像者，為幻想，另一則是看見實物而開始想像者，為實想。思維指的就是思慮。

趣的事物時，會強化腦中對應的神經元連結，並開啟雷達般搜尋，因此容易在下意識中就被興趣之物所吸引。簡單講要拿回身體這部機器的主導權，就是開始要有意識的抓「關鍵字」運作，而這個關鍵字要是自己真正想要的，不是別人期待你成為的那個你。關鍵字也就是目標，道家是一門重視目標的學問，清晰帶著覺知的專注目標，所思所說所做皆往自己想要的生活前進，如此才能過著自己真正想要人生。

另一方面，吾人也會因為自身成心認知編碼建立的信念、價值觀，對於眾多外界的資訊，會進行初步篩選，優先選擇所需信號進入知覺中，如此方可避免感官接收過多訊息而超載。換言之，藉由五種感官轉化感受多姿多彩的外界環境，並從中獲取更多的信息，可發展自身的心智；反之，過於閉鎖的環境極可能會限制人的智力與個性的發展。因此，適應環境是以感官接收的信息平衡為前提，信息不足或者超載都會造成身體機能的障礙，這是吾人行走在人間需要留意的平衡。特別說明，吾人的感官只對外界特定範圍感興趣。例如：眼睛只對映入眼簾的刺激有反應，也就是說眼睛形的大小度數深淺對於看的世界角度也有所不同。而吾人卻會對這狹小範圍造成的內在感受及心理認知投射在外，以此做為對經驗世界的全部詮釋。故神經語言程式學（Neuro-Linguistic-Programming，簡稱 N.L.P.）前提假設之一提到：「地圖不等於疆域。」[註169] 意指每個人內在成心編碼對外在世界的主觀認知，形成了自我地圖，然而這卻不是經驗世界最真實的原貌。綜合以上得知，創造內在成心編碼的過程非常重要，吾人可善用五官來感知外在的經驗世界，而感知的內在成心編碼記憶將影響吾人對世界全貌的解讀。同時吾人也可善用五官於外在世界的感知，將已儲存的內在成心編碼做更動，也就是留下適合自己的成心認知編碼及釋放過去經驗導致成心感知編碼堵塞的負面情緒，以幫助吾人找到一條得以暢達行走於人間的道路，重獲自在喜悅的生命。有關五感進一步在當代心理學及醫學上之應用，請參考筆者拙作〈《心經》十二處的當代應用之道——神經語言程式學（N.L.P.）表象系統觀點為例〉。[註170]

[註169] Michael Brooks 著、郭寶蓮譯：《瞬間親和力 Instant rapport》（臺北：世茂出版有限公司，1996 年），頁 66。

[註170] 此篇獲得 2016 年中華佛教百科文獻基金會佛學研究中心的《妙心佛學研究》碩博士論文獎學金，論文題目為：「《心經》十二處的當代應用之道——神經語言程式學（N.L.P.）表象系統觀點為例」，內容共分兩節：為「《心經》的十二處義理精要」及「《心經》十二處的當代應用之道」。前者先論《心經》十

　　那麼如何將身體感官接收的資訊應用在莊子淑世精神式的會談上，本段落將聚焦突顯道家玄智的時代意義，嘗試將莊學義理與當代的神經語言程式學相互融通，讓學問博古通今，實踐莊子淑世精神。二十一世紀是東方智慧和西方科技知識相互融合的時代，中西文化搭配的「中學西用」〔註171〕整全式中西應用在近幾年逐漸成為全球化的主流。神經語言程式學是由美國學者Richard Bandler（專攻臨床心理學）和John Grinder（語言學家）所創立，是一門關於人類大腦神經系統、語言模式及認知行為程式的內在主觀經驗之學問，簡稱「大腦使用說明書」。它主要研究的是語言應用技巧，而非語言本身，是一套具體可行效果又快速的溝通模式，目前應用範圍已延伸應用於教育、企業、心理學、醫學、生活等各個領域。吾人藉由第貳章莊子淑世精神的理論基礎可以得知，成心編碼對於一個人的內在世界構成極大的影響。倘若吾人相信自己有能力可以透過內在經驗的心齋工夫，翻轉自身對於成心編碼設定的一切認知判斷及知覺感受，那麼吾人就有機會透過鬆動成心編碼定，重新用自身通達的方式創造一個屬於個人的內在通達世界。換言之，過去時而無意識時而有意識的以五感接收外界事物，逐漸發展出個人主觀偏好的成心編碼，讓成心主宰吾人生命的一切決定。現在吾人可以開始「有意識」的運用五感去認識自身及他人的通達之道。了解彼此擅長的感官記憶方式，進一步善用成心編碼記憶模式的先行系統，設定屬於自己或他人面對生命得以暢達的成心編碼。故接下來筆者將身體感官功能結合當代應用心理學 N.L.P 表象系統做論述，以便讓

二處中的六根、六塵示現義理，探討之間的關聯性；後者探究《心經》十二處思維對當代心理學及醫學上之應用，進而將理論與實務結合，產生新的實踐進路。結論得知吾人可藉由根塵間的相互作用來了解自身如何生活、選擇做事、與人互動的方式。同時也可善用五感改變思考路徑，將已儲存的內在地圖做更動，創造屬於自己想要的內在經驗，進而幫助自身放下生命外境的執著，重獲自在喜悅。

〔註171〕「中學西用」的體用觀，是因為佛教翻譯格義的關係才開始將體用合併論述，若作歷史沿革探究在漢代以前是將體和用分開的，照理說絕大多數什麼體就決定什麼用，故用中國的物，用西方的科技，此邏輯基本上是荒謬的。然而，若用「本末論」談，中學為本，西學為末就講得通。因此，「中學為體，西學為用」乃是「中學即體，以西顯中」。反之，一昧崇洋羨慕西學，卻只是模仿其技術，那麼永遠只能停留在逆向的工程階段。研究者認為可以解釋為掌握「本」的原則，再用「末」來實現其精神。換言之，以中國哲學為本，運用西方科學、心理學或醫學為末來具體完善實現它，這是呈述中國生命學問的延伸方式之一。

吾人更明白如何善用感官感受。一共分成三個環節展開：1. 表象系統的感官途徑。2. 表象系統的表述語詞。3. 表象系統的觀眼知心。

1. 表象系統的感官途徑

「人會建立心理表象」的概念是 N.L.P.創始人理查班德勒 Richard Bandler 和 John Grinder 在 1970 年代所創立的。〔註 172〕所謂「表象系統」（Representational systems）指的是人類是透過眼、耳、鼻、舌、身等感官來認知外界構成所謂的「主觀經驗」。表象系統是 N.L.P.系統用以解讀個人行為路徑及引導轉變技術的基本元素，總共有五種「表象系統」：有 1. 看（視覺的 Visual，簡寫為 V）；2. 聽（聽覺的 Auditory，簡寫為 A）；3. 感（觸覺的 Kinesthetic，簡寫為 K）；4. 嗅（嗅覺的 Olfactor，簡寫為 O）；5. 味（味覺的 Gustatory，簡寫為 G）。這五種表象系統（視、聽、觸、嗅、味）是吾人內在經驗建構的基礎，也稱作「感元」〔註173〕，而比感官更小的感元特質稱為「次感元」〔註 174〕，它是形成每個經驗間有所差異的重要因素。次感元指的是把感元加上思考合成的結果，也就是六根對應六塵轉成六識，由心統合六識後的作用，包括：1. 圖像思考；2. 文字思考；3. 感覺思考；4. 味覺思考；5. 嗅覺思考；6. 聽覺思考。換言之，感官表象的排列組合，形成吾人內在經驗的世界地圖、世界模式或世界觀。故吾人運用自身感官來重現內在的經驗。其實每個人從嬰兒一出生到長大成人，都一直用各種感官將外在發生的事物做整合，並將對世界的認知經驗編碼成可以理解的方式，隨著時間演變，有些感官變成優勢，有些變成劣勢。〔註175〕目前最常使用三個感知途徑幫助吾人記憶大多的經驗，平常比較常用的表象類型有視覺、聽覺、觸覺。以總人口比例而言，視

〔註172〕概念參考 Richard Bandler 著、吳孟儒譯：《自我轉變的驚人秘密》（臺北：方智出版社，2015 年），頁 39。

〔註173〕感元：就是五感。（眼、耳、鼻、舌、身引發視、聽、嗅、味、觸）即表象系統，是 N.L.P.的術語之一，分別指的是人類運作的五種感元，同時也是人類行為運作的幕後操手。概念參考 Joseph O Connor、Ian McDermott 著、陳威伸譯：《永續成長的寶藏圖：NLP 入門》（臺北：世茂出版有限公司，1996 年），頁 144。

〔註174〕本文聚焦在六根對應六塵轉成六識的過程，至於如何活用次感元說明心統合六識後的作用，未來筆者將另闢文章闡述之。

〔註175〕例如：所謂的視覺型指的是吾人依賴視覺感官的程度大於依賴耳朵或身體，最常透過圖像或意像記憶的人，主要就是視覺型的。常用哪一個感官途徑沒有好或壞，表象途徑與我是誰並不等同，只是表現出平常一個人如何與世界互動的關係。

覺型佔 60%、聽覺型佔 20%、身體感覺型（包含觸覺、味覺、嗅覺）低於總人口比例 20%。〔註 176〕

　　「N.L.P. 系統裡辨識別人是在什麼樣的心態裡的技巧，稱之為『測度（Calibration）』」〔註 177〕透過下表 3-1 的概念能了解使用不同感官時的生理機能狀態，並幫助吾人察覺到自身或他人處於何種心理狀態時的測度能力，說明如下。

表 3-1　研究者整理

表象系統的生理機能					
	姿　勢	呼　吸	聲調及音調	眼球移動	手　勢
視覺管道	頭直立、肩頸常聳著	胸部上端、呼吸短淺、速度快	清晰快速、音調高	往上或散焦的	手勢高度腰部以上、小動作多、手勢快
聽覺管道	常常搖擺、頭斜一邊、身體向前傾	胸部中端、呼吸較長	音調悅耳、有節奏感、有節奏	水平向右或左、左下方	接觸口部或下顎、動作不多
觸覺管道	頭低下、鬆弛的	胸部下端到腹部、呼吸深長、速度慢	較低沉、緩慢而有較長的停頓	往下或右下方	接觸胸腹部、動作少而慢

主要運用視覺感官的人打從出生就本能藉由眼睛認識世界，並常透過電視、上網、書本來建構資訊，視覺型的人是現今資訊社會的優勢表象系統，所占比例最高。聽覺型的人容易透過對事物聽起來的聲音來和世界連結，較常將思考放進對話中，會注意節奏、內容，對聲音有極高的敏銳度，故對談時留意輕柔流暢，是開啟與聽覺型的人建立親和感的最佳鑰匙。觸覺（又稱感覺型）的人呼吸通常慢又深沉，主要是經歷觸覺感受的改變，真實的重現對方真實的感受，講白一點就是感受，看感覺。故觸覺的人最大的天賦是可以重新製造自身的悲喜經驗，他們喜歡感受任何事情，有句話說「創造感覺，你將無所不能」最適合來形容他們。相對的主要運用觸覺感官的人比較沒有辦法排除內在負面的感受，這是他們比較困擾的地方。觸覺型的人聲音表達上

〔註 176〕概念參考 Michael Brooks 著、郭寶蓮譯：《瞬間親和力 Instant rapport》（臺北：世茂出版有限公司，1996），頁 51、72。
〔註 177〕Joseph O Connor、Ian McDermott 著、陳威伸譯：《永續成長的寶藏圖：NLP入門》（臺北：世茂出版有限公司，1996 年），頁 99。

傾向緩慢說話，有時在接收觸覺感受的訊息中，話語之間會有長久的靜默，所以其他表象的人常以為觸覺型的人慢半拍。上述得知，目前吾人常用三個感官途徑幫助記憶，分別為視覺、聽覺、觸覺。吾人的表象呈現方式直接影響自身的身體機能，例如：視覺使用過多的人，常會覺得肩頸及上背肌肉僵硬。而溝通無所不在，吾人隨時隨地都以語言、聲調和身體的肢體動作在影響自身及周圍人的狀態，通常有時是本身無意識，也有可能是忽略他人的心理狀態而不自覺的呈現，因此啟動覺知的生活真的很重要。進一步說明，一個人的心理狀態是可以透過許多的細節指標而觀察到，例如：臉部表情、呼吸深淺、膚色變化、音調和聲調變化等。〔註 178〕而每個人的身體感官都是敏銳獨一無二的，若能時時訓練自身的測度技巧，就不用非得等到對方開口告知，即能運用測度技巧觀察到對方的語言及非語言隱微間的變化，進而做跟隨協助疏通來到吾人面前的萬物。

2. 表象系統的表述語詞

語言通常是豐富且多元的，它更是一種內在經驗的反射。倘若吾人主要使用視覺先行系統，那想法及說話方式也會偏向比較視覺性的詞句。因為與人溝通時，吾人通常傾向使用與自身想法較密切的語言表述。在 NLP 系統裡，表現出使用何種感官思考的用語，稱之為「感官述詞」（處理性文字）。〔註 179〕

> 談話時無意中使用的形容詞、動詞、和副詞最能表現我們意識中的
> 表象系統。這些處理（process）過的文字，或者稱為處理性文字，
> 就是語言線索，它們充分反應出某人在溝通時所使用的感官途徑。
> 〔註 180〕

換言之，在每天的生活中吾人透過根塵經驗所見的人事物，在五感的交互作用下豐富了吾人的生命經驗，同時也將接受到的經驗轉為常用的感官表象系統，傳達至內在成心編碼所造成的影響。故平常在表達自身經驗所說的處理性文

〔註 178〕具體說明可以請 A 想像一個 A 很喜歡的朋友，藉由 A 閉眼想像時觀察 A 的神情、臉部肌肉、呼吸深淺等。接下來請 A 想像一個很討厭的朋友，同樣觀察非語言表現。上述兩者所展現的生理變化方為 A 內在心態在面對喜惡之人的生理語言。

〔註 179〕Joseph O Connor、Ian McDermott 著、陳威伸譯：《永續成長的寶藏圖：NLP 入門》（臺北：世茂出版有限公司，1996），頁 132。

〔註 180〕Michael Brooks 著、郭寶蓮譯：《瞬間親和力 Instant rapport》（臺北：世茂出版有限公司，1996 年），頁 107。

字，會反應正在使用的表象系統，當能以對方熟悉的感官述詞表述，能夠幫助吾人呼應別人的內在世界，做到莊子的「達人心」（〈人間世〉）〔註181〕。以下針對不同表象系統常用的表述詞進行歸納，如下表 3-2。

表 3-2　研究者整理

表象系統的表述語詞	
視覺	我看很清楚、我知道（See）、我明白了、可以想像嗎？依我來看、你有什麼看法？你很高明、要有遠見、這樣前景比較好、請聚焦討論、你出現了、我見識到了、有些模糊、多采多姿、我注視著你、你們在放閃。我真是大開眼界！你走我不想再看到你～
聽覺	聽起來如何？我聽懂了、這聽起來好像有點……、說說你的想法、我們能談談嗎？聽起來不錯喔！老師在說你有沒有在聽！聽到我說的嗎？我為我說的話負責。好響亮、值得一聽。我真是對牛彈琴、你可以說大聲一點？你要不要說說心底話。我聽你在叭噗（台語吹牛之意）。好想再聽聽你的聲音。我實在聽不懂。
觸覺	我抓到了、把到妹（追求女子到手之意）、我覺得你做的很好、我來處理這事、你感覺如何？有壓迫感、我擁有了、你打動我的心、這是一場硬仗、我覺得很溫暖、給我拿下他、你怎麼可以戳我、戰情持續加溫中、你的語氣有點重、你講的話讓我起雞皮疙瘩、我掌握到事情的關鍵。我感覺我被踢了一腳。我的心感到很刺痛。
嗅／味	走味的人生、臭氣熏天、五味雜陳、香味撲鼻、濃烈的酒、你好辛苦、腐敗中、讓我好好品嘗、濃郁的、甘甜的、腐女、話語尖酸、令人乏味、我聞到商機、幸福的好滋味、這是一個痛苦的經驗、你的話真甜、你嗅到什麼機會。

吾人可先從觀察自己自身的語言與思考路徑開始，再去留意他人如何表達其思想。只要開始有意識地聽出對方使用的五感述詞，方能用相同語言路徑呼應對方，在語言層次上能瞬間建立親和感。藉由上述推論至少獲得兩點，一為平常可有意識的覺察自身擅用的表象系統，不論在對內收集資訊的記憶或接收轉換後對外的表達上，同時學會拓展自身不擅長的感官，增加吾人生命更自在的選擇。二在與人溝通時，也可以有意識地覺察對方擅用的五感，適時同步對方的表象述詞，也就是回應時加入對方常用的感官表述，如此可增加彼此間的親和感建立。這種親和感會讓人覺得安心，信任感也會油然而生，如同到國外旅行言語不通時，突然遇到說相同語言的人會倍感親切。

〔註181〕〔清〕郭慶藩注：《莊子集釋》（新北市：商周出版，2018 年），頁 105。

3. 表象系統的觀眼知心

N.L.P.系統裡，眼球的移動為眼睛的解讀線索。〔註182〕因為眼球移動的方式與吾人的思考及表象系統有關，透過觀察眼球重複走向能夠幫助吾人讀取到可靠的訊息。面對右撇子而言，下圖 3-1 為解讀眼睛線索的移動方向（左撇子剛好相反）。分別為「Vic（visual construction）：建構的視覺意象；Vir（visual remember）：記憶中的視覺意象；Aic（auditory construction）：建構中的聽覺聲音；Air（auditory remember）：記憶中的聽覺聲音；K（kinesthetic）：觸覺性的感受；Ad（kinesthetic）：聽覺的對話。」〔註183〕說明如下：

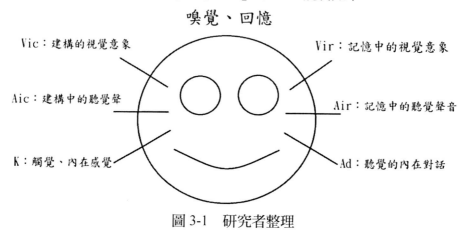

圖 3-1　研究者整理

進一步說明，面對一個人觀察其思考時，眼球往右上方通常是調度過去儲存的記憶（已發生），往左上方則是創造想像區（未發生），有想像力的人通常會善用建構式意象使自己充滿活力；若在聽聲音時，眼球通常會往左右移動，右邊是曾經聽過的聲音，左邊是想像會發生的聲音，對許多聽覺型的人而言，聲音是感覺的起源；若是眼球會往右下方移動，表示對方正在內言（自我對話），這是許多人在做重大決定常會有的眼球表徵；當眼球會往左下角移動，通常在感覺一件事。這些移動通常是無意識底下居多，然而筆者強調這是針對

〔註182〕 Joseph O Connor、Ian McDermott 著、陳威伸譯：《永續成長的寶藏圖：NLP 入門》（臺北：世茂出版有限公司，1996 年），頁 127。

〔註183〕 進一步說明 Vr：以前看過的意象，以這個方式來回想第一次看見時的景象；Vc：以前沒有看過的事物的想像或意像；Ar：以前聽過的話語或聲音；Ac：以前沒有以這種方式聽過的聲音或話語；Ad：在心中，和自己或別人進行對話；K：在心中的感受、感覺和情緒；留意清楚區分視覺者的主因是，他們的眼睛停留在上方的時間和頻率。Michael Brooks 著、郭寶蓮譯：《瞬間親和力 Instant rapport》（臺北：世茂出版有限公司，1996 年），頁 130。

大多數人的統計參考值，並非絕對。常做這方面的練習好處是可以隨時調整自己，當要找感覺時就往左下看；反之，當心情不好覺察自己已經往左下看時，就試著將眼球往上拉，依筆者經驗應用於輕度憂鬱或自閉症的患者成效顯著（如同訓練投籃動作，投球時眼球自動往上看向籃框，也可以達到雷同的效果）。而身心也是連動的，慣性的姿勢與語言容易與貫性思想連結，有意識地的改變眼球或身體記憶儲存路徑，也間接改變思考的方式，這是一種調節身心的方法。不只如此，還可從中知道別人正處於什麼思考狀態，尋找與之和諧共處之道。

　　本文透過表象系統的感官途徑、表述語詞及觀眼知心來認識自我或個案，僅是拋磚引玉，坊間有許多觀人知心的相關叢書，然而，為何有些心理諮商師學了所有的技巧卻無法用出、或者達不到成效，甚至讓個案覺得被模仿了產生厭惡，原因他只用技巧，如同只有外功的劍法，沒有內功的心法，有術沒有道，當然呈現的勁道就無法到位，而莊子抓到了這個內力的精要，這就叫「達人氣」（〈人間世〉）。〔註184〕以筆者生命經驗，有效的工具一個就夠了，學完還要放掉，回到莊學的心齋涵養工夫，才能不受工具所侷限。

（二）認知系統整合

　　莊子淑世精神式的提問之所以會有力量，是因為看到事物的架構，如同「庖丁解牛」洞見全牛樣貌。老子說：「以閱眾甫。吾何以知眾甫之狀哉？」（〈第二十一章〉）〔註185〕「眾甫」就是萬物發展的根源。從〈逍遙遊〉肩吾與連叔探討「知」時，連叔說到：「然，瞽者無以與乎文章之觀，聾者無以與乎鍾鼓之聲。豈唯形骸有聾盲哉？」〔註186〕到〈逍遙遊〉子綦與子遊的問答，面對學生的提問，子綦回應：「女聞地籟而未聞天籟夫！」及「夫吹萬不同，而使其自己也，咸其自取，怒者其誰邪！」〔註187〕可以發現道家是一門透過問題解決問題的學問，如同精湛的教練訓練選手，不是一開始就調整選手的姿勢，而是球飛來時透過提問，引導選手看球，再讓選手依照自己的方式，調整到屬於自己打到球的節奏。因此，透過有效提問可以讓個案聚焦問題，藉由深

〔註184〕〔清〕郭慶藩注：《莊子集釋》（新北市：商周出版，2018年），頁105。
〔註185〕〔魏〕王弼注：《老子道德經注》，收入於樓宇烈校釋：《王弼集校釋》（臺北：華正書局，1992年），頁52。
〔註186〕〔清〕郭慶藩注：《莊子集釋》（新北市：商周出版，2018年），頁37。
〔註187〕〔清〕郭慶藩注：《莊子集釋》（新北市：商周出版，2018年），頁46及49。

度聆聽確認個案的時空軸。而體道者的提問之所以有力，來自於每一句的提問，藉由個案的回答跟隨個案的「知」的程度，在對的時間切點問出打到他內在的有力問句。同時體道者運用莊子淑世精神實踐模組的通達架構，緊扣進行每一句的提問。何謂通達的架構？就是道的義涵四個步驟，第一步驟「走在關鍵的決策」：個案現在站在哪裡？（釐清議題）第二步驟「生命道路的通達」：個案要去哪裡？（目標設定）第三步驟「高瞻遠矚的智慧」：個案要如何做到？（擬定策略）第四步驟「內外辯證的實踐」：如何確認個案已完成目標（成效評值）？因此，在提問時體道者必須清晰自己溝通過程，內在的通達架構進行到哪裡？如果對於通達架構不清楚或無法掌握，就容易產生偏頗問到別的地方去，甚至成了純聊天的窘境。如何避免？本段落聚焦在認知系統的運用部分，透過「練習用 HOW 的開放式問句」、「用正面關鍵字引述不用負向關鍵字」及「目標意願狀態設定精準到位」三個環節，詮釋如何進行認知系統整合的分析。

1. 練習用「HOW」的開放式問句

想讓個案一開始就能做一些陳述，不能只讓個案說 YES 或 NO 的封閉式句，要善用開放式問句才有辦法從個案陳述過程，進行資料收集。並確定個案對於這個事件成心編碼的框架？對象是誰？甚至有時候卡住他的不是別人，而是他自己的思維，所以道家「HOW」〔註188〕的生命提問，說到底就是內在的競賽，外面沒有別人，就是一場自己成心編碼跟另一編碼間的競賽。因此，當個案在陳述一件事時，體道者要綜觀的去聆聽，最好能把架構畫出來，當中有時間序、有架構、有位置，通通一個個把它畫出來。個案往往不理解他正站在什麼位置，說這些話做這些事，是因為他站在一個理解層次的表象行為在溝通。但他內在一定有一個成心編碼的路徑在跑，而那個成心編碼就是個案進行表述的主軸，體道者要先看到個案論述主軸的架構，從路徑切入才有機會翻轉個案的成心認知編碼，進而改變他的行為。老子說：「聖人用之，則為官長，故大制不割。」（〈第二十八章〉）〔註189〕「官長」指的就是百官之長，意旨事情的最關鍵，如同一串粽子最上面的那個串起所有粽繩的結，割就是道術的割裂，樸散則為器，事情變化的末端。精湛的體道者總能找到那個最初最關鍵的

〔註188〕請參見本文的第貳章「莊子淑世精神的理論基礎」註腳 16。

〔註189〕〔魏〕王弼注：《老子道德經注》，收入於樓宇烈校釋：《王弼集校釋》（臺北：華正書局，1992 年），頁 74。

核心，「無厚入有間」（〈養生主〉）〔註190〕的切入，讓問題如骨牌效應般「謋然以解，如土委地」（〈養生主〉）〔註191〕。

運用開放性問句是為了把整個架構看清楚，因此，提出的問句時，千萬不要只能讓個案說好或不好的封閉式問句，開放性問句比較可以收集到議題資料，有助釐清個案的時空位置。那麼如何提出開放問句，例如：發生了什麼事？你是怎麼想的？你有什麼發現？你可以告訴我這裡面有什麼差別嗎？具體來說，你的先生是怎麼讓你失望的？可不可以告訴我，他發生了什麼事？至於開放式問句技術層面上問法，坊間書籍很多，不再贅述，本文呼應莊子的生命提問，直接聚焦在如何內在用的部分，如何使得問句得以在靈活運用的層面上才是關鍵，因為提問的技巧百百種，如何用的漂亮才是關鍵。一般要知道問句問出是方向性的，有分內和外，體道者要知道自己每一句話問出的方向，是往個案的內心問，還是往外面問，這兩者都要兼顧到。體道者要清楚此刻現在這個問句的切點在哪裡？是在收集個案議題的資料？還是在擴張收集資料的範圍？還是已經在將問題聚焦準備處理了？體道者自己都要很清楚此刻會談環節進行的時位走到哪裡，一開始若要收集更多的資料，那就要一直用開放性問句打開，一直打開的過程，也同時去看到這個結構是什麼？也就是問題的全局（這頭牛有多大）。提問聚焦的拿捏關鍵，在於確定個案議題後就要開始聚焦。當目標確認前進的方向後，又要展開討論有效的策略可能性，確定策略後又要聚焦擬定細節。所以是一個展開又聚焦，展開又聚焦的過程，道家是門很靈活的學問，掌握當中的一陰一陽、收跟放、內跟外，老子說：「知其白，守其黑」（〈第二十八章〉）〔註192〕，吳怡先生認為一般白指的是光亮，黑是黑暗或汙濁，然而他表示這裡有一個關鍵就是要之其白才能守其黑，沒有知其白的了解，一昧的守其黑，那便是糊塗。〔註193〕本文以為知道什麼是黑跟白是知識面上，最關鍵的重點就是知道什麼時候「用」出黑或白的工夫，守就是拿捏，當中掌握的原則就是通達，就是道。守就是守著道的生命通達調性，再運用黑或白的策略進行疏通，這裡黑白並無邏輯上的知識排斥性，純屬工夫境界的展現。反之，若一直將議題展開又展開，沒有聚焦在某一個議題上，那容易落於

〔註190〕　〔清〕郭慶藩注：《莊子集釋》（新北市：商周出版，2018年），頁94。
〔註191〕　〔清〕郭慶藩注：《莊子集釋》（新北市：商周出版，2018年），頁94。
〔註192〕　〔魏〕王弼注：《老子道德經注》，收入於樓宇烈校釋：《王弼集校釋》（臺北：華正書局，1992年），頁74。
〔註193〕　詳細參見吳怡：《新譯老子解義》（臺北：三民書局，2013年），頁201。

開聊，會讓整個會談或專案沒有達到預計的成效。因此，開放式問句的重點，體道者要先知道自己的問句現在一問出去，是擴張收集資訊的釐清議題，還是已經聚焦在處理議題，還是擴張又聚焦的擬定策略。換言之，體道者就是掌握提問收放的拿捏，在前端收集資料的問句是先打開，幫助個案看清楚問題全局，中間提問要聚焦，因為要鬆動個案內在成心編碼進行有效提問，幫助個案確認真正想要的目標。後端接著又開放式問句，協助個案尋找適合自己的解決策略，接著再次聚焦擬定達成的具體步驟，協助個案有效達成目標，老子說整個過程就是「玄之又玄」（〈第一章〉）〔註194〕。總之，會談前端提問是收集資料，中間提問是解決問題，後端提問是擬定策略。

2. 用正面關鍵字取代負向關鍵字

　　淑世精神的莊學提問方向就是「向上向善」帶領個案，通常只要往向善向上的方向提問都會很有力。因此，每一句提問要追的方向是正向關鍵字，例如：個案表示我很無助，想要改善這個現況？當抓到「無助」和「改善」兩個關鍵字後，體道者要追問的是：「那要如何『改善』？」然而，有時也要追負向關鍵字：「可不可以多說一點，那個『無助』是什麼意思？」至於體道者何時拿捏該追正向關鍵字？何時要追負向關鍵字？追問字詞拿捏程度在於個案的時間？個案位置？個案個性？也就是（天時、地利、人和），每一步的環節時間進行，都要洞悉個案成心編碼的時空位置及熟悉個案的個性。以庖丁解牛的時間切點而言，體道者現在提問是在解牛環節前端的收集資料（釐清牛體大小）？還是解牛中間的處理議題或設定目標？（要烹飪成怎樣的美食？）還是解牛最後的策略討論？（如何做出美食具體步驟並順利上菜？）體道者若還在前端收集資料位置，那就要透過提問了解形成個案負向成心編碼的原因，了解個案內在的成心思維框架，才能看到這頭牛的大小，確實掌握議題全局。若是已到會談中間的處理議題及後端的策略擬定，那就要了解個案的個性，方能協助個案找到一條適合他的通達之路。基本上「先知先覺型」、「已知已覺型」的人，很少會成為體道者的個案，但也是有，因為他來是要做目標設定，讓自己的知更翻轉提升，讓自己更好。「不知不覺型」通常不會成為體道者的個案，除非某一天個案有意願，才有可能。莊子云：「至人之用心若鏡，不將不迎，應而不藏」（〈應帝王〉）〔註195〕，道家是一門空谷回

〔註194〕　〔魏〕王弼注：《老子道德經注》，收入於樓宇烈校釋：《王弼集校釋》（臺北：華正書局，1992年），頁1。
〔註195〕　〔清〕郭慶藩注：《莊子集釋》（新北市：商周出版，2018年），頁219。

應的學問，有求才會應，沒有喊出聲音，一直有聲音從山谷傳回來，那也是很可怕的一件事，所以道家首重意願，講白點也就是老子願不願意，準備好了沒？因為誰都無法叫醒一個裝睡的人。

　　通常會有困擾的個案屬於「已知未覺型」（知道自己問題在哪，但還不知道如何解決）和「後知後覺型」（隱約覺得自己好像有問題，但不知道是什麼問題，需要點一下才會懂）兩者居多，本文試著以表格 3-3 呈現。

表 3-3　研究者整理

個案個性	原　　則	策　　略
輕度後知後覺	哭一下就會覺醒	簡單提問分析，讓個案覺察後，再回頭往正向關鍵字提問。
重度後知後覺	問到究竟，讓個案哭到極致再讓其覺醒	就負向關鍵字先跟後帶提問或負向感受（兩人拉扯個案身體），讓個案產生極大痛苦後，找到契機再往正向關鍵字帶回目標向上向善。
極重度後知，想覺又覺不了型	強而有力的提問，使之覺醒	運用負向關鍵字問句跟隨，後帶強而有力問句挑戰個案底線。

針對「已知未覺型」，因為已經了解形成個案負向成心編碼的原因，所以每一句提問要追的方向就是正向關鍵字即可。若個案是屬於「輕度後知後覺型」，一點點痛苦就可修正，那麼體道者就可以透過簡單的提問分析，讓個案覺察後，再回頭往正向關鍵字提問，例如：這樣下去不是你要的，那如何才能獲得你剛才說的快樂呢？（當中「這樣」裡面的內容，有可能不是正向字詞）若個案是屬於「重度後知後覺型」，需要很痛苦才會修正，那掌握的原則就是問到究竟，讓個案哭到或痛到極致，再讓使其回頭，例如：輸到什麼都沒有，沒有房？沒有錢？沒有家庭？沒有朋友？就因為面子，這是你要的嗎？也就是運用負向關鍵字先跟後帶進行提問，找到契機再往正向關鍵字帶回目標向上向善。

　　倘若個案是屬於「極重度後知，想覺又覺不了型」，筆者稱之巴結型（臺語），吃苦極度阿信型，這種通常個案不到黃河心不死，既然來找體道者代表還有意願面對，此時體道者就大力打下去喚醒他。大力打不是動手的暴力，而是進行「知其雄」（〈第二十八章〉）〔註 196〕式的強而有力提問，使之回頭，例

〔註 196〕〔魏〕王弼注：《老子道德經注》，收入於樓宇烈校釋：《王弼集校釋》（臺北：華正書局，1992 年），頁 74。

如：輸到脫褲子是你要的嗎？〔註197〕（臺語）若是，恭喜你！你一定會達成！（微笑帶有點小玩笑的口氣說）。也就是運用負向關鍵字問句跟隨後，運用強而有力問句挑戰個案底線。不過體道者要留意，若要挑戰個案底線，前提要先評估一下自己跟個案的親和感建立的如何，也就是自己與個案「達人氣」的程度，再講白一點就是個案的感受，他認不認同你這個人。這就是坊間很多心理諮商師及學校輔導老師不太會拿捏的誤區，當沒有做到達人氣，氛圍不對又要硬講，個案都把你拒在門外，進不了他的心，還想著要移動個案，那都是白費時間。沒達人氣前，都不適合挑戰個案，寧可待時而動，時機未到，硬是強求，小心個案翻桌走人。

　　若以平行直線而言，A 點是正向目標，B 點是極大痛苦，那麼體道者可以先跟後帶，先往 B 點走找到契機，再拉回往 A 點正向方向帶。而當中的 B 轉折切點的拿捏，就是由體道者掌握，體道者如何判定，可以從與個案對談言語中，察覺個案屬於哪一型？是否韌性很強。若是，處理方式可以透過問句或者讓個案直接藉由身體感知進行體驗，透過兩人拉扯個案左右邊的過程，將個案帶到必須選擇的位置上。個案在感受極大痛苦後，會自己做出一個新的選擇，這對於感覺型的人很有效。上述庖丁解牛環節也算成功，因為透過身體經驗，不用讓他在實際生活去印證這件事。倘若已透過問句將個案帶到那個極致位置上，個案還不願意回頭或放手，那極有可能是個案內在成心編碼想體現一個價值，有可能是身分？一句信念？一個價值觀？當個案呈現受害者角色的語言當中，個案一定有在其角色獲得某些好處，有可能是愛？有可能要證明對方是錯的？可能要體現一個身分？個案抱怨老公的無情出軌，一再抱怨對方的不是，卻還是寧願死守一張只剩契約的婚姻關係，就算耗盡財產賠上命一條也要跟小三鬥，有時卡住的不是婚姻，而是個案自己的內在成心編碼。以筆者的社會輔導經驗，這樣的案例在現今很多，有的表示寧願當個有情有義的乞丐、有的要與先生同歸於盡、有的想在夫家維持好媳婦的形象不要讓人說話，有的是輸不起婚姻的失敗，有的是享受被生命煎熬的快感，還有的跟我表示曾讀到

〔註197〕修辭後容易失去了文字背後加雜的感受及要傳達的力道，因此本文呼應社會科學質性研究極為重視的描述手法「寫實故事」及「自白故事」（詳見頁數29）。筆者將首尾一貫的採取自述及寫實手法來陳述個人具體實踐及面對個案的實戰經驗，藉由社會科學期刊最受歡迎及肯定的書寫類型，促使讀者更為關注論文的核心議題，倘若讀者觀看過程心臟閾值已無法負荷，請斟酌是否繼續服用。

孟子說要苦其心志等。以道家而言，要忍怎樣忍都可以，重點是這個忍能不能獲得你想要的（目標），例如：婚姻健全、財產的分配、大老婆的反擊、伸張正義、怨氣不甘心的釋放、不用面對現實的經濟壓力等。所有的行為若最終能拿到你要的目標，不叫忍，那是柔軟，只是透過權宜之計的策略，最後可以獲得想要的。既然可以獲得拿到想要的目標，那就不能抱怨。反之，若拿不到自己真的想要的，那就要進一步探討卡住的成心編碼到底是什麼。

　　有個案告訴我，他很氣哥哥從他公司底下離職後，到外面開一家跟他一樣的公司，賣同款熱銷的商品要跟他拚，然而他氣歸氣，決定重新研發商品退出市場讓給哥哥，眼不見為淨。理智決定這樣，但心裏卻過意不去，覺得從讀書的學費到就業的工作都一路幫哥哥，為何兄弟一場換得卻是這樣的結局？為何哥哥從小就是如此自私？體道者透過聆聽及有效提問，讓個案看到自己卡住來自於內在成心「情義」的認知編碼，及長期與哥哥不對等關係壓抑的情緒。體道者協助個案釋放壓抑近二十年的情緒後，透過有力的提問，讓個案重新設定一個自己可以通達的成心編碼。會談後個案接受了自己有一個從小到大都很自私的哥哥，並定出這份兄弟情義相處的底線。過程個案成心編碼從「無法理解為何會有這樣的哥哥？」（無力結論）移動到「接受自己有一個自私的哥哥，並從一直被打壓忍受到願意設出底線，當受威脅時也必須試著悍起來」（有力結論）的位置，個案從中拿回屬於自己的力量，整個生命狀態就活絡了回來，又能開玩笑了。許多時候不是認命就是革命，有時候為了獲得和平，也必須為和平而戰（和平也可以說是內在的平靜），而那個戰鬥的對象不是別人，就是內在的自己（成心）。外面的世界，真的沒有別人，虛空中本就沒有違章建築，透過外境反觀內在侷限的知，鬆動內在造成生命無法繼續走下去的形（成心編碼）。因此，體道者要能覺察到個案陳述時，那個細微的思維變化，分辨個案現在的位置，老子說：「常有欲，以觀其徼」（〈第一章〉），王弼注：「徼，歸終也。」〔註198〕也就是洞悉個案的思維方向，去覺察對方真正想要，才能找到切入點為個案帶來新的轉機。在跟隨的過程就是要掌握徐的從容狀態，沒有跟隨個案就沒有機會移動，等待中全然的相信個案，一定會有一個契機，能夠讓個案站起來。總之，一場精湛的庖丁解牛，就是讓個案覺得他有資格擁有自己的情感，他們也有資格實現自己的目標，道家是自己和他人生命的支持者，協

〔註198〕〔魏〕王弼注：《老子道德經注》，收入於樓宇烈校釋：《王弼集校釋》（臺北：華正書局，1992年），頁1。

助物我過著真正想過的生活。

上述一來一回間的拿捏，說明掌握道家活用神髓的重要性，老子說：「知其雄，守其雌」（〈第二十八章〉）〔註199〕「雄」的是比較剛強，「雌」的個性是比較柔軟，兩者的特質多數人都知道，關鍵是你「知」不知道何時該「用」？而「守」字就是「知道」並「用的出」那個拿捏。道家是一門很靈活的學問，真正厲害的不是你有什麼技術，讀了多少書，而是如何拿捏當中的「用」。坊間教烹飪的書一堆，食材也都寫得很詳細，但他無法寫出用的精髓，就是火候，那個看不到又實際發揮影響力的東西，就是道。所以，真正厲害的不是知道什麼，而是知道什麼時候要用出什麼，那才是王道。對於一個理論的通透與否也是，透過提問可以知道坊間那些號稱大師或學術界學者教授們，對於專業領域的授課內容，到底是「備課」？還是「背課」？兩者的差別在於「備課」指的是從平常在人間世生活點滴中的應事應物，就在備如何回應這個生命議題的課，並且透過生命實踐已通透這個理論，你問他就答的出來。「背課」就是要講課時，準備一下課件的知識內容，開始進行知識的傳遞，接下來就不能再問，要讓教授者有臺階下，因為再問下去就破功了。坊間很多這類型的講師，PPT 從頭講到尾，時間一到就結束，連問的機會都沒有。如果一個問題，你一問對方無法完整回答，代表他在這個點上，有可能還沒過關，或者有過關只是還沒思考過應如何表述，亦或還在學習中皆有可能。而透過道家的正言若反的思辨迴路，就是在訓練吾人成為一個貫通的思想者，而不是片段的思想者。幫助吾人活出自己的思想主軸，也就是生命的調性，以道家的生命調性而言，就是道，就是通達。換言之，一個人對理論回答的得以通透，乃是因為他的內在有一個思想主軸在跑，擁有一個整全的思想是很重要的，因為很多的論述是有時間切點的，有時候這個理論此時用下去是對的，有時用下去對方就馬上死給你看。

值得一提，會談過程留意語意的精準度及連接詞，體道者在提問過程要掌握用字的精準度，以名詞而言，不要講：「『這樣』是行不通的？」「這樣」到底是怎樣？要留意個案是否有接到提問的話。因此，名詞、主詞的確定很重要，當個案說：「他們都看不起我。」體道者要進一步：「他們有誰？」確認主詞，理解個案內在成心編碼的加害者是一人還是多人。筆者的生命經驗裡，很幸運

〔註199〕〔魏〕王弼注：《老子道德經注》，收入於樓宇烈校釋：《王弼集校釋》（臺北：華正書局，1992 年），頁 74。

遇到了我的指導教授，他是一名思辨力超強的哲學家，在向陳老師學修老莊的過程，我學習到如何在道的通達架構下，掌握道家生命調性，協助自己及他人進行生命歷程的重整。透過道家修為，感通客體，給予溫暖支持；藉由邏輯思辨，清楚結構、明確時間序位；經由用字精準，提問有力，得以疏通個案。

3. 目標意願狀態設定精準到位

在模組二「生命道路的通達」架構中，可明白道家是一門重視主體要去哪裡的學問？而明確目標設定完擬定生命方向後，就告訴自己放下過往成心企圖主導生命前進的心態，就只是享受，隨順生命之流，活在當下，如同設框後就進入那個場域學習，享受角色設定後帶來的體驗。而一般人往往沒有活在當下，讓吾人的心不斷追逐沒有歇息。如何跳脫？可常問自己是否習慣等待？是小件瑣事的等待還是大件人生階段的等待。例如：有些人在小時候就會說等我長大讀書後，讀書後就會說等我畢業工作後，工作後又說等我結婚後，結婚後又說等我有孩子後，有了孩子等我孩子長大讀書後，孩子長大後又說等小孩讀書畢業後、等小孩結婚後、等孩子有孫子後，繼續無止盡的等待循環，結果一輩子都沒好好開始生活過。常將心寄託在未來的人，最常聽到的話語就是「等我以後怎樣，我再怎樣」之類的話語。留意自己是否常有等待心態，意謂吾人將心專注在未來上面。因此試著把等的模式從生命中消除，時刻回到當下，在道的生命之流裡，沒有等待，就是全然的在當下。若一切生命的體驗都變成平等，就不會有等待某一個特定事件，必須發生在某件事之前或之後，這時候會感受到一種發生什麼都不是最重要的，而是能不能純然的享受並活在當下，熱愛每天的生活，才是關鍵。

還有一種人總是有追不完的目標，達到後也只有短暫的快樂，緊接著是內在的匱乏，於是又有新的目標，這類型的人也大多將心專注在未來上。故放下企盼的心態，用心齋工夫試著把注意力拉回當下，全然接受此刻所擁有的一切，當與道同在時，根本就不需要等待或追趕任何事物。當然人活在時間空間的維度中，還要與周圍的人相處，不免被時間的洪流推著前進，意識流還是不斷的在流動，因此有個簡單的導引，將有助於吾人從雜亂的瑣事集中精簡的要事上。然而，道家是萬物的疏導者，每個個案來的屬性及根器不同，有些來就是表明要做目標設定或未來劇本的，光談安於當下，是無法對峙。因此對於此類型的個案，因應作法分成「目標明確，意願強烈」及「設定狀態、執行策略」兩部分進行疏通。

（1）目標明確，意願強烈

老子說：「為道日損。損之又損，以至於無為。無為而無不為。」（〈第四十八章〉）〔註200〕當中「損」的工夫，將繁雜的人生方向進行策略性取捨，道家的減法人生，有紀律的追求少，將心神更專注於必要的人生目標上，老子說這叫「貴食母」（〈第二十章〉）〔註201〕。一般人在設立目標過程，也可以藉由選擇、辨別、取捨後，讓目標更為精準聚焦，將有限生命善用。目標設定近年成為所有成功學、管理學、領導學、NLP、各學科都會提到的領域。精準的目標包含決定自己想成為什麼樣的人？擁有什麼樣的能量？過怎樣的生活？要專注全力以赴什麼？要調整或改變什麼？甚至決定要找什麼樣的人幫忙？要拜什麼樣的老師？與什麼樣的人在一起？以及打造什麼樣的團隊？總之，設立目標實在是太重要了，小至生活目標（身心健康、工作、家庭、人際等），大至人生終極目標，都帶來相當程度的影響，因此目標會決定我生命中的所有一切事情，明確的目標就是前進的力量。

老子說：「常有欲，以觀其徼。」（〈第一章〉）〔註202〕「有欲」指的是生存的生命力，「徼」指的是方向，意思是觀生命的力道，延續生命的發展，就可以看出它的方向。所有一切進行的前提，清楚方向是關鍵，當目標清楚後，自然就知道能運用什麼樣的資源，讓自己朝著想要的方向前進。因此如何設定目標的步驟，還是回到道家的目標性，過去成心不等於未來，人常用過去或現在發生的事設想未來，而道家則以結果框代替問題框的方式提問，拔升個案對於知的侷限。過程以「莊子淑世精神實踐模組」中道的架構步驟二切入：「生命道路的通達」我要去哪裡？我現在真正要什麼？目標決定前進的路徑。有個四十多歲的老闆，他在 8X 大樓租了一個樓層的辦公室，現在覺得管銷成本過高，故他想要擴大辦公大樓空間使用機會，增加現金流，所以他與朋友討論出許多可以增加開源的活動。在確定意願後，我只提問了一個問題，我問他：「你現在的目標到底是增加現金流？還是增加辦公室使用機會？」他有點愣住說：「有差嗎？」我進一步說：「目標若是『增加辦公室使用機會』，這只是增加現

〔註200〕〔魏〕王弼注：《老子道德經注》，收入於樓宇烈校釋：《王弼集校釋》（臺北：華正書局，1992 年），頁 127。

〔註201〕王弼注：「食母，生之本也。」〔魏〕王弼注：《老子道德經注》，收入於樓宇烈校釋：《王弼集校釋》（臺北：華正書局，1992 年），頁 46。

〔註202〕〔魏〕王弼注：《老子道德經注》，收入於樓宇烈校釋：《王弼集校釋》（臺北：華正書局，1992 年），頁 1。

金流的一環。若目標是『增加現金流』，那有很多的方式，就不一定要擴大場地使用機會。甚至評估後，根本不需要租到這個場地，不就直接省下多餘開銷，那也是增加現金流的一種，因為省錢就是賺錢。除非這個場地是你的，剛才聽來也不是，而是承租的。而你的思考路徑是透過辦公室辦活動來增加現金流，那這樣最大利益者應該是房東，他應該很感謝您喔。」他聽完立即笑出。一句提問，個案就說他知道了。兩個月後再見面時，我已聽他分享已退租，省了一筆管銷，現在往增加現金流的目標邁進。所以，目標真的很重要，明確的目標才能讓後面的行動策略產生作用。

設定目標要精準，為了容易溝通，大腦會習慣性抓關鍵字運作，不論自我溝通或與他人溝通上。設定目標就是一種自我溝通與暗示，所以不要下那種奇怪的指令，例如：我不要鑽牛角尖，那就會一直鑽牛角尖。不要嫁警察，最後通常嫁警察。人腦記憶的迴路和電腦的網路關鍵字搜尋一樣，打什麼就會出現什麼，打周杰倫就不會出現郭台銘。所以，要時時帶著覺察，留意每天都在為自己下什麼催眠指令。例如：我越來越胖？我身體很不好？我怎麼難睡這樣？大腦接收到的指令就是胖、身體不好、難睡，這樣的自我批判人生真的很難有趣，也不好玩。所以，要下一個自己真正想要的目標，生機才會盎然，全身細胞才會充滿活力支持，例如：我很有自信、我很健康、我很好睡，這樣就會朝著自信、健康、好睡前進。若有人說哪有？身體就真的不健康如何說很健康，那是在自我欺騙，那就調整到自己可以接受的，例如：我越來越健康。這句「正向語句」出來是自己想要目標，加上「越來越」就是往目標前進的路上。老子說：「載營魄抱一，能無離乎？」（〈第十章〉）〔註203〕對自己要身心合一，才會真實，若常口是心非、言不由衷，皆會造成表述卡卡，及身體能量的阻塞，故時時留意自己「說出」及「沒說出」的話，天人合一前，先跟自己身心合一。

當目標設定後，執行的意願也很重要，目標要在強大意願下才能達成，倘若設了目標，想執行的意願卻只有七分，那就要進一步討論剩下的三分是什麼？是什麼過往經驗或限制性信念阻擋往設定的方向前進？找到後一一處理。若討論完還是只有七分，那就要重新回到目標設定再次檢視。因為如果連潛意識都不願意支持，自己看了都不會熱血澎湃的目標，很有可能是設了一個根本不是自己真正想要的目標。換言之，「意願」是決心，是一種對於目標的

〔註203〕〔魏〕王弼注：《老子道德經注》，收入於樓宇烈校釋：《王弼集校釋》（臺北：華正書局，1992 年），頁22。

宣告。只要沒有百分百下定決心，全力以赴去做的目標，通常達標率都是有限的。簡單講就是這個目標是不是當事人真正想要的，是真正想要的才會「有意願」。意願實在太重要了，所有行動的前提來自「我願意」，要有願意才能進一步，追問願意做的程度有多少。所以，意願是一切的前提，有意願才能自發性的有動力前進，因為是個案真正想要。怎麼知道這是不是當事人真正想要的？評估的導航系統就是情緒。可以問當事人當講到這個目標時，感覺怎樣？若是快樂、平靜之類的高能量狀態，那基本上就有往他想要的方向前進了。方向本身的設定很重要，協助當事人下一個真正想要的結果。很多人設的目標不是他真正想要的，大多是別人期待加諸於他的，那是周遭重要關係人的目標，不是他自己的目標。因此，釐清方向很重要，若方向設定錯誤，一輩子都不會到達，到底是要成功？還是要快樂？有些人拚了一輩子什麼都有了，就是不快樂，生命感知系統造成堵塞，那就代表生命的方向錯了。

（2）設定狀態、執行策略

有了目標和意願後，若內在狀態不對還是不會達標。一個爸爸帶小孩去遊樂園玩，回來問小孩遊樂園好玩嗎？小孩覺得不好玩。爸爸認為怎麼會這樣？詢問結果，小孩回答因為爸爸都在玩手機。爸爸的目標是享受親子同樂時光，策略是帶孩子去遊樂園，意願也有 10 分，但態度是滑手機，呈現活在自己世界的狀態，就會讓目標的執行結果上大打折扣，由此足見狀態設定的重要。生活中每個轉場，也可以隨著角色及場域轉換，設定適合的狀態讓自己在當中游刃有餘。除了目標設立後的執行狀態需要設定，在一開始設定目標的內在狀態就要與目標一致，否則也會無法達標。什麼是無法達標的內在狀態呢？不願意對自己負責任，總是在為自己生命找藉口、缺乏行動力、不請教在其目標上已成功的人士，覺得不好意思或丟臉，甚至覺得自己不值得擁有、害怕失敗等。上述每一項皆會影響執行目標的主體行動力。

因此，要先覺察個案現在正在哪個位置上，是認為自己不可能？還是沒信心？還是不值得？若個案站在認為自己不可能的位置，此時探討步驟是沒有用的，要先讓個案相信目標是可能實現的，後續才有可能發生。若個案是站在認為自己沒信心的位置，那就是他相信有可能，但對自己沒信心，這時候只要給予明確步驟，就可以增強他的信心，最終讓個案相信自己具備實現目標的能力。若個案是站在認為自己不值得的位置，這個不配得帶著極大殺傷力，個案通常呈現的就是匱乏狀態，其背後大多夾雜著過往經驗，這時候就要運用「莊

子淑世精神實踐模組」進行成心編碼的調整，釋放感知系統，鬆動認知系統，讓個案相信自己有資格實現目標。個案有時候是站在害怕失敗的位置，除了也是運用「莊子淑世精神實踐模組」進行編碼調整外，這時候可以轉化字詞的感受，例如：沒有失敗只有回饋，當能將「失敗」的語詞轉變成「回饋」語詞時，就會認為自己決定後所採取的任何行動，所得到的不是失敗，而是回饋。當能吸收這個回饋時，就能讓自己快速調整，以便在下一次能表現更完善。換言之，當得到的反饋速度越快，就會加速達標的速度，也可以將個案的內在狀態拉上來。總之，每個個案是獨一無二的，還是要靈活的跟隨個案的內在狀態，方能進行到位的疏導。

　　道家是門重視當下的學問，設定適合的狀態，能有助於個案安在每個時刻，平衡式的朝著目標前進。一次案例研討時，有個家長表示孩子太過認真讀書她很擔心。了解原因她邀女兒去外面用餐，女兒跟她說不行，因為她要準備一年後的會考。媽媽聽了傻眼，不是還有一年半嗎？進一步了解，她的女兒現在雖然才國二，對於自己目標非常明確，要上某某大學。她高中沒有要拚某某第一志願，因為她知道依她的成績讀第一志願會很吃力，繁星計畫也輪不到她，所以她要讀第三或第四的高中，然後用繁星計畫上心目中理想的大學。目標確立後，接下來的生活，每天都很按表操課非常認真，但長期累積下來近視已有九百度，讓家長十分擔憂。這就是一個典型用一百公尺跑法，來跑馬拉松的情況。因此，經探討後請家長回去試著用提問的方式讓孩子自己去思考。從現在到大學畢業將近八年半的時間，現在已經近視九百度，若繼續用這樣的狀態，大學畢業後會變成怎樣的人呢？這是她想要的嗎？若不是可以如何調整呢？與孩子溝通過程謹記都要用問的，問孩子後讓她自己思考，讓答案從她自己的嘴巴講出來，真理才會進入她的心中，成為她自己生命的答案。不要訓她念她，這只會讓孩子覺得為什麼她比其他同學還認真讀，怎麼自己的父母卻不支持她。上述就是目標精準，策略明確、狀態需調整的案例，所以不只是孩子在求學往她的目標前進時要留意狀態，家長在與孩子溝通時也要留意自己的內在狀態，文字語言都是很表淺的，孩子感受的到家長講出話語背後要傳達的意念、傳達的感覺。而感覺就是由內在狀態所傳遞，道家講感通、講「達人氣」（〈人間世〉）〔註204〕。不只親子溝通如此，套用在所有與萬物的溝通都是如此，所以，道家是一門強調內在狀態的學問，總能抓到那個看不到卻發揮影響

力的關鍵。

王夫之云：「經營以有，而但為其無，豈樂無哉？」〔註205〕在經營有的動作時，不是非得要無，喜不喜歡無不是重點，重點是要有「無」，所有動作都在創造一個有，但你要成其有時要先把那個無給做好。要讓杯子變得很有用，首先空間要留得夠大，如果這個杯子製作過程用料實在，做出來直徑只有 0.2 釐米，什麼也不太能裝什麼，買回去也不知道可以做什麼，所以「但為其無」是使得那個經營以有的部分得以出來。換言之，有的所有目的性都在「有」上面，可是必要性都在「無」上面，例如：想做很多事的目的性很足，前提要活得健康，才能好好順暢的執行。以邏輯上，必要優先需要。所以目的部分反而進一步呈現出必要在哪裡，王夫之指出所有目的性都在「有」上面，可是必要性都在「無」上面，在創造有的過程，要一直維持住那個必要的無，這個無就是道就是通達。為何個案來時反應坊間有許多教導規劃目標的書籍或課程，學了很多但知道卻總是達不到？差別就在道家抓住了人是活的這個生命調性，道家關注的是一個活生生有機體的生命狀態。目標設定後能否達成？關鍵在於人。簡單來講就是「如何發揮所用」才是道家留意的事。

如何知道有沒有用？衡量標準很簡單就是通達，故莊子云：「唯達者知通為一，為是不用而寓諸庸。庸也者，用也；用也者，通也；通也者，得也。適得而幾矣。因是已。已而不知其然，謂之道。」（〈齊物論〉）〔註206〕道路要成為道路，先決條件是要可通行才是一，如何讓每個人流暢應對互動客體不卡卡，就是掌握「道通為一」的精隨，所以「通」是道的最必要條件，能用就能通，能通就能得。在筆者擔任社會局日間照護中心護理師期間，在面對一個失智及輕度焦慮症的阿嬤，她每次都會重複問我怎麼來？當時我每天跟她說我騎機車來，有一次她問我怎麼來？我剛去泰國玩回來，我就拿出手機給她看我和老虎的合照，我跟她說：「我坐這隻來。」（臺語）她看著我，突然瞪大眼睛說：「騙肖ㄟ～」（臺語）然後一直大笑又緩慢扶著欄杆手把離開。看似無俚頭的對話，然我當下的應機順勢刺激了她的大腦神經元迴路，讓她開始產生不同的回應。之後阿嬤只要一看到我就笑出來，甚至主動走來坐在我旁邊，都記得我就是那個騎老虎來上班的護士，親和感就瞬間建立，感情好得不得了。這種

〔註205〕〔清〕王夫之：《老子衍》收入於熊鐵基、陳紅星主編《老子集成》第 8 卷（北京：宗教文化，2011 年），頁 566。

〔註206〕〔清〕郭慶藩注：《莊子集釋》（新北市：商周出版，2018 年），頁 61。

掌握人是活的生命調性，是學術期刊，醫護課本怎麼翻都翻不到的，這就是莊學關注的「達人心」又「達人氣」(〈人間世〉)〔註207〕，親和感只要一建立，談什麼都比較容易溝通。

上述得知，通往目標的道路上，目標本身的精確性、執行目標的意願、執行過程的狀態及妥當的策略，除了環環相扣外，還要留意是否通達，老子說：「道生之、德畜之，物形之，勢成之」(〈五十三章〉)〔註208〕在物形塑而成的整個過程，都要留意有沒有道在其中，有道就有通，有通就有用，有用就有得。當然設定目標步驟完成後，就將自己的心拉回當下，從每一步踏穩起，王夫之說：「擇妙者眾，繇微而妙者少。」〔註209〕如何讓自己做到妙呢？就由微而妙，從日常小事做起，縱然是大師每天做除了既定行程外，還有修養，欲望的解消。因此，由微而妙入手，微小具體的事件一步步踏實的做，才能逐漸產生影響。吾人往往只是看到人的境界，忽略境界要達成的功夫，是要不斷的累加的，也就是從日常每一件小事做起，有體悟外，還要拿來用。換言之，大方向底定後，務實的由小目標開始。每天設定目標，達成目標，踏實過每一天。朱熹說：「豁然貫通」〔註210〕厚積而博發，沒有前面的厚積，根本不可能有後面的博發，在企業就叫激發點。

王夫之又說：「求通者多，以玄通者希。」〔註211〕求通者是求虛名，真正的通要怎麼來，以玄為通。通就是不斷在生命中實踐，玄就像搓揉，當路不通時，要怎麼去轉，現代話就叫「變通」。玄透過變而通，通而達。所以，

〔註207〕〔清〕郭慶藩注：《莊子集釋》(新北市：商周出版，2018年)，頁105。

〔註208〕〔魏〕王弼注：《老子道德經注》，收入於樓宇烈校釋：《王弼集校釋》(臺北：華正書局，1992年)，頁137。

〔註209〕〔清〕王夫之：《老子衍》收入於熊鐵基、陳紅星主編《老子集成》第8卷(北京：宗教文化，2011年)，頁566。

〔註210〕朱熹在註解〈大學傳十之五釋格物致知〉時，做了大學補傳，針對格物說在「格物補傳」裡，有明確的解釋，他提到：「所謂致知在格物者，言欲致吾之知，在即物而窮其理也。蓋人心之靈，莫不有知，而天下之物，莫不有理；惟於理有未窮，故其知有不盡也。是以大學始教，必使學者即凡天下之物，莫不因其已知之理而益窮之，以求至乎其極。至於用力之久，而一旦豁然貫通焉，則眾物之表裏精粗無不到，而吾心之全體大用無不明矣。此謂物格，此謂知之至也。」《四書章句集注‧大學傳十之五釋格物致知》〔宋〕朱熹：《四書章句集注》，收入朱傑人等／主編，《朱子全書》第6冊(上海：上海古籍出版社；合肥：安徽教育出版社，2002年)，頁20。

〔註211〕〔清〕王夫之：《老子衍》收入於熊鐵基、陳紅星主編《老子集成》第8卷(北京：宗教文化，2011年)，頁566。

以玄為通的意思就是知道怎樣變通。因此，道家與一般坊間設定目標的書籍最大的差別是關注到人是活的，世界是變動的，因此執行的過程也要靈活隨時調整。道家不否認制定目標，但道家更關注的是制訂目標後，要能允許目標有足夠的靈活度，如果必要的話，可以依照需要而調整計畫。有時因為當下的認知不足導致目標訂得太散或死板，又會變成某種條件和侷限。甚至必要時還需調整自身對於達標的定義，如果一開始認為沒有達標，有可能是認知系統對達標這件事本身就下錯了定義。若過程本身就是目的，那麼關注的就是行動本身，不是行動的結果。不受過去成心的局限，認為自己應該去哪裡。以「鯤化為鵬」（〈逍遙遊〉）〔註212〕的層層翻轉過程，就是知的認知及感知局限不斷被打開的過程，是一個內在狀態位置的移動，根本不是外在一般人認為的傲人成就。故莊子說：「知人之所為者，以其知之所知，以養其知之所不知。」（〈大宗師〉）〔註213〕當跳脫成心的時間軸線限制，道心就會呈現出來，當注意力聚焦在當下，就會感受到與道心合一的安定喜悅。這時候就順著生命之流擺盪，不會仰賴未來的那份成就或期待帶來的滿足感。

其實以道家而言天地無常心，天地沒有刻意要使的萬物變得怎樣，所有吾人對自己及對世界的意義都是成心賦予的。過往的成心好像會認為沒有賦予目的性好像會和生活失去連結，然而所有目的性的餵養都是被困在過往成心形塑的思維框架中，不是生命本身。吾人常透過收集來的資訊，進一步擬定看似完美的計畫，這些不過都是有限成心運算下的結果。重點是當拿掉成心形塑的角色、保障、安全感後，我到底是誰？當離開家庭、職場、宗教、志工等依附組織身分後的我，到底又是誰？生命不是為了跳脫自己或他人設的局，又設另一個人生目標，讓自己繼續再跳入另一個局中。生命不等於生命情境，也不等於身分、角色、工作、家庭，生命就是生命，生命在我之內，並非我以外的事物。外在的一切都是成心形塑出來的東西，生命的本身就是一切，也就是氣息存在著、心臟的跳動，如此簡單。莊子在形容真人的人格典範中，就有提到：「不逆寡，不雄成，不謨士。若然者，過而弗悔，當而不自得也。若然者，登高不慄，入水不濡，入火不熱。是知之能登假於道也若此。」（〈大宗師〉）〔註214〕沒有預設任何事情，不以物喜不以物悲，一切順

〔註212〕〔清〕郭慶藩注：《莊子集釋》（新北市：商周出版，2018年），頁17。
〔註213〕〔清〕郭慶藩注：《莊子集釋》（新北市：商周出版，2018年），頁163。
〔註214〕〔清〕郭慶藩注：《莊子集釋》（新北市：商周出版，2018年），頁164～165。

其自然。因為當心智專注在謀略規劃上，生命就會變得不如目的來的重要，而生命才是一切的基礎，老子說：「貴食母」（〈第二十章〉）〔註215〕。透過往內觀自身能夠感受吾人與造化密不可分，洞察造化源源不絕的生命力，就在吾人的體內躍動著。

　　然而，在面對成心過程，若是突然就卸下成心砌成的安全堡壘，包含建立的安全感、保障、信念、角色及認為任何有意義的事等，筆者統稱自我概念整個被瓦解掉時，會突然失去生命重心，這樣也是會造成失衡的。現在很多中年叛逆、藥物濫用或各種成癮現象，就是壓抑到一定程度後，跳過涵養道心穩住生命的基礎，直接尋求心理的全然解放，這個解放也只是暫時並非究竟。雖是如此，沒有解消成心，道心又無法呈顯，因此透過莊學讓吾人明白「知天之所為，知人之所為，至矣。」〈大宗師〉）〔註216〕生命就是不斷訓練自己道心與成心達到兩者間平衡的過程。換言之，生命的重建工程如同翻修房子般，透過莊學拿到設計圖後，就要開始將空地上的雜草進行清理，打除並建立地基，基礎穩固後，才能再往上蓋樓層。那麼如何達到平衡？透過莊子淑世精神的實踐模組，透過涵養道心泯除成心方式並進，具體的將道家的生命調性實踐於生活中。

　　本文認為莊子淑世精神的實踐模組應用魅力上，基本上就是你看不見招式，但招招又有招。綜合上述得知，面對生命的議題就如同「庖丁解牛」綱領，解牛前要看清楚牛的形體，才知如何解。解牛過程運用道素樸義四個環節勾勒解牛架構，架構當中以莊學的工夫論為基底元件，組合成可以操作的實踐模組。以「走在關鍵的決策」我在哪裡？進行問題釐清、「生命道路的通達」我要去哪裡？進行目標確認、「高瞻遠矚的智慧」我要如何做到？進行議題處理、「內外辯證的實踐」擬定行動策略到達成後，如何回到物我兩忘？整個具體操作步驟掌握「道術」的總綱領，以「中學即體，以西顯中」具體陳述中國生命學問的延伸，也就是運用莊學心齋工夫，創造一個道的氛圍場域，「達人氣」的感通個案。同時結合自己用的順手工具（以筆者而言就是西方的神經語言程式學），善用手邊工具進行深度聆聽及有力提問「達人心」，兩者天人合一的靈活切換，讓個案從莊子淑世精神式會談中得到疏通，又能回去應用在生活場

〔註215〕〔魏〕王弼注：《老子道德經注》，收入於樓宇烈校釋：《王弼集校釋》（臺北：華正書局，1992 年），頁 46。

〔註216〕〔清〕郭慶藩注：《莊子集釋》（新北市：商周出版，2018 年），頁 163。

域，再度回到生命的流暢。此章「莊子淑世精神的實踐模組」上承第貳章講述
「莊子淑世精神的理論基礎」，下開第肆章到第捌章「莊子淑世精神的具體實
踐」。接下來筆者將實際參與第一線與個案或組織互動的臨床經驗，結合莊子
淑世精神的實踐模組，回應如何在人世間的基本五待，也就是生理、心理、人
際、環境及金錢五個子議題，提供一條吾人行走在人世間，得以乘物遊心的可
能性。